FLIEGER, FILZ UND VATERLAND
EINE ERWEITERTE BEUYS BIOGRAFIE

WIR DANKEN LOLO, GILDA UND ULI

FRANK GIESEKE · ALBERT MARKERT

FLIEGER, FILZ UND VATERLAND

EINE ERWEITERTE **BEUYS** BIOGRAFIE

ELEFANTEN PRESS BERLIN

Copyright © 1996
by ELEFANTEN PRESS Verlag GmbH, Berlin
Alle Rechte vorbehalten
Umschlaggestaltung Holtfreter, Blank & Reschke
Layout Jürgen Holtfreter
Gesetzt aus der Berthold Garamond
Satz und Lithografie
Agentur Marina Siegemund, Berlin
Druck Interpress Budapest
Printed in Hungary
ISBN 3-88520-586-6

© Zitat Wolfgang Schnurre S. 32: Marina Schnurre
© Zitat Siegfried Lenz S. 40: Hoffmann & Campe
Bildnachweis:
Bundesarchiv S. 75, 85, 88, 99
Bibliothek für Zeitgeschichte Stuttgart S. 98, 114
Ullstein Bilderdienst S. 126, 151 (dpa),
  156 (Henning Christoph), 163 (Gerhard E. Ludwig),
  169 (dpa), 173 (Lothar Kucharz)
Sight & Sound S. 170
Alle anderen Archiv der Autoren
und Jürgen Holtfreter

INHALT

Vorbemerkungen	6
Kindheit und Jugend	13
Versuch einer Chronik	48
Beuys im besetzten Polen	51
Beuys in Erfurt	68
Beuys auf der Krim	71
Beuys in Italien – Prima Leute in Foggia	101
Mit Pfeil und Bogen gegen Rußland	108
Die Nachkriegszeit	121
Der politische Beuys – Stationen, Organisationen, Personen, Positionen	152
»Wer nicht denken will, fliegt raus« – Die politische Theorie in der künstlerischen Praxis	184
Literaturverzeichnis	219

VORBEMERKUNGEN

Joseph Beuys ist zweifelsohne einer der bedeutendsten Künstler des zwanzigsten Jahrhunderts und sicher der wichtigste deutsche Künstler nach dem Zweiten Weltkrieg. Trotz seines mittlerweile kunsthistorisch festgeschriebenen, einzigartigen Einflusses auf die Entwicklung der Moderne nach 1945 gilt er noch immer als einer der umstrittensten Künstler der Nachkriegszeit. Doch wo dieser Streit stattgefunden haben soll, wird nur selten verraten. Zwar wird sein umfassendes Werk von den einen enthusiastisch gefeiert und von anderen vehement abgelehnt, aber die enthusiastischen Lobeshymnen haben eher einen religiös anmutenden Charakter, während die Kritik oftmals emotionsgeladen und wenig fundiert mit überkommenen Kriterien argumentiert. So wird der »Streit« oft zu einer Diskussion über Glaubensfragen.

Dabei ist es gängige Praxis, die Kritik mit der standardisierten Formel abzuwehren, gerade die vehemente und oftmals aggressiv vorgetragene Ablehnung zeige die Notwendigkeit und Wirksamkeit und damit die Qualität der Beuysschen Kunst. Doch wer den Blutdruck der Kritiker zum Qualitätskriterium für Kunst erhebt, stellt sich selbst ein Armutszeugnis aus. Die Beuys-Kritik stellt meist die ästhetische Qualität seiner Objekte in Frage oder beschäftigt sich mit dem mühseligen Nachweis seines zeichnerischen Unvermögens. Doch was noch in den frühen sechziger Jahren zu provozieren schien, ist mittlerweile in den Fundus künstlerischer Ausdrucksmöglichkeiten eingegangen und wird als ästhetisch reizvoll angesehen. Wer sich heute noch durch Fett und Filz als künstlerische Ausdrucksmittel provoziert fühlt, muß sich mit Recht kleingeistigen Konservatismus vorwerfen lassen. Daß es sich bei den Arbeiten von Beuys um Kunst handelt, wird in diesem Buch nicht bestritten. Auch die pädagogische Arbeit des Hochschullehrers Beuys ist unstrittig. Zahlreiche seiner Schüler – beispielsweise Jörg Immendorff, Felix Droese, Sigmar Polke und Blinky Palermo – gehören zu den interessantesten und innovativsten Künsterpersönlichkeiten der Gegenwart.

Die einzigartige Stellung, die Beuys in der deutschen Kunst nach 1945 einnimmt, begründet sich, außer in seinem Markenzeichen, dem Hut, auch in der Fülle und Vielfalt seiner künstlerischen Arbeiten. Neben dem umfangreichen zeichnerischen und plastischen Werk beinhaltet es auch Aktionskunst und als Teil seines »Erweiterten Kunstbegriffs« ein unüberschaubares Konvolut sprachlicher Äußerungen in Form von Interviews, Gesprächen und Vorträgen. Hinzu kommen noch sein politisches Engagement und die Gründung verschiedener politischer Vereinigungen.

Ebenso einzigartig ist die Fülle der über Beuys publizierten Literatur, die sich oft in diversen Spekulationen über den Sinngehalt seiner Kunst ergeht und dabei gigantische Kreuzzüge durch die, wie es scheint, gesamte Geistesgeschichte der Welt veranstaltet. Von der Niederrheinischen Tiefebene und ihren historischen Gestalten geht es über die deutschen Mystiker zu den keltischen Wurzeln Irlands. Von dort durch ganz Europa nach Italien. Über die Krim geht es dann nach Asien und von dort über die Behringstraße zu den Ureinwohnern Amerikas. Christentum, Urchristentum, christliche Existenzphilosophie, Theosophie, Anthroposophie, Okkultismus, Esoterik, Schamanismus, Mystizismus, Liberalismus, Marxismus, Biologie, Physik, Chemie und Medizin – alles scheint zur Werkinterpretation brauchbar. Der von Beuys und der Beuysforschung konstruierte Ideologiekomplex wird dabei abgeleitet aus einer angeblich intensiven Auseinandersetzung von Beuys mit den aufgezählten Weltbildern und den Naturwissenschaften. Es wird behauptet, Beuys habe sich von Kindheit an umfassend in diesen Bereichen gebildet. Darüber hinaus soll er, wie Franz Joachim Verspohl noch 1995 meint, während des Krieges mit den »Hoch- und Randkulturen Europas und Rußlands« bekannt geworden sein. Erinnert sei hier nur an die bekannte »Tatarenlegende«, durch die seine Berührung mit der Kultur der Tataren und ihren angeblich schamanistischen Heilmethoden belegt wird.

Die positive Beuysrezeption läßt sich heute in drei Gruppen unterteilen. Die erste Gruppe propagiert die freie Anschauung des Werkes und setzt allein auf die sinnliche Qualität der Beuys-Arbeiten. Auf die Rezeption der verbalen Äußerungen wird verzichtet, da diese einer individuellen Mythologie entspringen würden und sie deshalb eh niemand wirklich verstehen könne. Diesen Ansatz vertritt beispielsweise der Ausstellungsmacher Harald Szeemann in seinen von der Presse stark beachteten Beuysretrospektiven 1993/94 in Zürich und Paris. Die zweite Gruppe sieht Werk und Wort als Einheit und betont dabei die politische Bedeutung des »Erweiterten Kunstbegriffs«. Ein Protagonist dieses Ansatzes und Handlungsreisender in Sachen Beuys ist sein langjähriger Mitarbeiter Johannes Stüttgen.

Auch der Achberger Anthroposoph Rainer Rappmann sieht Wort und Werk als Einheit. Er kritisiert die erste Gruppe und charakterisiert eine dritte, deren primäres Interesse die politische Heilslehre von Beuys ist: »Nach seinem Tod hat man sein Werk sukzessiv in die gegenwärtige Kunstpraxis dergestalt eingewoben, daß von seinem eigentlichen Anliegen, das er selbst etwa mit dem Begriff Erweiterter Kunstbegriff bzw. Soziale Plastik belegte, nichts mehr übrigblieb. Das, was ihm selbst als am besten gelungen erschien, schob und schiebt man kalt lächelnd in den Bereich seiner Privatphilosophie ab. Daß darin jedoch die Perspektive einer Lösung für so manches Problemfeld liegen könnte, das entdecken inzwischen immer mehr Menschen, die gar nicht direkt im Kunstfeld tätig sind.«[1]

Beuys geistert heute durch die Köpfe und Medien etwa als gesellschaftspolitischer Künstler, der das »Modell einer alternativen Gesellschaft« propagiert habe, in der die wahre Kunst frei von »kapitalistischer Unterjochung erst entstehen« könne. Seine Gesellschaftsentwürfe werden entstellend verkürzt auf Plattitüden wie: Versöhnung von Mensch und Natur oder auf allgemeingültige populäre Begriffe wie Freiheit, Volksabstimmung oder Selbstverwaltung.

Kritische Stimmen gibt es weit weniger. Zwar wird Beuys vereinzelt als Scharlatan, Spinner oder politischer Dilettant bezeichnet, eine derartige Kritik, die auf die Analyse von Wort und Werk verzichtet, kann aber zu Recht nicht ernst genommen werden. In den achtziger Jahren war es lediglich die Kunstzeitschrift »Tendenzen«, die sich an einer fundierten Kritik der Beuysschen Arbeit versuchte.[2] Doch diese Kritik schien derart starr und war durch die Orientierung der Zeitschrift am Sozialistischen Realismus derart belastet, daß die dort formulierten durchaus richtigen und wichtigen Kritikpunkte kaum diskutiert wurden. Genügte doch der Hinweis, »Tendenzen« werde ja sowieso von der DDR finanziert, um jeden positiven Kritikansatz im Keime zu ersticken.

Bei keinem anderen Künstler der Moderne ist der Zusammenhang zwischen Leben und Werk von so zentraler Bedeutung wie bei Beuys. Verschiedene zum Teil von ihm selbst beschriebene Schlüsselerlebnisse werden häufig zur Interpretation seiner Arbeit herangezogen. Er selbst stellte diesen Zusammenhang durch die Gleichsetzung von Kunst und Leben her. Am deutlichsten wird dies in seinem häufig publizierten »Lebenslauf/Werklauf«. Dieser »Lebenslauf/Werklauf« verbindet »biografische« Angaben aus der Kindheit, Jugend und Soldatenzeit mit dem bei Künstlern üblichen Ausstellungsverzeichnis, wobei die »Ausstellungen« ihrerseits zum größten Teil wieder biografisch begründete Geschehnisse und Erlebnisse bezeichnen, nicht tatsächliche Ausstellungen von Kunstwerken.

Der »Lebenslauf/Werklauf« ist auch die Grundlage für die bekannteste Beuys-Biografie von Götz Adriani, Winfried Konnertz und Karin Thomas. Diese Biografie, 1973 in erster Auflage erschienen und in überarbeiteter Fassung 1981 als Taschenbuch publiziert, liegt mittlerweile in einer neuen, abermals überarbeiteten Hochglanzfassung vor. Sie beruft sich auf die enge Zusammenarbeit mit Beuys, der an der Gestaltung der ersten beiden Ausgaben wesentlichen Anteil hatte. Die neueste Ausgabe beruft sich außerdem auf die zusätzliche Auswertung des Beuysschen Nachlasses und die Zusammenarbeit mit der Witwe Eva Beuys.

Die zweite wichtige und mittlerweile in mehrere Sprachen übersetzte Beuys-Biografie von Heiner Stachelhaus versucht nach Aussage des Autors durch den weitgehenden Verzicht auf eigene oder Fremdinterpretationen und Analysen die Wirkung von Beuys durch sein Denken und Handeln transparent zu machen. Auch Stachelhaus beruft sich auf die Zusammenarbeit mit Eva Beuys, die ihm in mehreren Gesprächen Auskunft gegeben hat, und auf die Hilfe der Brü-

[1] Rappmann 1993, Vorwort
[2] vgl. bspl.: Krempel, Ulrich, »Der Mensch muß lernen, sich über seine Wirklichkeit zu erheben«. Über Joseph Beuys, Tendenzen Nr. 130, April-Juni 1980

der Hans und Franz Joseph van der Grinten, die schon seit den fünfziger Jahren eng mit Beuys befreundet waren.

In beiden Biografien werden fast ausschließlich die Beuysschen Aussagen und Erinnerungen als Quellen herangezogen. Bezogen auf sein Leben im Dritten Reich als Hitlerjunge und später als Bordfunker und Stukaflieger während des Zweiten Weltkrieges geht diese biografische Geschichtsschreibung aber kaum über Anekdoten und objektiv doch recht fragwürdige Aussagen hinaus. Die vielfach auch an anderer Stelle publizierten Erinnerungen von Beuys an sein Leben im Dritten Reich sind vor dem Hintergrund der historischen Fakten in großen Teilen kaum nachvollziehbar.

Beuys scheint, glaubt man ihm, in einer relativ heilen Welt großgeworden zu sein. Die Niederrheinische Tiefebene prägt ihn stark. Die Machtübernahme der Nazis in Kleve und der damit verbunden Terror scheinen an ihm spurlos vorübergegangen zu sein. In der HJ hat er sich wohlgefühlt. Der Terror der HJ gegen andere Jugendgruppen interessierte ihn nicht. Auf der Krim geht es ähnlich zu. Zwar erfährt man, daß Beuys dort stationiert war, über die Krim und die historische Situation erfährt man aber nur, daß dort wohl nomadisierende Tataren abgestürzte deutsche Flieger gerettet haben. Die gängigen Beuys-Biografien betrachten die NS-Zeit durch die subjektive Beuysbrille. Was Beuys nicht interessiert hat, interessierte seine Biografen bislang schon gar nicht.

In dieser Vorgehensweise zeigt sich ein unreflektiertes Geschichtsbewußtsein mit starkem Hang zur Schönschreiberei, bis hin zu schlichter Verfälschung historischer Tatsachen. Das Ausblenden des historischen Milieus, in dem Beuys großgeworden ist, in dem er seine Pubertät durchlebte und in dem er sich als junger Mann mit dem Krieg auseinandersetzen mußte, die Reduktion von Geschichte auf lückenhaft Erinnertes, durch Verdrängung geprägtes persönliches Erleben eines einzelnen führt in letzter Konsequenz zum Geschichtsverlust. Die radikale Subjektivierung der Geschichte durch Beuys und seine Biografen und Apologeten kennt keine Täter und keine Opfer, kennt keine historischen und ökonomischen Ursachen für Krieg und Faschismus. Sie kennt aber Anekdoten, Landsergeschichten und mythisch überhöhte Kriegserlebnisse.

Die Beuyssche Entwicklung wird ausschließlich als ein geistiger Prozess angesehen. Die äußeren Umstände spielen keine Rolle. Widerspricht diese Vorgehensweise schon den einfachsten pädagogischen und psychologischen Entwicklungs- und Sozialisationstheorien, so wirkt sie, zum Beispiel in Zusammenhang mit Bildungsinhalten der Hitlerjugend, ausgesprochen unreflektiert. Diese Form der »Auseinandersetzung« mit Krieg und Faschismus geht über Spekulationen die Beuyssche Befindlichkeit betreffend nicht hinaus. Diese Spekulationen werden dann jedoch zum Dreh- und Angelpunkt der Geschichtsbetrachtung, und gleichzeitig wird daraus über die auf die Biografie bezogene Werkinterpretation eine komplexe, auf die Gesellschaft bezogene Philosophie entwickelt.

»Mein ganzes Leben war Werbung, aber man sollte sich einmal dafür interessieren, wofür ich geworben habe.«[1] Dieses Beuys-Zitat haben wir uns zu Herzen genommen und uns auf die Suche gemacht. Ausgehend von den verschiedenen

[1] Beuys, zit. n. Adriani u. a. 1994, S. 6

Orten und Ereignissen, die in den Biografien genannt werden, von den »Orten, die im Krieg berührt wurden«, wie Beuys selber sagt, und von den bekannten Bruchstücken: Mitglied der HJ in Kleve, Schüler des Hindenburg-Gymnasiums, Teilnahme am Zweiten Weltkrieg als Elitesoldat unter anderem auf der Krim und die dazugehörige »Tatarenlegende«, Studium und Professur an der Düsseldorfer Kunstakademie, Gründung der Deutschen Studentenpartei DSP, Gründung der Freien Internationalen Universität FIU, Bundestagskandidatur für die AUD 1976 und Europa- und Bundestagskandidatur für die Grünen 1979 und 1980, haben wir uns gefragt, warum Beuys, der Bilder und Aktionen über das Sprechen gemacht hat, der seine sprachlichen Äußerungen im Rahmen seines »Erweiterten Kunstbegriffs« als Teil seiner künstlerischen Arbeit begriffen hat und der als gesellschaftspolitisch engagierter Künstler gilt, dermaßen unreflektiert, beschönigend und ausweichend über seine eigene, erlebte Vergangenheit gesprochen hat. Dabei geht es uns nicht darum, Beuys etwa seine Mitgliedschaft in der HJ vorzuwerfen – er war dort organisiert wie die meisten anderen Jugendlichen auch. Auch seine Kriegsteilnahme teilte er mit Millionen anderen deutschen Männern.

Wir haben uns aber bei der Arbeit an diesem Buch nicht auf die Aussagen von Beuys zu seiner Vergangenheit verlassen, sondern haben ausgehend von dem jeweiligen historischen Milieu unter Auswertung historischer Quellen und unter Berücksichtigung der in diversen Miltärarchiven noch vorhandenen Angaben über seine Wehrmachtszeit eine erweiterte Beuys-Biografie geschrieben. Die These von Karl-Heinz Nowald: »Bei Beuys sieht man, was man weiß«[1] hat sich bestätigt. Die auch für uns oftmals überraschenden Ergebnisse unserer Forschung haben auch zu einem anderen Blick auf die Person und das Werk des Künstlers Beuys geführt. Auch von diesem anderen Blick handelt dieses Buch.

Wir haben die Person Beuys und sein Werk bisher mit kritischer Sympathie betrachtet. Bei der Arbeit an diesem Buch hat sich immer mehr gezeigt, daß sich wesentliche Gedanken seiner Ideologie aus faschistischem und neurechtem Gedankengut herleiten lassen. Beuys war kein politischer Dilettant, der »auch ein bißchen in seiner eigenen Biografie« umherirrte, wie es der Kunsthistoriker Walter Grasskamp 1995 formulierte.[2] Spätestens seit Anfang der siebziger Jahre orientierte er sich politisch im rechten Spektrum der Bundesrepublik. Seine Bundestagskandidatur für die nationalneutralistische »Splitterpartei« AUD 1976 und der Abdruck seines »Aufruf zur Alternative« in der rechtslastigen Zeitschrift »wir selbst« waren nicht Ausdruck eines Künstlers, der vom antibürgerlichen Asketen mit Filzhut und Fliegerweste zum politischen Irrläufer wurde, sondern die konsequente Folge einer Übereinstimmung wesentlicher Elemente seines anthroposophisch/esoterischen, völkischen Nachkriegsweltbildes mit neurechtem Gedankengut. Nicht zu Unrecht fanden englische Kritiker in den siebziger und achtziger Jahren Anklänge an Blut-und-Boden-Vorstellungen, und schon 1967 hatte Monsignore Otto Mauer, Gründer der Wiener Galerie »Nächst St. Stephan« erkannt, Beuys sei kein Progressist, sondern gehöre »unserer alten Welt mit ihren Weisheiten an«.[3]

1 Basel-Tagung 1991, S. 171
2 Grasskamp, Walter, in: Freitag Nr. 43, 20. Okt. 1995
3 zit. n. Stachelhaus, S. 162

Was Beuys im Dritten Reich gelernt hat, scheint in weiten Teilen bis zu seinem Tod auch sein Denken in der Nachkriegszeit bestimmt zu haben. Volksseele, Blut und Boden, kulturelle völkische Identität sind, mehr oder weniger verschleiert, Elemente seines Ideologiekomplexes und seines »Erweiterten Kunstbegriffs«. Unsere These: Die Beuysschen Aufenthalte am rechten Rand der Republik sind die logische Konsequenz seines Weltbildes.

Zuletzt ein notwendiger editorischer Hinweis: Dieses Buch handelt von den Hintergründen des Lebens und des Werks von Joseph Beuys und von seinen Interpreten. Es erhebt nicht den Anspruch einer detaillierten kunsthistorischen Werkanalyse. Uns ist klar, daß wir manch liebgewordenes Tabu berühren, und wir haben deshalb bewußt auf eine Zusammenarbeit oder direkte Auseinandersetzung mit den Verwaltern seines Erbes – insbesondere seiner Witwe – verzichtet. Uns ging es darum, historische Zusammenhänge aufzuzeigen, nicht darum, die künstlerische Potenz von Joseph Beuys in Zweifel zu ziehen. Die Leser und Leserinnen bitten wir daher in Kauf zu nehmen, daß wir aus urheberrechtlichen Gründen auf Abbildungen seiner genannten Werke und Aktionen verzichten mußten. Sie finden sich in großer Zahl in den vielen anderen Publikationen über Beuys.

Frank Gieseke, Albert Markert
Berlin und Osnabrück,
im März 1996

KINDHEIT UND JUGEND

Am 12. Mai 1921 bekommt Johanna Maria Beuys, geborene Hülsermann, in einem Krefelder Krankenhaus einen Sohn. Sie und der Vater des Kindes, Joseph Jakob Beuys, taufen ihn auf den Namen Joseph. Die Familie zieht noch 1921 in das nahe der holländischen Grenze gelegene Kleve in der Niederrheinischen Tiefebene. Der Vater von Joseph Beuys arbeitet dort auf dem Bürgermeisteramt. Seine Mutter ist Hausfrau. Die Familienverhältnisse sind bescheiden und bürgerlich. Beuys hat keine Geschwister und wird auch keine mehr bekommen.

DIE STADT KLEVE IN DER NIEDERRHEINISCHEN TIEFEBENE

Kleve war bis 1914 ein anerkannter Luftkur- und Badeort. Das Alltagsleben der 22 000 Einwohner wurde aber in den zwanziger und dreißiger Jahren geprägt durch zahlreiche Industrieansiedlungen.[1] Hier befand sich Europas größte Kinderschuhfabrik. Außerdem gab es noch 16 kleinere Schuhfabriken. Eine Lederfabrik lieferte den Rohstoff. Das XOX-Werk stellte Kekse her und die Firma Bensdorp Kakao und Schokolade. Die Firma Mertens belieferte die Republik mit Tabak und Zigarren. In Kleve und im nahen Goch produzierten zwei konkurrierende, von holländischen Familien geführte Margarinefabriken. Seit Jahrzehnten wohnten und arbeiteten viele Holländer in Kleve. In den Geschäftsstraßen der Stadt gab es mehr als zehn Bekleidungsgeschäfte, die meist von Klever Juden geführt wurden. Die Juden waren weitgehend angesehen und akzeptiert. Ihre Geschäftsschließungen an den jüdischen Feiertagen gehörten zum Alltag. Um 1933 gab es 200 Klever jüdischen Glaubens. Ein kleiner Hafen verband Kleve mit der Rheinschiffahrt. Eine Straßenbahn war wichtiges Transportmittel für die Wege zur Arbeit und zur Schule.

    Beuys' Eltern sind, wie die meisten Bewohner dieser Gegend, streng katholisch. So werden seine ersten Lebensjahre wesentlich geprägt durch die religiösen Symbole, Rituale und moralischen Wertvorstellungen des niederrheinischen Katholizismus. Mit sechs Jahren wird Beuys eingeschult. Bis 1932 besucht er die katholische Volksschule in der Spyckstraße im Stadtkern. Beuys' Vater eröffnet

1 Zur Geschichte der Stadt Kleve s. R. Eilers, Schminnes, Stopper, Kloidt, Horsching, Bullmann und Benger

Das Kind Beuys

1930 mit Beuys' Onkel eine Mehl- und Futtermittelhandlung im nahen Rindern. Mit neun Jahren begleitet er seinen Vater auf den Geschäftsreisen zu den vielen Mühlen der Umgebung.

Die historische Atmosphäre in Kleve war vor allem spürbar in der Nähe des Schwanenturms. Hier im Stadtzentrum stand die bereits 1671 gegründete Synagoge als Mittelpunkt des jüdischen Lebens, das Gymnasium war gleich um die Ecke, ebenso das HJ-Heim, das NS-Parteilokal, die Geschäftsstraßen und die Straße Hasenberg. Die organisierte Arbeiterbewegung traf sich im Gewerkschaftshaus; die SPD lag bei sieben Prozent, und die KPD bekam 1932 15 Prozent der Klever Stimmen. Im Klever Kino lief wie überall »Der blaue Engel«, und man konnte die Beine von Marlene Dietrich bewundern. Heinz Rühmann, Willi Fritsch und Lilian Harvey spielten in »Die Drei von der Tankstelle«, und die Ortsgruppe des ADAC vertrat die Interessen der Autofahrer.

Nicht weit von alldem, in der Kermisdahlstraße 16, wohnt Beuys, und hier wird er bis 1941 das Staatliche Gymnasium Kleve besuchen.

Wie überall gab es auch in Kleve Fußball- und Arbeitersportvereine. Jüdische Weltkriegsteilnehmer hatten sich im Fußballclub der jüdischen Frontsoldaten organisiert. Wahrzeichen des katholischen Vereins VfB Lohengrin 03 e.V. war das Schwanenwappen. Örtlicher Konkurrent war der Sportclub Kleve. 1933 wurde er vorübergehend aufgelöst, weil er vom VfB Lohengrin 03 wegen »staatsfeindlicher Umtriebe« fälschlicherweise denunziert wurde. 1935 bekam ein Spieler des VfB Lohengrin 03 sieben Tage Schutzhaft mit Besuchsverbot, weil er nach einem siegreichen Spiel lieber Musik als eine Hitlerrede im Kneipenradio hören wollte. Fußballfreundschaftsspiele zwischen Jugendmannschaften waren Teil der guten Beziehungen zu den holländischen Nachbarn. Zehn Kriegervereine pflegten in der Garnisonsstadt militärische Traditionen und setzten sich erfolgreich für die Errichtung eines Kriegerehrenmals ein. 1934 wurde es vor dem Klever Gymnasium eingeweiht.

Es war aber vor allem der Katholizismus mit seinen Kinder-, Jugend-, Frauen-,

Fußballclub VfB Lohengrin 03

Männer-, Gesellen- und sonstigen Vereinen, sozialen Einrichtungen und Schulen, der das soziale Leben in Kleve prägt. Sein politischer Arm, das »Zentrum«, hatte bei Wahlen stets über 50 Prozent Stimmenanteile.

KLEVE 1933

Am 30. Januar 1933 ernannte Reichspräsident von Hindenburg Adolf Hitler zum Reichskanzler. An den folgenden Tagen kam es auch in Kleve zu Protesten der organisierten Arbeiterbewegung. Die Demonstrationen der KPD am 31. Januar und zwei Tage später der »Eisernen Front«, einem Bündnis von SPD, Gewerkschaften, Arbeitersportvereinen und dem »Reichsbanner Schwarz-Rot-Gold«, endeten nach Angriffen der Nazis mit Straßenschlachten. Die katholische Tageszeitung »Clevischer Volksfreund« veröffentlichte einen Protest katholischer Verbände gegen die Übergriffe der Nazis. Die NSDAP setzte die Zeitung unter Druck, Anzeigenkunden wurden terrorisiert, und dem Blatt wurde mit Schließung gedroht.

In Kleve erfolgte die Machtübernahme der NSDAP wie überall im Reich mit antikommunistischer und antijüdischer Propaganda, brutalem Straßenterror und politischer Zusammenarbeit mit den konservativen, deutschnationalen Kräften. Fackelumzüge, Ansprachen, Paraden, die reichlichen Feiertage, Gedenktage oder Heldentage – das ganze Spektakel nationalsozialistischer Alltagspräsenz wurde auch hier aufgeführt und notfalls mit Gewalt durchgesetzt.

Mit Flugblättern hetzten die Nazis gegen die politischen Gegner. Eine SPD-Veranstaltung in Kleve mit dem ehemaligen Finanzminister Hilferding – von den Nazis als »negroider Jude« beschimpft – wurde von SA und SS gestürmt und durch die Anzettelung einer Prügelei verhindert.

Die Ernennung von Einheiten der SS, SA und des Stahlhelms zur Hilfspoli-

EIN SCHLÜSSELERLEBNIS

Beuys: Ich hatte eine ganze Reihe von was man so schön Schlüsselerlebnisse nennt.
Spiegel: Schlüsselerlebnisse des Verstandes oder visionäre Begegnungen?
Beuys: Auch solche Sachen. Daß mir plötzlich ein Wesen gegenübergestanden und mir mitgeteilt hat, was ich machen sollte. Und das Merkwürdige ist, daß das, was es mir gesagt hat, als ich so um die vier Jahre alt war, genau das ist, was ich heute machen muß. Natürlich geschah es in einer Sprache, die nur der vernimmt, der auf dieser Linie hören kann. Es wurde nicht etwa gesagt: Du mußt den Erweiterten Kunstbegriff entwickeln.
Spiegel: Und wer war das?
Beuys: Es war eigentlich mehr ein Unbekannter, ein Engel.
Spiegel: Haben Sie ihn wiedergesehen?
Beuys: Später ist dieselbe Gestalt öfter wiedergekommen.
Spiegel: Eine immaterielle Gestalt?
Beuys: Ja, die aber sichtbar war, so real, wie Sie da jetzt sitzen.

Interview, Spiegel 23/1984, S. 186

zei legalisierte gewalttätige Aktionen: Hausdurchsuchungen, Verhaftungen, Verschleppungen und Mißhandlungen der politischen Gegner wurden nun im Namen des Staates durchgeführt.

Durch die Besetzung des Gewerkschaftshauses Anfang März nahm die NSDAP der organisierten Klever Arbeiterschaft ihren politischen Treffpunkt. Etwa 60 Klever SPD- und KPD-Mitglieder wurden bis zu zehn Monate in »Schutzhaft« genommen, bis zur Arbeitsunfähigkeit mißhandelt oder zu Tode geprügelt. Das Klever Gefängnis in der Krohnestraße bekam den Ruf einer berüchtigten Folterstätte. Nach dem Reichtagsbrand am 27. Februar 1933 war es für viele der 5 000 im Ruhrgebiet Verhafteten Station auf dem Weg in »Schutzhaftlager« und KZs. Trotz der Zerschlagung der Arbeiterparteien blieb Kleve jedoch bis 1945 auch ein Treffpunkt für Grenzgänger, die kommunistische Schriften nach Deutschland schmuggelten.

Der offene Terror gegen die Klever Juden begann mit der Schließung der jüdischen Geschäfte Anfang März 1933. Die Geschäfte wurden nach Protesten aus der Bevölkerung zunächst wieder geöffnet. Am 1. April 1933 standen auch in der Grenzstadt Kleve SA-Posten mit Transparenten in der Adolf-Hitler-Straße (vorher Hagsche Straße) und in der Großen Straße vor den jüdischen Geschäften: »Deutsche kauft nicht bei Juden.« Kunden wurden bedroht, diffamiert und blieben weg. Jüdische Ärzte verloren ihre Kassenzulassung, jüdischen Beamten wurde gekündigt. Die Musikvereine schlossen ihre jüdischen Mitglieder aus. Ein junger Jude und eine junge Christin wurden durch die Große Straße gejagt und ihre Beziehung als »rassenschänderisch« angeprangert.

Größtes Hindernis für die Machtübernahme der Nazis im Klever Stadtrat war das mit absoluter Mehrheit regierende Zentrum. Obwohl die NSDAP den Zentrums-Wahlkampf zu den Kommunalwahlen am 12. März 1933 störte – Flugblätter wurden entrissen und das Wahlkampfbüro überfallen –, konnte sie das Zentrum nicht entscheidend schwächen.

Trotz des Terrors überwog aber allerorten bald die auf vaterländischen Gefühlen basierende politische Grundhaltung. Hakenkreuzfahnen schmückten die Gottesdienste in den Klever Kirchen. Von der Kanzel wurde das Hirtenschreiben der katholischen Bischöfe vom 28. März 1933 verkündet. Hierin hatte sich auch der für Kleve zuständige Bischof Clemens Graf von Galen für eine konstruktive Mitarbeit im neuen Staat und für den Eintritt in NS-Organisationen ausgesprochen.

Die Klever und Kleverinnen hörten auf ihren Hirten. Ihr massenhafter Beitritt zur NSDAP führte sogar zu einem kurzen Aufnahmestop und der Bildung neuer Ortsgruppen. Vier Zentrumsstadträte wechselten zur NSDAP. Am 19. Mai 1933 wurde ein NSDAP-Mitglied als Bürgermeister eingesetzt.

Am 5. Juli löste sich das Zentrum reichsweit auf. Die Parteileitung empfahl ihren Mitgliedern »die Möglichkeit, sich der nationalen Front zur positiven Arbeit im Sinne der Festigung unserer nationalen, sozialen, wirtschaftlichen und kulturellen Verhältnisse und zur Mitwirkung am Neuaufbau einer rechtsstaatlichen Ordnung rückhaltlos zur Verfügung zu stellen«[1].

Auch die Klever Jugendlichen traten massenhaft und freiwillig den nationalsozialistischen Jugendorganisationen bei. Die gleichzeitige Mitgliedschaft in kirchlichen Gruppen war noch möglich. Während in den Jahren 1933/34 im gesamten Deutschen Reich erst knapp 50 Prozent der Jugendlichen Mitglied der Hitler-Jugend waren, gehörten zu dieser Zeit von den Schülern des Klever Gymnasiums bereits über 80 Prozent der HJ, der SA, der SS oder dem Fliegersturm an. 1936, noch vor Einführung der Zwangsmitgliedschaft durch Erfassungslisten und staatliche Repressa-

1 Stepkes, zit. n. R. Eilers, S. 61

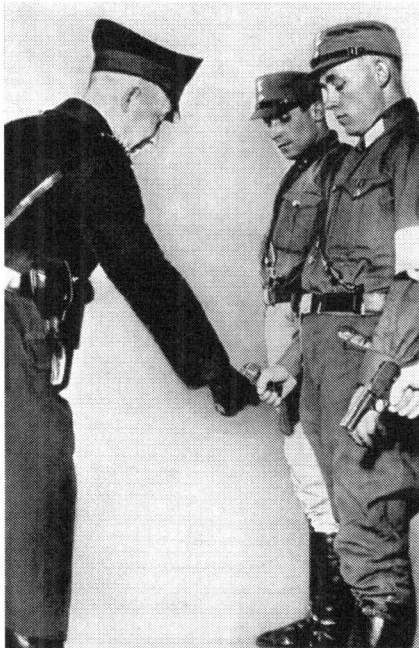

SA-Hilfspolizei

Margarine-Fabrik in Kleve um 1925

lien, waren bis auf vier Schüler alle Klever Gymnasiasten in einem NS-Verband organisiert.¹

Auch der Schüler Beuys wird Hitlerjunge. Als Fünfzehnjähriger nimmt er am »Adolf-Hitler-Marsch« teil.² In einem wochenlangen Marsch bringen er und seine Kameraden die Bannfahne des HJ-Banns 238, Altkreis Kleve, nach Nürnberg und tragen sie, begleitet von Hitlerjungen und Bannfahnen aus dem gesamten Reich, stolz am Führer vorbei.

BEUYS UND DIE HITLER-JUGEND

Nach verschiedenen Versuchen, eine einheitliche nationalsozialistische Jugendorganisation zu gründen, wurde die HJ 1926 die Jugendorganisation der SA. Nach der Machtübergabe 1933 wurde sie zur Jugendorganisation der NSDAP erklärt. Die Organisationsstruktur und die ideologische Bestimmung wurden darauf ausgerichtet, die gesamte deutsche Jugend zum Träger der nationalsozialistischen Weltanschauung zu machen. Die Umsetzung dieser Ziele übernahm

1 Zum Klever Gymnasium s. Jahresberichte des Staatl. Gym./Hindenburg-Gym. Kleve, 1932/33 bis 1939/40 und M. Eilers
2 vgl. Adriani u.a. 1994, S. 13

Baldur von Schirach, der am 17. Juni 1933 zum Reichsjugendführer ernannt wurde. Für das Jahr 1933 gab er die Parole aus: »Durch Sozialismus zur Nation!«

Das Jahr 1934 wurde zum »Jahr der Schulung« erklärt. Die Gründung von Reichsführerschulen zur Ausbildung der HJ-Führer, nationale und örtliche Veranstaltungen und Anordnungen und die Stiftung von Leistungs- und Ehrenabzeichen sollten die ideologische Position der HJ festigen. Den verschiedenen HJ-Führern, vom Führer der kleinsten Einheit, der »Kameradschaft« mit 15 Jungen, bis zum Reichsjugendführer sollten als Mittel zur Einheitsaktivierung charismatische Züge beigemessen werden. Zeichen dieser Einheit war die HJ-Uniform. Sie führte zur äußerlichen Nivellierung sozialer Schranken und sicherte ihrem Träger verschiedene Privilegien. So durften Schüler in HJ-Uniform in der Schule nicht geschlagen werden.

1935 war das »Jahr der Ertüchtigung«. Organisatorisch und ideologisch wurde nun besonderer Wert auf die körperliche Ertüchtigung gelegt. Sportwettkämpfe und Geländespiele auf nationaler, regionaler und örtlicher Ebene bildeten die Grundlage für die vormilitärische Ausbildung der männlichen Jugend. Entsprechend der von Hitler in »Mein Kampf« formulierten Grundsätze für die natio-

Dienstanzug der H.J.

Kleiner Dienst   Sommer   Großer Dienst

nalsozialistische Erziehung hatte die Entwicklung des Charakters Vorrang vor der Ausbildung intellektueller Fähigkeiten und der wissenschaftlichen Schulung. Im völkischen Staat wurde ein zwar wissenschaftlich wenig gebildeter, aber körperlich gesunder Mensch mit »gutem, festem Charakter«, erfüllt von Entschlußfreudigkeit und Willenskraft, für wertvoller gehalten als ein »intellektueller Schwächling«.

Mit dem Gesetz über die Hitler-Jugend vom 1. Dezember 1936 wurde die der SA unterstellte »Kampfjugend« zur »Staatsjugend« und Massenorganisation. In Konkurrenz zu Elternhaus und Schule war jetzt einzig die HJ für die körperliche, geistige und sittliche Erziehung der Jugend zuständig. Für jeden Jugendlichen hatte zu gelten: »Auch du gehörst dem Führer.«

Das Klever HJ-Heim liegt in der Nähe des Gymnasiums in der Brabanter Straße. Dort treffen sich die Hitlerjungen, unter ihnen Beuys, am Mittwochnachmittag und am Sonnabend zum vorgeschriebenen Dienst.[1]

Geländespiele, wehrsportliche Übungen und ideologische Schulungen stehen auf dem Programm. Die Jungen lernen, mit Karte und Kompaß umzugehen, üben sich in Geländebeschreibung, trainieren Tarnen und Anschleichen, Winken und Morsen. Die Schießausbildung soll sie schon vor dem Eintritt in die Wehrmacht zu guten Schützen machen. Zusätzlich erfolgt eine Spezialisierung der Wehrertüchtigung in Sondereinheiten. Marine-HJ, Motor-HJ, Reiter-HJ, Flieger-HJ oder die Modellflugarbeitsgemeinschaft des Deutschen Jungvolks lenken die unterschiedlichen Interessen in die gewünschten Bahnen. Jeder HJ-Bann hat eine Nachrichten-HJ aufzustellen. Jugendliche mit technischem Interesse können hier ihre Kenntnisse im Morsen, Winken und Blinken vertiefen. Sie richten für die Sommerlager den technischen Betrieb ein, basteln Fernspre-

1 vgl. Forum 6, S. 64

cher und lernen, daß Kupfer ein guter Leiter ist. Zum HJ-Alltag gehören auch Rohstoff- und Spendensammlungen für die Aufrüstung. Gesammelt werden Knochen, Lumpen, Papier, Kaninchenfelle, Radioteile, Altmetall, Tuben, Silberpapier, Flaschenkapseln und vieles mehr.

BEUYS UND DAS KLEVER GYMNASIUM

Die Klever HJ-Aktivitäten waren eng mit dem Gymnasium verbunden. Der hohe Anteil der HJ-Mitglieder an der Schülerschaft hatte eine Veränderung des Schulalltags und seiner Organisation zur Folge. Schülerselbstverwaltung und Schülerturnvereine lösten sich auf. Größere schulische Veranstaltungen fanden im Rahmen der HJ-Veranstaltungen statt oder fielen in deren Zuständigkeitsbereich.

Am 13. November 1935 wurde der Schule von der HJ-Gebietsführung Niederrhein die Genehmigung zur Hissung der HJ-Fahne erteilt. Flaggenhissung und Flaggeneinholung vor und nach den Ferien, Führergeburtstagsfeiern, Sammlungen für das Winterhilfswerk und andere nationalsozialistische Veranstaltungen prägten verstärkt das Schulleben.

Auch Beuys' Lehrer hatten die Machtübergabe an die Nationalsozialisten begrüßt. Man hoffte auf ein sich von den »Fesseln des Versailler Diktats« befreiendes, erstarkendes, christlich-nationales Deutschland. Der Direktor des Gym-

Dienstag, den 2. Mai 1933:

Ich bin jetzt auf Oberprima, habe also das letzte Jahr der Penne zu durchlaufen. Es muß jetzt also zum Endspurt gestartet werden. Ja, es wird allerhand zu knacken und zu beißen geben. Mancher verflixte Nazilehrer wird mir eine Falle stellen wollen, mich hindern wollen mein Abitur fein zu bauen. Aber ich bleibe meiner Überzeugung treu. Erst im Sturm und Feuer zeigt's sich, ob die Überzeugung stark wie ein Baum und hart wie Stahl und treu wie Gold ist... Aber wie soll ich mich zu Hitler und den Nazis stellen? Soll ich mitlaufen, mitschreien, mitziehen? Nein, das tue ich nicht; es sei denn, daß man mich mit Gewalt oder durch ein Staatsgesetz dazu zwingt, aber innerlich folge ich ihnen nicht. Der Drill, die Schnauzerei, die Lieblosigkeit gegen die Gegner, ihre fanatische tammtam schlagende Na-

tionalitätsbesessenheit kann ich nicht teilen. Ich bin trotzdem Deutscher, liebe mein Vaterland und meine Heimat...

Tagebuch Karl Leisner, zit. nach Forum 6, S. 56

nasiums konnte im Jahresbericht für das Schuljahr 1932/33 stolz verkünden: »Das letzte Schuljahr stand bei Lehrern und Schülern naturgemäß im Banne der gewaltigen nationalen Erhebung des deutschen Volkes. Diese Stimmung fand ihren ersten gemeinsamen Ausdruck in der stimmungsvollen Kriegergedächtnisfeier am 18. 3. Am gleichen Abend nahmen Schüler und Lehrer geschlossen teil an dem Fackelzuge, der in nie gekanntem Ausmaße sich durch die Straßen der Schulstadt bewegte. Nachdem das Schuljahr am 4. 4. mit einem Dankgottesdienst beider Konfessionen geschlossen hatte, beteiligten sich in den Osterferien am 19. 4. die in Cleve anwesenden Lehrer und Schüler an dem Fackelzuge, der zu Ehren des Reichskanzlers Hitler abends stattfand.«

Zentrales Ereignis des Schuljahres war am 19. Mai 1933, wenige Tage nach der Bücherverbrennung in Berlin, die »Vernichtung undeutscher Schriften« aus der Schulbücherei. Alle Schüler und Lehrer versammelten sich auf dem Schulhof. In der Mitte des Schulhofes lagen alle aus der Schulbücherei zusammengetragenen Bücher marxistischer, jüdischer und sonstiger unerwünschter Autoren. Die Schüler marschierten im Viereck um den Bücherhaufen auf. Die Bücher wurden angezündet. Der Scharführer der Hitlerjugend Rudolf Held richtete an die Versammelten den Aufruf: »So wie diese Bücher aus unserer Schule ausgemerzt werden, so soll das ganze deutsche Schrifttum gesäubert werden. Die schwere Aufgabe, den neuen Geist dem Volke einzuhämmern, soll vor allem auch die Arbeit der Hitlerjugend sein. Deshalb: Kommt zu uns als Mitkämpfer für ein neues Deutschland!« Auf die Rede folgte ein dreifaches Sieg-Heil. Die Versammelten sangen das Horst-Wessel-Lied, dann das Deutschlandlied. Danach nahm der Schulalltag wieder seinen gewohnten Verlauf.

EIN TOTER KRIEGER VOR DEM GYMNASIUM

1934 erhielten die Klever Kriegervereine endlich ihr Kriegerehrenmal. Politästhetisch aus Berlin und vom Gaukulturwart aus Essen abgesegnet, wurde der schon aus dem Lehrdienst geworfene Ewald Mataré mit der Ausführung beauftragt. Finanziert wurde es mit Gehaltsabzügen und Zwangsspenden. Lehrer und Schüler wurden per Zeitung auf ihre Verpflichtung zum Beitrag hingewiesen.

Am 22. Oktober 1934 fand die Einweihung des Ehrenmales statt. Obwohl die Skulptur bei den Klevern auf geteilte Zustimmung stieß, füllten Tausende den Platz zwischen Stechbahn und Ringstraße vor dem Gymnasium. Vor vier Türmen, auf denen Feuer loderte, lag der »Tote Krieger«. Die HJ und ihre Fanfarenbläser, Soldaten der Wehrmacht, die Kriegervereine und die SA waren angetreten. In der Dämmerung leuchteten Hunderte von Fackeln. Chöre, Hymnen und Singspiele erklangen zur Totengedenkfeier.

Mataré war nicht anwesend: »Ich werde den Teufel tun, dabei zu sein, wenn mir jede Massenansammlung von Menschen, ganz gleich aus welchem Grunde, verhaßt ist und von mir geflohen wird, so diese hier noch aus ganz anderen Gründen.«[1] Schon im Januar 1935 wurde in langen Artikeln die Entfernung des Mahnmals gefordert. Eines Morgens im Mai 1938 war der »Tote Krieger« plötzlich verschwunden. »Mein Klever Ehrenmal wird im Zuge dieser Angriffe gegen Künstler, deren Arbeiten nicht gebilligt werden, auch entfernt werden«, hatte Mataré im April 1935 in seinem Tagebuch vermerkt.[2]

Seit seiner Ausgrabung 1981 liegt der »Tote Krieger« heute bei der Klever Stiftskirche.

1 Mataré, Tagebücher, S. 129
2 ebd., S. 144

Kriegerehrenmal mit Matarés »Totem Krieger«

DAS BILDUNGSERLEBNIS SCHULE

1933 bestand das Kollegium des Klever Gymnasiums aus 14 festangestellten Lehrern. Zusätzlichen Unterricht erteilten Studienassessoren. Das Durchschnittsalter der Lehrer betrug 50 Jahre. Die Schule hatte etwa 250 Schüler. Am 16. April 1935 übernahm Dr. Wilhelm Schiefer, hochdekorierter Offizier im Ersten Weltkrieg mit Armprothese, NSDAP-Mitglied, strenggläubiger Katholik, Rassist und anerkannter Schulbuchautor, die Leitung der Schule. Am 10. Dezember 1937 wurde das Staatliche Gymnasium Cleve in Hindenburg-Gymnasium umbenannt.

Der Großteil von Beuys' Lehrern war im Kaiserreich ausgebildet worden und schon seit dem Ersten Weltkrieg an der Schule tätig. Patriotischer Nationalismus, die Fronterlebnisse des Ersten Weltkrieges und die Niederlage Deutschlands 1918 prägten die militärisch-disziplinierte Einstellung der Lehrer zu den Schülern. Deutschtum, nationale Größe, Volksgemeinschaft, Wehrbereitschaft und Disziplin bestimmten schon vor 1933 das Denken der Lehrer. Nach 1933 wurden sie in ihren Idealen bestätigt. Einige hatten sich schon 1916 mit patriotischem Eifer für die Hinterbliebenen der gefallenen Klever Kriegsteilnehmer eingesetzt oder waren als Soldat von den Fronterlebnissen beeindruckt in die Heimat zurückgekehrt. Dr. Schönzeler, der als junger Lehrer in Rußland beide Beine verloren hatte, hatte 1916 auf dem Klever Markt eine »feurige Rede« gehalten, um die jungen Männer zu bewegen, sich freiwillig in den Schützengräben des Ersten Weltkriegs abschlachten zu lassen.[1]

Die in der Weimarer Republik vielfach diskutierten und erprobten reformpädagogischen Ansätze hatten in der reaktionären Atmosphäre des Klever Gymnasiums keinen Platz. Entscheidende Differenzen zu den NS-Erziehungszielen hat es weder in der ersten Zeit der nationalen Euphorie noch später gegeben. Demokratische Unterrichtsformen wie Gruppenunterricht, Unterrichtsgespräche oder partnerschaftliche Gruppen- und Aktionsformen galten im Dritten Reich als zu liberal, subjektivistisch, pazifistisch und verantwortungslos. Am Klever Gymnasium galt der Frontalunterricht als angemessene Unterrichtsform. Der Lehrer dozierte, die Schüler hatten zuzuhören. Auch im Verhältnis Lehrer und Schüler sollte sich das Prinzip von Führer und Geführten widerspiegeln.

Nicht Brecht, Döblin, Feuchtwanger, Kästner, Mann, Mühsam oder Tucholsky, sondern Ettighofer, Anacker, Frenssen, Dreyer oder Forster waren der vorgeschriebene Lesestoff. Zu Goethes »Iphigenie« und »Faust«, zu Schillers »Räuber« und »Glocke«, zu Kleists »Hermannschlacht« und anderen deutschen Klassikern gesellten sich in zunehmendem Maße nordische Götter- und Heldendichtung, gotische und althochdeutsche Sprachdenkmäler oder »die Literaturgeschichte unter dem Gesichtspunkt der heroischen Dichtung«. Bücher wie Hans Grimms »Volk ohne Raum« und »Der Zug des Hauptmanns von Eckert« oder Beumelburgs »Der Soldat von 1917« gehörten zur Unterrichtslektüre. Völkische Blut-und-Boden-Literatur bestimmte den Deutschunterricht. Psychologisierende und ästhetisierende Literatur war zu vermeiden. Wehr- und Militärgeschichte

1 Forum 6, S. 43

wurden zum festen Bestandteil des Geschichtsunterrichts. Geschichte und Erdkunde sollten das deutsche Volk als den wahren Repräsentanten der nordischen Rasse zeigen, der im gesamten Geschichtsverlauf die höchsten politischen und kulturellen Werte hervorgebracht habe. Die naturwissenschaftlichen Fächer wurden erweitert um die Rassenkunde. Fachlich der Biologie zugeordnet, galt sie auch als Unterrichtsprinzip für alle anderen Fächer.

»Bombenwerfen« – in der Schülerzeitung »Hilf mit« wird ein neues Mannschaftsspiel erläutert: »... eine gute Vorübung für Jungen, die einmal Kriegsflieger werden wollen.«

So lautete beispielsweise im Schuljahr 1939/40 eine von drei zur Auswahl stehenden Mathematikaufgaben für die schriftliche Reifeprüfung:

»Die Zahl der Erbminderwertigen im deutschen Volk schätzt man auf 2 Prozent. Die Generationsdauer dieser Schicht kann mit 25, die der anderen mit 33 Jahren angesetzt werden. Welche Zusammensetzung des deutschen Volkes würde sich nach 100 Jahren ergeben, wenn aus erbminderwertigen Ehen 4, aus erbtauglichen Ehen 2 Kinder zur Fortpflanzung gelangten und die Entwicklung nicht verhindert würde? Wie groß würde der Vermehrungsfaktor der erbminderwertigen Schicht sein?«[1]

Der Sportunterricht bekam eine besondere Bedeutung. Wie die Jugendertüchtigung der HJ sollte er eine wesentliche Aufgabe bei der »Heranzüchtung kerngesunder Körper« erfüllen. Die männliche deutsche Jugend sollte gesund in den Krieg ziehen.

»Nationale Schulungsstunden« ergänzten am Klever Gymnasium die normale Indoktrination. Oberprimaner und Lehrer sprachen über: Adolf Hitlers Taten, Deutschlands Entwaffnung – der Feinde Rüstung, biologische Grundlagen der Vererbung, Auslandsdeutsche im Südosten Europas und so fort. Regelmäßig traf sich eine »geopolitische Arbeitsgemeinschaft«. Ihr Thema war: »Die Staaten als Lebewesen«. Eine andere Arbeitsgemeinschaft beschäftigte sich mit den physikalischen Grundlagen von Luft- und Gaskrieg.

WELCHE BILDUNGSANGEBOTE STANDEN BEUYS SONST NOCH ZUR VERFÜGUNG?

Durch Erlaß des Reichserziehungsministeriums vom 4. Oktober 1933 war ab dem Schuljahr 1933/34 für »alle Schüler und Schülerinnen höherer Lehranstalten« die Teilnahme an »nationalpolitischen Lehrgängen« verpflichtend. Die Lehrgänge dauerten zwei bis drei Wochen, für ihre Durchführung war die Schule zuständig. Das Klever Gymnasium machte natürlich keine Ausnahme – man fuhr nach Engelskirchen, Essen-Steele oder sonstwohin.

Zum »normalen« völkisch-rassistischen Schulstoff, zu Vorträgen, Arbeitsgruppen, Lehrgängen und zur allgegenwärtigen Propaganda durch Paraden, Presse und Rundfunk kam die weltanschauliche Schulung in der HJ.

Sämtliche HJ-Einheiten mußten einen festen Schulungsplan absolvieren. Auch hier das ganze Programm nationalsozialistischer Indoktrination: Germanische Götter und Helden, große Deutsche wie Armin der Cherusker, Friedrich der Große, Karl Peters oder Otto von Bismarck, die Geschichte der SA und der HJ, 20 Jahre Kampf um Deutschland, der Kampf um Oberschlesien, Albert Leo Schlageter, ferner Adolf Hitler und seine Mitkämpfer Horst Wessel, Hermann Göring und andere gehörten zum Bildungsgut der Zehn- bis Vierzehnjährigen. Verpflichtend für die Vierzehn- bis Achtzehnjährigen waren die Themen: Der Kampf ums Reich von den Germanen bis zum Weltkrieg, deutsches Volkstum und deutsche Leistungen in aller Welt, die Entwicklung vom Weltkrieg zum

[1] Jahresbericht 1939/40

Dritten Reich, die Gesetze der Vererbung, Kampfauslese in der Natur, Gesunderhaltung und Vermehrung der Blutsgemeinschaft Volk. In den letzten beiden Jahren widmete man sich dann den zeitpolitischen Fragen im Zusammenhang mit der Geschichte der NSDAP und dem »Aufbauwerk des Führers«.

Auch die musische und kulturelle Bildung der Mädchen und Jungen war Aufgabe von BDM und HJ. 1937 meldeten sich auf den reichsweiten Aufruf »Lernt Instrumente spielen!« 60 000 Jugendliche. Das Musikreferat im Kulturamt der Reichsjugendführung brachte monatlich die »Liederblätter der HJ« heraus. Außerdem stellte es die selbständige Reihe »Die Musikblätter der HJ« mit mehrstimmigen Vokal- und Instrumentalsätzen her. Die Blätter dienten zur Unterstützung der musikalischen Schulungsarbeit in den Ortsgruppen und waren die Grundlage für die Musiksendungen des Schul- und Jugendfunks. Gemeinsames Singen und das Vortragen von Gedichten wurden zum Bestandteil der Kulturarbeit in den Ortsgruppen. Auch Theater und Film wurden in den Dienst der kulturellen Arbeit gestellt. In Bochum wurden die »Reichstheatertage der HJ« veranstaltet. Gemeinsame Kinobesuche bereicherten das HJ-Programm zusätzlich. Neben dem unvermeidlichen Heinz Rühmann waren Filme wie »Hitlerjunge Quex« (1933), »Legion Condor« (1939) oder »Stukas!« (1941) populär.

Das Klever HJ-Bannorchester wurde von dem in SA-Uniform am Gymnasium unterrichtenden Hanns Schwarz geleitet. Seit 1927 war er Städtischer Musikdirektor. Der musikalisch begabte Beuys spielt hier von 1938 bis 1941 Cello.[1]

1 Forum 6, S. 68

Das Stukalied
Worte Geno Ohlischlaeger — Musik von Herbert Windt

Viel schwarze Vögel ziehen
Hoch über Land und Meer,
Und wo sie erscheinen, da fliehen
Die Feinde vor ihnen her.
Sie lassen jäh sich fallen
Vom Himmel tief bodenwärts.
Sie schlagen die ehernen Krallen
Dem Feinde mitten ins Herz.

Wenn tausend Blitze flammen,
Wenn rings sie Gefahr bedroht,
Sie halten stets eisern zusammen,
Kameraden auf Leben und Tod.
Wenn Beute sie erspähen,
Dann wehe ihr allemal!
Nichts kann ihren Augen entgehen,
Den Stukas, Adlern gleich aus Stahl.

Kehrreim:

Wir sind die schwarzen Husaren der Luft,
Die Stukas, die Stukas, die Stukas,
Immer bereit, wenn der Einsatz uns ruft.
Die Stukas, die Stukas, die Stukas.
Wir stürzen vom Himmel und schlagen zu.
Wir fürchten die Hölle nicht und geben nicht [Ruh',
Bis endlich der Feind am Boden liegt,
Bis England, bis England, bis England besiegt;
Die Stukas, die Stukas, die Stukas!

Volk und Reich der Deutschen

Geschichtsbuch für Oberschulen und Gymnasien

Klasse 4

Preußen und Deutschland
(Von 1648 bis 1871)

Bearbeitet von
Oberschulrat Dr. Walter Hohmann, Magdeburg
und
Oberstudiendirektor Dr. Wilhelm Schiefer, Kleve

Unberechnetes Handstück
nur für den Unterrichtsgebrauch
des Lehrers.

1939
Verlag Otto Salle · Frankfurt am Main

JOSEPH BEUYS ERINNERT SICH 1982:

»Unsere Schulbücher, soweit ich sehen kann, waren in vieler Hinsicht besser als unsere heutigen Schulbücher. Wenn ich die Schulbücher meiner Kinder sehe, könnt' ich wirklich sagen, daß unsere Schulbücher besser waren. Wie man überhaupt sagen kann: Der Zugriff des Staats, wie er heute ist, war ja längst nicht so stark damals. Die Autonomie der Schule war relativ groß. ... Heute ist die Schule viel stärker zentralisiert und in der Hand des Staates, und in der Schule ist sehr viel weniger Eigenverantwortlichkeit der Lehrenden und Lernenden möglich. Ist doch ein verstaatlichtes Unternehmen, ist doch kommunistisch-zentralistisch unser Schulwesen – unter dem Gesichtspunkt – ist es doch bolschewisiert ...«[1]

Von Beuys' Schuldirektor Schiefer heißt es, er habe schützend seine Hand über Beuys gehalten. Daß er auch anerkannter Schulbuchautor war, ist weniger bekannt. Zusammen mit Dr. Walter Homann schrieb Schiefer die Geschichtsbuchreihe »Volk und Reich der Deutschen«. Darin heißt es 1939: »Der große Musiker Richard Wagner entnahm die Stoffe seiner großen Musikdramen der germanischen und deutschen Sagenwelt und führte dadurch das deutsche Volk wieder zu seinen Heldensagen und zu deutschem Denken und Fühlen zurück. Damit suchte er einen Wall aufzurichten gegen den jüdischen Geist, von dem er die deutsche Kunst bedroht sah: ›Ehrt eure deutschen Meister, dann bannt ihr gute Geister!‹ (Die Meistersinger) Richard Wagner erkannte als einer der ersten, daß es sich bei der Judenfrage nicht um eine religiöse, sondern um eine Rassenfrage handelte.« Und: »Um ihre Stellung zu sichern und ein nationales Erwachen des Volkes zu verhindern, setzten die Juden planmäßig und zielbewußt alle hohen Tugenden nordisch-germanischer Art herab. ›Nie wieder Krieg!‹ hämmerten die Marxisten ihren Anhängern ein und erstickten damit bei ihnen den Geist mannhafter Wehrhaftigkeit, das Gefühl für Freiheit und Ehre. Sie besudelten das ruhmreiche deutsche Heer des Weltkrieges, dagegen verherrlichten sie Kriegsdienstverweigerer und Landesverrräter.«[2] In seinem Unterricht wird Schiefer kaum entgegengesetzte Inhalte vertreten haben.

1 Beuys in: Platner, S. 130 und S. 135
2 zit. n. Platner, S. 292 und S. 289ff.

Beuys ist ein unruhiger Geist. Diese »verführerische Zeit« habe seinem unruhigen Temperament zunächst weitgehend entsprochen, wird es später heißen. Einmal bleibt Beuys sitzen. Kurz vor dem Abitur reißt er des öfteren zu einem Wanderzirkus aus und betätigt sich als Handlanger, Plakatausträger, Tierpfleger und Kaskadeur. Fast wäre er auf Drängen seines Vaters in der Klever Margarinefabrik gelandet, aber sein Direktor Dr. Schiefer und die übrigen Lehrer halten schützend ihre Hand über ihn. Beuys wird ein Jahr zurückgestuft und darf sich weiterbilden.[1]

DAS BILDUNGSANGEBOT NORDISCHE HELDENSAGEN

Joseph Beuys habe speziell zwischen 1934 und 1939 aus eigenem Antrieb viel gelesen, geforscht, musiziert, gezeichnet und dadurch »wesentliche naturwissenschaftliche, geistesgeschichtliche und künstlerische Impulse« bekommen[2], behauptet eine der gängigen Biografien. Ferner heißt es dort: »Weniger weil es der Zeitgeist fordert, als vielmehr aus Aversion gegen eine einseitig humanistische Erziehung, entdeckt Beuys sein Interesse für nordische Geschichte und Mythologie.«[3] Außer der Behauptung, humanistische Erziehung sei einseitig, wird hier der Nationalsozialismus kurzerhand zum »Zeitgeist« erklärt. Schon hier wäre Kritik angebracht, aber wichtiger ist: Nordische Geschichte und Mythologie wurden nicht »entdeckt«, sondern gelehrt. Beuys' Bildungsdrang mag von innen gekommen sein, das Bildungsangebot kam von außen. Die Nationalsozialisten machten sich die Neigung Jugendlicher, sich mit Vorbildern zu identifizieren, sowie die typisch jugendliche Begeisterung für Abenteuer und Heldentum zunutze, um sie für ihre Ziele zu manipulieren.

Vor der Machtübergabe in Deutschland überwiegend als literarische Zeugnisse einer halbgeschichtlichen Zeit interpretiert, wurden nordische Heldensagen im Dritten Reich nach Debatten innerhalb der nationalen Gruppen wesentlicher Bestandteil der Propagandamaschinerie.[4] Noch im Februar 1933 wurde im »Reichswart« gegen das »lawinenartig angeschwollene« nordische Schrifttum und die »Nordische Ekstase« polemisiert: »Mit Neugründungen, wie der angekündigten ›Nordischen Welt‹, denken die Herausgeber wohl, einem ›tiefgefühlten‹ Bedürfnisse entgegenzukommen. Dazu hat ein Teil der völkischen Welt, besonders der Jugend, sich in ›nordischen‹ Bünden, Ringen, Orden organisiert. Auf ›nordischen‹ Tagungen sucht man dem ›nordischen‹ Gedanken ebenfalls zum Sieg zu verhelfen. Nordische Priester beiderlei Geschlechts reden hier in hohen Tönen vom Aufstande der nordischen Seele. Sie wollen uns mit einem ›nordischen‹ Stile beglücken, fordern eine nordgerichtete Kulturpolitik, Lehrstühle für nordische Wissenschaft an den deutschen Universitäten, und was dergleichen mehr ist.« Der Autor dieser Polemik befürchtete, durch die »Schwarmgeisterei« der nordischen Bewegung würde »blühendes deutsches Leben« verhindert. Er forderte deshalb, die Rasseideale eines hypothetischen »reinen Ariertums«, verkörpert im nordischen Menschen, zugunsten des »deutschen Volksge-

1 vgl. Stachelhaus, S. 11; Interview Beuys in: Schreiber und Verspohl
2 Adriani u.a. 1994, S. 14
3 ebd.
4 vgl. Flessau, S. 64ff.

dankens« aufzugeben.¹ Diese Kritik wäre ein paar Monate später so kaum noch möglich gewesen.

Auch in Kleve wurden nordisch-germanische Mythen zum festen Bestandteil der Bildung in Schule und HJ, etwa als Prüfungsthema zur Erlangung des HJ-Leistungsabzeichens. Ihre ideologische Funktion erfüllten die Helden der nordisch-germanischen Mythenwelt auf mehreren Ebenen. Durch die gewaltsame Konstruktion eines Traditionszusammenhanges zwischen altnordischen Epochen und dem Nationalsozialismus wurden sie »historische« Begründung nationalsozialistischer Weltanschauung und Politik. Zweitens sollten nordische Helden und Götter als Vorbilder für jene Tugenden dienen, die die Nazis offiziell als dem arischen Wesen gemäß propagierten: Entschlossenheit, Begeisterungsfähigkeit, Mut, Härte, Ausdauer und andere vermeintliche Mannestugenden. »Sagen und Mythen vermittelten speziell dem Jugendlichen nach dem Willen nationalsozialistischer Führer und Erzieher jene Werte und Verhaltensnormen, die als Ausdruck nordisch-arischen Menschentums zu gelten hatten. Sie dienten als Appell an den Leser, gleiches Verhalten wie die literarischen Vorbilder zu üben.«²

GESCHICHTE ALS GEOKULTUR

In einem Gespräch mit Schülern äußert sich Beuys 1982 beschönigend über seine Schulzeit am Klever Gymnasium der dreißiger Jahre. Wegen ihrer geografischen Lage im Grenzgebiet sei die Schule »vielleicht ein Sonderfall gegenüber anderen Schulen« in »Berlin oder Mitteldeutschland« gewesen. Die Grenznähe sei »sowieso ein Sonderfall, wo also dieser Charakter dessen, was im Dritten Reich die Praxis war, ein bißchen modifiziert wurde. Wie immer im Laufe der Geschichte, in diesen Grenzbereichen.«³

Beuys meint also wohl, die geografische Lage habe eine spezielle Klever NS-Kultur hervorgebracht. Und er vermittelt den Eindruck, an seiner Schule sei es »besser« gewesen als etwa an Berliner Schulen. Es soll am Klever Gymnasium keine Wehrübungen gegeben haben, niemand habe HJ-Uniform getragen, die Schulbücher hätten keine Rassenhetze verbreitet, die Lehrer seien bis auf Ausnahmen sogar unterschwellige Gegner des Regimes gewesen, Widerstandskämpfer habe es in der Stadt nicht gegeben, einige Kommunisten seien ins KZ gekommen, jüdische Mitschüler hätten sich retten können, und »die Menschen hatten im Inneren doch mehr Hoffnung auf die Zukunft« als 1982.⁴

In dem von Geert Platner und Schülern herausgegebenen Buch »Schule im Dritten Reich« wird in Berichten aus allen Gegenden Deutschlands ein Bild von politisch heterogener Lehrerschaft und nicht-hundertprozentiger NS-Erziehung gezeichnet, demnach gab es überall Ausnahmen. Aber eben auch die Normalität von Militarismus und Rassismus in Verhalten und Lehrstoff. So weiß Maria Eilers in ihrem Aufsatz über die Klever Schulen unter NS-Herrschaft nur von einem einzigen Lehrer am Gymnasium zu berichten, der einen demokratischen

1 zit. nach Sauder, S. 49
2 Flessau, S. 65
3 Beuys in: Platner, S. 128
4 vgl. Beuys in: Platner, S. 128ff.

Unterrichtsstil praktizierte und die Schüler zu Meinungsäußerungen und kritischen Urteilen ermutigte.[1] Dr. Meis, erst 1942 an die Schule gekommen, wurde von seinen Schülern denunziert, konnte aber wegen der Fürsprache seines Direktors bis 1945 weiter unterrichten. Die Jahresberichte des Klever Gymnasiums belegen dokumentarisch, daß Unterricht und Schulalltag im Klever Gymnasium vielleicht sogar ein wenig nationalsozialistischer waren als im übrigen Reich. Darüber sollten auch die von Beuys erinnerten Lehrer nicht hinwegtäuschen,

1 vgl. M. Eilers

die »vielleicht alle ein bißchen national eingestellt, aber durchaus nicht begeisterte Nazis, also eher unterschwellige Gegner«[1] gewesen sein sollen.

Der 1920 geborene Schriftsteller Wolfdietrich Schnurre besuchte eine Schule in einem Berliner Arbeiterviertel, deren Lehrer und Schüler sich tatsächlich ganz anders verhielten: »Und dann passierte, was man schon längst befürchtet hatte. Eines frostigen Februarmorgens, Hitler war keine vierzehn Tage an der Macht, hat eine Hakenkreuzfahne auf unserer schönen Schule geweht. Wir weigerten uns, den Schulhof zu betreten, und sangen, mit den Lehrern zusammen, die Internationale, bis wir heiser zu werden begannen. Irgendwann erschien auch Rektor Z. Er stieg auf einen Kasten für Straßenfegergeräte und hielt eine kurze Ansprache. Ich sehe noch den rauchenden Atem vor seinem Gesicht und die machtvollen schwarzen, auf- und niedersteigenden Brauen unter der silbernen Tolle. Seine Stimme klang ganz anders als an jenem Sommerabend: heiser, würgend, gepreßt. Er stelle es jedem Schüler anheim, das Schulgelände zu betreten. Was ihn anginge jedoch, er könne nur sagen, jene Fahne dort oben habe aus seiner Schule eine fremde Schule gemacht. Er fühle sich hier fehl am Platze. Darauf schwang er sich auf sein Fahrrad und fuhr weg.«[2]

Die Beuysschen Geografie-Argumente ziehen sich sowohl durch die wichtigsten Beuysbiografien als auch durch unterschiedliche Interpretationsansätze. Gemeinsam ist ihnen die Konstruktion einer bekömmlichen Lebensgeschichte aus »geschichtsloser« Landschaft als entscheidendem Faktor für die Entwicklung von Beuys. Gelegentlich fügen die Tiefebenen-Beuysianer noch »historische Gestalten« hinzu:

»Im Schaffen von Joseph Beuys spielte seine Heimat, der Niederrhein, eine wichtige Rolle als Landschaft, aber auch durch historische Gestalten wie Moritz von Nassau, Anarcharsis Cloots oder durch den mit den Klever Herzögen eng verbundenen Schwan«, begann die Einladung zum Joseph-Beuys-Symposium im Herbst 1995 in Kleve-Kranenburg. Um eine »unmittelbare Begegnung« mit der »Atmosphäre dieser Landschaft« zu ermöglichen, wurde »eine gemeinsame Niederrheinfahrt« angeboten.

Die unabänderlich an den Rhein zementierte »Atmosphäre« der Niederrheinischen Tiefebene ersetzt die Frage nach den Sozialisationsbedingungen von Kindheit und Jugend. Schon 1935 beschäftigte die Schüler des Hindenburg-Gymnasiums die Frage: »Wie spiegelt die niederrheinische Kunst die Landschaft und die Seele seiner Bewohner wider?«[3]

Es ist die Landschaft selbst, es sind die durch die Landschaft geprägten Menschen und ihre niederrheinische Kultur und nicht die NS-Sozialisation, die für Beuys' Entwicklung als entscheidend angesehen werden. Die Biografie von Beuys wird nicht nur in diesem Punkt mystifiziert. Sie dient zum Transport einer Weltsicht, die mit »Atmosphäre«, womöglich noch mit »Mentalitäten« und »Volksseelen« Kunst, Welt und Gesellschaft erklären und auch noch gestalten will. Ein Geschichtsverständnis, welches in vielen Punkten esoterischen Strängen des Ökofaschismus und geo- und biopolitischen Politikvorstellungen neurechter Ideologie nahesteht.

1 Beuys in: Platner, S. 131
2 Schnurre, S. 73ff.
3 Jahresbericht 1934/35

JUGENDLICHE IN KLEVE

Joseph Beuys erinnert sich: »Man muß ja zugeben, daß – etwa im Gegensatz zu heute – damals die Situation für die Jugendlichen in gewisser Weise ideal war, um sich auszuleben. Es kann keine Rede davon sein, daß wir manipuliert worden sind; gut, man stand in Reih und Glied und trug eine Uniform, aber ansonsten fühlten wir uns unabhängig.«[1]

Andere Jugendliche fühlten sich nicht so wohl. 1933 waren die Organisationen der jüdischen, der kommunistischen, der sozialistischen und der bündischen Jugend verboten worden. Die evangelische Jugend wurde in die HJ eingegliedert, ebenso verschiedene rechte Jugendorganisationen. Einzig die katholischen Verbände konnten zunächst weitgehend unbehelligt weiterarbeiten, bis die Nationalsozialisten 1936/37 ihren Druck auch auf die katholische Kirche verstärkten.

Am 31. Oktober 1937 notierte Pfarrer Bullmann aus Kleve-Kellen in einer Chronik: »Wir geben von den Kanzeln bekannt: Die Jungmännervereine sind (als ›staatsgefährliche Organisationen‹) von der Geheimen Staatspolizei aufgehoben. ... Hausdurchsuchung bei Jan van Rooy, dem Kreisjugendführer!« Seine Bücherei wurde beschlagnahmt und das Pfarrheim versiegelt.[2]

[1] Beuys in: Adriani u.a. 1981, S. 19
[2] Bullmann

Zur Ausschaltung oppositioneller Jugendlicher innerhalb und außerhalb der HJ wurde 1934 reichsweit der HJ-Streifendienst eingerichtet. Er arbeitete eng mit Gestapo und SS zusammen.

Auch in Kleve ging die HJ auf Streife, um sich an der Ausschaltung anderer Jugendverbände zu beteiligen. Hier traf es insbesondere die katholische Sturmschar und den Bund Neudeutschland. Die NSDAP verbot ihnen Lager, Fahrten, Wimpel und Kluft. Der Jugendsportverein verlor Sportstätte und Geräte. Katholische Lehrlinge oder Gesellen, die nicht der Deutschen Arbeitsfront beitreten wollten, mußten berufliche Nachteile befürchten.

1936 traf sich die katholische Klever Jungschar mit ihrem Kopf Karl Leisner weiter heimlich im Wald. Die Treffen wurden vom HJ-Streifendienst ausgekundschaftet und überfallen. Auch ihre Silvesterfeier 1937/38 wurde von SA und HJ aufgelöst. Karl Leisner wurde am Tag nach dem Attentatsversuch Elsers auf Hitler, am 9. November 1939 verhaftet, weil er äußerte: »Schade, daß der Führer nicht dabei war.« Zuerst im KZ Sachsenhausen, kam er später ins KZ Dachau. Karl Leisner starb am 12. August 1945 an den Folgen der Haft.[2]

Die sich verschärfende antikirchliche Politik der Nazis stieß auf zunehmende Proteste in der Klever Bevölkerung. Die NSDAP verbot Prozessionsrouten, Kirchenfahnen und Kirchenfarben. Razzien der Polizei setzten diese Verbote durch. Die Schließung des Klever Kolpinghauses im September 1939 wurde nach Protesten aus der Bevölkerung durch Anordnung der Staatspolizei in Düsseldorf wieder aufgehoben. Im August 1941 wurde in den Klever Kirchen sogar die Predigt des Bischofs Clemens August van Galen gegen die Tötung »unwerten Lebens« verlesen. »Die Gemeinde wird durch das Bischofswort stark erschüttert, zumal die Erfahrungen um Bedburg dem Volk längst auf dem Gewissen

Mitglieder der Klever NSDAP haben sich in Uniform mit einer schwarz gekleideten Strohpuppe vor dem Rechtsanwaltsbüro von Franz van de Loo 1935 eingefunden. Die Puppe trägt ein Schild: »Als Verteidiger jüdischer Rassenschänder empfiehlt sich Franz van de Loo«

1 vgl. Schminnes, S. 46ff.

> **Das Zentrum schützt Tietz und die Juden!**
>
> Die Zentrumsbonzen in Cleve können sich nicht genug in Mittelstandsfreundlichkeit hervortun. Noch dieser Tage gaben sie ein persönliches Schreiben an die Geschäftsleute heraus, in welchem die Mittelstandsfreundlichkeit der Zentrumsführer einzeln aufgeführt wurde. Wenn schon dieses Flugblatt nur Lügen und Unwahrheiten enthielt, so wurde vollends die Mittelstandsfreundlichkeit des Zentrums in der Versammlung im Vereinshaus bekannt.
>
> Der vom jüdischen Geld lebende Führer des Zentrums Herr Rechtsanwalt van de Loo erklärte in dieser Versammlung, dass es das Ziel der Zentrumspartei sein müsse, die jüdische Rasse und den jüdischen Stand zu schützen.
>
> Wir fragen Herrn Zentrumsspitzenkandidaten van de Loo:
> 1. Ist ihm nicht bekannt, dass die jüdischen Geschäfte Tietz und Erwege den Clever Mittelstand vollkommen ruinieren?
> 2. Ist ihm nicht bekannt, dass die Grosse Strasse wie eine Strasse in Jerusalem aussieht, soviel Libanonindianer haben sich in der Grossen Strasse schon eingenistet!
>
> Die Clever Bevölkerung muss immer wieder darauf hingewiesen werden, dass Herr van de Loo
> 1. Vertreter der noch jüdischen Reichsmaisstelle ist.
> 2. dass der Jude David, der sich an blonden deutschen Mädchen vergangen hat, vor dem Gericht vertritt.
>
> Diese grossartige Geste des Zentrumskandidaten van de Loo gegenüber den Juden, dient wohl in erster Linie dazu, um die 150 jüdischen Stimmen für das 15. Mandat zu gewinnen. Wir gratulieren. Wir Nationalsozialisten wissen, dass die Clever Bevölkerung und der Clever Mittelstand die jüdisch versippte Zentrumspartei erkannt haben.
>
> Jeder ehrliche Volksgenosse gibt deshalb diesen Bonzen und Volksverrätern am Sonntag die richtige Antwort indem er
>
> **nur die Nationalsozialistische Deutsche Arbeiterpartei Liste 1** wählt.

brennen!« Im April 1940 war die Asche einer Frau aus Kleve-Bedburg beerdigt worden, die nach ihrer Verschickung »gestorben« war.[1]

Der stadtbekannte Katholik Wilhelm Frede sprach öffentlich mit jüdischen Mitbürgern, lehnte offen Spenden für das Winterhilfswerk ab und hatte im September 1938 ohne erhobenen Arm gesungen. Er wurde angeklagt und starb 1942 im KZ Sachsenhausen.[2]

DIE REICHSPOGROMNACHT IN KLEVE UND DIE VERNICHTUNG DER KLEVER JUDEN

In der Reichspogromnacht vom 9. auf den 10. November 1938 zündete die Klever SS die Synagoge an. Die Feuerwehr durfte nur Nachbarhäuser schützen. Nachbarn wurden in die Häuser zurückgescheucht. In den Morgenstunden wurde noch das letzte jüdische Geschäft verwüstet. Ähnliche Geschehnisse gab es in Kranenburg und Goch. Am Nachmittag des 10. November mobilisierte ein SS-Mann einen Trupp der Klever HJ. »Unter seiner Anfeuerung werfen Hitlerjungen in Uniform die Fensterscheiben des Rabbiner-Wohnhauses ein. Anschließend kommt es – vermutlich durch den gleichen Trupp HJler – unter Nitzolds Führung zur Zerstörung des Privathauses eines jüdischen Viehhändlers in der Innenstadt. Mit einem Leiterwagen voller Steine stellen sich die Hitlerjungen im Halbkreis vor dem Haus auf, werfen Fensterscheiben ein, demolieren das Haus und rufen laut: ›Juden raus! Juden raus!‹. Als der Geschäftsmann vor die Tür tritt... wird er augenblicklich von mehreren Steinen am Kopf getroffen und stark blutend ins Haus zurückgezogen. ... Gerade bei dieser Ausschreitung kommt es wohl zu aktiver Beteiligung der Bevölkerung. ... Und auch Schulkinder auf dem Weg nach Hause mögen die Gelegenheit, Steine zu werfen, genutzt haben, zumal die Hauptakteure HJler waren.«[3]

Ein Großteil der jüdischen Männer wurde verhaftet. Die jüngeren unter ihnen kamen ins KZ Dachau und konnten später freigekauft werden. Der »Clevische Volksfreund« berichtete linientreu von »spontanen judenfeindlichen Kundgebungen«, während der Klever »Synagogenprozeß« 1948/49 die ausschließliche Beteiligung von Klever SS und HJ feststellte.

1 Bullmann, 24. 8. 41
2 vgl. Kloidt
3 Lohschelder, o. S.

Karneval in Kleve

JOSEPH BEUYS ERINNERT SICH 1982:

»Ja, ein, zwei Fälle kenne ich von jüdischen Schülern; jüdische Lehrer waren nicht da, aber in der sogenannten Kristallnacht wurde ja auch in Kleve die Synagoge niedergebrannt, und danach verschwanden zwei Schüler von der Schule, zwei jüdische Schüler. Das waren Söhne von Juden, die so kleinere Kaufhäuser hatten, Textilkaufhäuser; die verschwanden dann. ... die sind nach Amerika gegangen. Also es war noch so, daß sie nichts mehr von den Schweinereien da mitgekriegt haben, also eingesperrt worden sind. Die haben den Braten früh genug gerochen, die sind nach Amerika gegangen.«[1]

Ein, zwei Fälle kennt Beuys. Und die seien – sozusagen typisch jüdisch: clever und reich – nach Amerika gegangen. Die Auswandernden, besser: Vertriebenen, hatten jedoch wegen der Zwangs-Pleiten, Geschäftsverkäufe (»Arisierungen«), »Reichsfluchtsteuer« und »Auswanderungsabgabe« kaum Geld. Rolf Eilers nennt die Namen von 49 Klever Juden, die in den Vernichtungslagern ermordet wurden.

Die permanenten Boykott- und Terrormaßnahmen trieben die 200 Klever Juden im Laufe der Jahre zu Pleiten, Geschäftsverkäufen (»Arisierungen«), Umzügen, Auswanderungen und Selbstmorden. 1938 bestand nur noch eines von ehemals 13 jüdischen Textilgeschäften. Im Adreßbuch 1937/38 finden sich ein Drittel weniger jüdische Wohnungsinhaber als 1933.

1941 begannen die letzten Maßnahmen vor der Vernichtung der Klever Juden. Das Tragen des gelben Sterns wurde zur Pflicht. Sie bekamen keine Bezugskarten für Kleider, Milch, Obst, Süßigkeiten, Rauchwaren. Es gab Zutrittsverbo-

1 Beuys in: Platner, S. 130

te für Badeanstalten, Fernsprecher, Straßenbahn, Cafés, Gaststätten und Einkaufsverbote für Bücher und Zeitungen. Elektrogeräte, Schreibmaschinen und Teppiche mußten abgegeben werden. Nach der »Arisierung« und Räumung ihrer Häuser im Oktober 1941 wurden sie im »Judenhaus«, Klosterstr. 1, dem ehemaligen Hotel »Clever Hof«, zusammengepfercht. Pro Person durften »1 Bett, 1 Stuhl, 1 Schrank, 1 Koffer« mitgenommen werden. Von hier wurden sie in vier Transporten (gegen 50 Mark »Reisekosten«) zur Vernichtung gebracht. Der erste Transport ging am 26. Oktober 1941 nach Litzmannstadt/Lodz wahrscheinlich zur Zwangsarbeit bei Telefunken oder im Waggonbau. Der zweite Transport mit 13 Personen ging am 10. Dezember 1941 nach Riga und von dort sehr wahrscheinlich direkt zur Massenerschießung in einen Wald. Der dritte und vierte Transport gingen am 26. Juli 1942 und 27. November 1943 nach Theresienstadt und von dort nach Maly Trostinec bei Minsk und Auschwitz.[1]

DIE REBELLEN-BILDUNGSLEGENDE

Die bisherigen Biografien berufen sich bei der Beschreibung von Kindheit und Jugend fast ausschließlich auf Beuys' Erzählungen über diese Zeit. Seine subjektiven Erinnerungen werden nicht hinterfragt, sondern dienen zur Konstruktion eines Kindheits- und Jugendbildes passend zum Künstler-Klischee als Grundlage der Beuys-Rezeption. So entsteht aus vielen kleinen Anekdoten und »Schlüsselerlebnissen« über Engelserscheinungen und grübelnde Aufenthalte an Straßenbahnhaltestellen die in die Kunstgeschichte eingegangene Beuys-Legende. Zum Künstler-Klischee gehört, Beuys habe sich schon als Kind durch spezifische Eigenarten von seinen Spielkameraden unterschieden. Er grübelt, liest, baut Höhlen, sammelt, gräbt, spielt Hirte und ähnliches. Was eigentlich so ziemlich jede Kindheit füllt, wird plötzlich zu etwas ganz Besonderem: Da bahnt sich der Künstler an!

Die Jugendjahre werden zur Rebellen-Bildungs-Jugend stilisiert. Stichworte sind: Außenseiter, Ausreißer, Bücherretter, Faxenmacher, Sitzenbleiber, Forscher, Musikant, Ungehorsam und immer wieder Bildung. So entsteht der Eindruck eines neugierigen, rebellischen Teenagers – der Künstler gärt weiter –, unberührt von Pubertät, Zeitgeschichte oder sozio-kulturellen Bedingungen. Dieser Ansatz widerspricht jedoch jeglicher Theorie über Persönlichkeitsbildung in der Jugend.

Über die Erinnerung an die Pubertät schrieb Eduard Spranger bereits 1929 in seinem Buch »Psychologie des Jugendalters« – Beuys' Lieblingslektüre in der Posener Kaserne[2]: »Keine Epoche unseres Lebens vergessen wir so sehr, wie die Pubertätsjahre. So unendlich wichtig uns die Stürme und Kämpfe dieses Lebensalters scheinen, während wir in ihnen drinstehen: es bleibt von dem eigentlichen Rhythmus des jugendlichen Innenlebens weniger in der Erinnerung zurück als von den Gemütsbewegungen anderer Altersstufen. Vielleicht darf man daraus schließen, daß die meisten Erschütterungen jener Zeit ihre Bedeutung

1 vgl. R. Eilers
2 vgl. Adriani u. a. 1994, S. 15

für den Erlebenden erschöpft haben in der Wesensprägung, die von ihnen an Stelle einzelner Gedächtnisspuren zurückgeblieben ist. Vielleicht spielt auch ein geheimes Nichtmehrwissenwollen mit, genug: wir haben in der Regel von unserer eigenen Pubertätszeit ein so wenig getreues Bild bewahrt, daß selbst gute Lebenskenner die Entwicklungsjahre der Jugend, die sie vor sich sehen, wie ein großes Rätsel empfinden...«

Gängiger Entwicklungspsychologie zufolge gilt die Pubertätsphase als zweiter entscheidender Lebensabschnitt, in dem durch Abgrenzung von den Erziehenden eigene Vorstellungen und Selbständigkeit gebildet werden. Aber gerade das Streben nach Selbständigkeit und Leitbildern, verbunden mit dem Aufbegehren gegen die Eltern, wurde in der HJ benutzt und in entsprechende Richtung gelenkt. Dieses zu unterschlagen zeugt von Verharmlosung des HJ-Systems und gleichzeitiger Überbewertung des jungen Beuys. Die Darstellung von Beuys als temperamentvollem Lausbuben, der die Treppen des Gymnasiums mit dem Rad hinunterfährt oder von zu Hause ausreißt, vermeidet die Auseinandersetzung mit der NS-Jugendpolitik. Deren Konzept war es ja, die Jugendlichen gegen Elternhaus und Lehrer aufzuhetzen. Für Jugendliche, die sich als Elite fühlen durften, war Ungehorsam keine prinzipiell verbotene Eigenschaft, sondern Teil des Drills. Dazu gehörte ebenso die Denunziation von Kritikern – auch das geschah in Kleve.

Beuys spielte Klavier, malte und »betrieb naturwissenschaftliche und technische Studien«, heißt es bei Verspohl im Allgemeinen Künstlerlexikon, ohne auch nur einen Hinweis auf das Bannorchester oder die Modellbaugruppen der HJ. Und kein Hinweis darauf, daß die Jugend jener Zeit von den geistigen Entwicklungen in der übrigen Welt systematisch ferngehalten wurde.

»Nahezu die gesamte skandinavische Literatur«, vor allem Hamsun, soll Beuys gelesen haben. Es stellt sich die Frage, welche skandinavischen Autoren überhaupt erlaubt waren. Zudem arbeiteten einige deutsche Autoren seinerzeit im skandinavischen Exil: etwa Hans Henny Jahnn, Bertolt Brecht, Kurt Tucholsky und Kurt Schwitters. Der Berman-Fischer-Verlag befand sich seit 1938 im Stockholmer Exil. Seine Gesamtproduktion war in Deutschland verboten.

Hamsun war erlaubt. Dieser war zwar nicht in der nationalistischen Quisling-Partei, begrüßte aber 1940 den Einmarsch der Nazis in Norwegen. 1934 hatte er sich vehement gegen die geplante Verleihung des Friedensnobelpreises an den KZ-Häftling Carl von Ossietzky ausgesprochen. In der folgenden internationalen Debatte bezogen norwegische Anti-Nazi-Schriftsteller wie Nordahl Grieg Stellung gegen Hamsuns Verharmlosung der deutschen Zustände. Auch Tucholsky, Thomas Mann und andere wandten sich von Hamsun ab.

Zur Bildungslegende gehört auch der Bücherretter Beuys: 1938, heißt es bei Stachelhaus, habe der Siebzehnjährige bei einer Bücherverbrennung am Gymnasium einige Werke beiseite geschafft: Thomas Mann, einen Katalog mit Lehmbruck-Fotos und das Buch »Systema naturae« des schwedischen Biologen Carl von Linné. Aber es gab 1938 keine Bücherverbrennung. Wie im ganzen Deutschen Reich fand diese am Klever Gymnasium im Mai 1933 statt – als

Standfoto aus dem Film »Wunder des Fliegens« (1935). »Schinkenklopfen mit Musik«, das war eine der zahlreichen »Mannbarkeitsriten«, die in der HJ stattfanden

Beuys zwölf Jahre alt war. (Nebenbei ist Carl von Linné auf keinem Index der Reichsschrifttumskammer zu finden, war also nicht verboten.) 1938 wurde allerdings etwas niedergebrannt: die jüdische Synagoge.

Aber hat Beuys überhaupt soviel Bildung genossen, wie ihm unterstellt wird? Zweimal mußte er ein Schuljahr wiederholen, der Unterricht war durch HJ-Aktivitäten eingeschränkt oder konnte bei Kriegsbeginn wegen der Rekrutierung von Lehrern und der Einquartierung von Soldaten in Schulräumen nur beschränkt stattfinden. Die Bildungsbetonung erweckt den Eindruck, Beuys sei ohne ideologische Beeinflussung durch die faschistischen Jahre gekommen. Mit anderen Worten: Bildung als (antifaschistischer) Schutzwall. Dieser »Kampf gegen Verflachung« arbeitet mit dem bequemen und falschen Bild, Nazis waren – und seien – kulturlose Barbaren, besoffene, prügelnde Arbeitslose.

»Die Jugenderlebnisse sind sicher ein wichtiges Stück der Persönlichkeit, aber die Individualität leidet doch nicht unter einer kritischen Nachbesinnung«, merkt Geert Platner als Herausgeber des Beuys-Schüler-Gesprächs von 1982 an.

Ob der siebzehnjährige Beuys am Terror nach dem Synagogenbrand beteiligt war oder nicht, ob er in dieser Zeit mit einem Wanderzirkus durch die Gegend gezogen ist oder zu Hause Kierkegaard gelesen hat, ist nicht zu klären. Unsere Absicht ist es auch nicht, Beuys' Erinnerungsvermögen zu bekritteln. Natürlich kann Beuys nicht alle Ereignisse in Kleve erinnern, aber wir kritisieren die Art, wie er seine Erinnerungen reflektiert. Er bringt seine subjektiven Eindrücke nicht mit den objektiven Lebensbedingungen im Dritten Reich zusammen.

»Künstlerische Freiheit« als Rechtfertigung für diese subjektivistische Geschichtsbearbeitung zu nennen verkennt, daß die Erinnerungen von Beuys als objektivierte Versatzstücke Gegenstand öffentlicher (Kunst-) Diskussionen und Mittel zur Entwicklung »neuer« Kunst- und Gesellschaftkonzeptionen sind. Die beschönigende Bewertung seiner NS-Jugend und Schulzeit ist schon deshalb beachtenswert, weil zu seinem »Erweiterten Kunstbegriff« bekanntlich auch Schulkonzepte gehören.

Beuys' Erinnerungen als objektive Geschichte auszugeben zeugt auch vom fragwürdigen Geschichtsbewußtsein seiner bisherigen Biografen. Die gängige Beuys-Rezeption transportiert auf diese Weise ein unkritisches, naives und gefährliches Geschichtsverständnis.

Der 1926 geborene Siegfried Lenz war auch Hitlerjunge und Soldat. Doch sein Bemühen, die Erinnerung an die durchlaufene HJ-Erziehung und den Drill zum Soldatentum zu objektivieren, also sich als ehemaliges Rädchen zu begreifen, zeugen von einer ernsterzunehmenden Bereitschaft, sich in die Geschichte zu stellen, als es Beuys tut: »Ich zog zu Pimpfen-Spielen aus, sang Pimpfen-Lieder, las die Zeitschrift ›Der Pimpf‹, ging mit Pimpfen auf Fahrt ... Ich wurde Pimpf wie jeder, und wie jeder erwarb ich die Rechte eines Pimpfs. In Uniform durfte ich von keinem Lehrer mehr geschlagen werden. Ich durfte ein Fahrtenmesser tragen. Ich durfte Altmetall sammeln und mit einer Winterhilfsbüchse fordernd an Erwachene herantreten. Und ich durfte mit Tausenden von Pimpfen Spalier stehen... wir jubelten auf Handzeichen und winkten auf Pfiff mit Kornblumen. Wir stellten jede erwünschte Form von Begeisterung her. ... Ich war dreizehn Jahre, als der Krieg begann: ein Schüler, ein Pimpf, ein geduldiger Spaliersteher, der keine Zwischenfragen stellte, der auf Handzeichen jubelte, als sei Jubeln so etwas Sachgemäßes wie Essen. ... Wir nahmen den Krieg zu uns bei der Lektüre geschwind verbreiteter, wohlfeiler Heldenliteratur. ... es gab auch Reklamereisende für den Krieg, junge, enthusiastische Invaliden, hochdekoriert und erträglich verstümmelt... So wurden wir vorbereitet. So wurde unsere Ungeduld entfacht, und wir übersahen die kosmetisch verdeckte Invalidität des Lobredners und sorgten uns auf einmal, daß der Krieg aus und vorbei sein könnte, bevor wir Städte erobert, Schiffe versenkt und bedeutende Brücken zerstört hatten.«[1]

1 Lenz, S. 15ff.

Werbung der Junkers-Werke

PROPAGANDA FÜR DIE LUFTWAFFE

In der nationalsozialistischen Propaganda hatte die Werbung für die Luftwaffe einen hohen Stellenwert. Getreu der Forderung Görings: »Das deutsche Volk muß ein Volk von Fliegern werden« wurde vor allem in HJ und Schule das Interesse der Jugend auf die Luftwaffe gelenkt. Die Flieger des Ersten Weltkrieges wurden zu Idolen der Jugend stilisiert. Auch Beuys entwickelt ein Interesse für die Luftfahrt, wie seine 1940 getroffene Entscheidung zur Berufslaufbahn in der Luftwaffe zeigt.

In den zwanziger Jahren, den »Jahren der Flugbeschränkung« in Deutschland, wurde der »Flugsportgedanke« wachgehalten durch den Ausbau von Segelflug- und Motorflugschulen und durch die Veranstaltung von Flugwettbewerben als Massendemonstrationen. Unter Umgehung der Versailler Vertragsbestimmungen war bereits seit 1920 der Wiederaufbau der deutschen Luftwaffe betrieben worden. Nach der Machtübergabe forcierten die Nazis die Wiederaufrüstung und den Aufbau der Luftwaffe. Den Rüstungskonzernen flossen gewaltige staatliche Mittel zu.

Anfang März 1935 wurde der Weltöffentlichkeit die Existenz einer neuen deutschen Luftwaffe bekanntgegeben. Am 16. März 1935 wurde die allgemeine Wehrpflicht eingeführt und am 26. Juni das Gesetz zur Arbeitsdienstpflicht verabschiedet.

Der Erlaß des Reichsministeriums für Wissenschaft, Erziehung und Volksbildung vom 17. November 1934 über die »Pflege der Luftfahrt in den Schulen« wurde am Klever Gymnasium konsequent umgesetzt. Ziel des Erlasses war, »durch die Einflechtung des Luftfahrtgedankens in die wissenschaftlichen Fächer« in der Jugend »echte Flugbegeisterung« zu wecken.[1]

In allen geeigneten Fächern sollte die Luftfahrt berücksichtigt werden. Allgemeine Schulveranstaltungen, wie Wandertage, Lehrausflüge oder Elternabende, sollten im Interesse der Luftfahrt genutzt werden. Auch in den Schulprüfungen sollten Themen der Luftfahrt Beachtung finden.

Lehrer des Klever Gymnasiums wurden auf Fortbildungslehrgänge über Wehrsport oder Wehrphysik geschickt. Der Flugzeugmodellbau hielt Einzug in den Werkunterricht. Der Unterricht war Grundstein für eine Ausbildung im Segelflugzeugbau und Segelfliegen. Diese Kurse fanden in Zusammenarbeit mit der Berufsschule und den HJ-Sondereinheiten statt.

Der Luftkrieg hielt auch Einzug in den Mathematikunterricht:
»Von einem mit der Geschwindigkeit 80 m/sek waagerecht fliegenden Flugzeug wird aus 1500 m Höhe eine Bombe abgeworfen.

a) Wie groß ist die Fallzeit der Bombe?
b) Wo trifft sie den Erdboden?
c) Unter welchem Winkel?
d) Wie groß ist die Geschwindigkeit der Bombe beim Auftreffen? (Der Luftwiderstand bleibt unberücksichtigt.)«[2]

Die nach 1933 stark dezimierte Schulbücherei wurde um sogenannte »Fliegerliteratur« erweitert. Besonders empfohlen für die Schüler ab Untersekunda wurden: »Otto Fuchs: Wir Flieger. Ein ausgezeichnetes, witziges und doch sehr ernst geschriebenes Werk. Es bringt im zwanglosen Rahmen der Erinnerungen sämtliche Seiten der Kampffliegerei in anschaulicher Breite (Nachtflug, Geschwaderflug, Kämpfe, Kasinoleben). Richard Euringer: Fliegerschule 4. Schilderung eines eilig hergestellten Schulungslagers, in dem in kürzester Zeit der

1 vgl. Hofstaetter 1935
2 Jahresbericht 1935/36

Wir toten Flieger blieben Sieger durch uns allein

Volk – fliege wieder! Und du wirst Sieger durch dich allein

Inschrift auf dem Denkmal für die Flieger, Wasserkuppe (Rhön) 1923, zitiert nach: Die Zeit 26/1985

Fliegernachwuchs heranzubilden ist. Johannes Werner: Briefe eines deutschen Kampffliegers an ein junges Mädchen. Gibt tiefen Blick in das Schicksal zweier kraftvoller junger Menschen.«[1]

In der Oberstufe sollten lebens- und weltanschauliche Fragen bezogen auf das Fliegertum, besprochen werden. Gerade die Fliegerei galt als besonders geeignet, nationalsozialistische Grundauffassungen – Persönlichkeitsbildung, gerichtet auf heldische Gesinnung, Einsatz- und Opferbereitschaft – aufzuzeigen und zu vertiefen.[2]

Die Sondereinheiten der Klever HJ, die Modellbaukurse am Gymnasium, die ab 1934 in Kleve eingerichteten Jungfliegerlehrgänge und die Flugveranstaltung vom 25. Mai 1935 trugen die allgemeine Mobilisierung der Jugend für die Luftfahrt bis in die Niederrheinische Tiefebene.

Junge Menschen lasen Geschichten über Weltkriegsflieger. Die Fliegeridole hießen Göring, von Richthofen, Udet oder Boelcke. Die Jugendlichen sammelten und tauschten Bildchen mit Fliegerassen. Die Flieger galten als nationale Elite.

Aufgrund des Erlasses des Reichsministers der Luftfahrt und Oberbefehlshabers der Luftwaffe vom 4. Februar 1937 wurden im gesamten Reich Schülerrundflugveranstaltungen durchgeführt. Sie dienten als Aufklärungs- und Werbemittel in der fliegerischen Erziehungsarbeit. Da es verboten war, Schüler in Flugzeugen der Luftwaffe mitzunehmen, wurde diese »Aufklärungsarbeit« von der Hansa Flugdienst G.m.b.H., einer Tochtergesellschaft der deutschen Lufthansa AG, organisiert. In Zusammenarbeit mit der Luftwaffe fanden derartige Werbetage vornehmlich in der Provinz statt, da dort die Jugend sonst nur wenig Gelegenheit hatte, Luftfahrt in unmittelbarer Anschauung zu erleben. Die Ge-

[1] vgl. Hofstaetter 1935
[2] ebd.

samtzahl der Schüler und Schülerinnen, die die Veranstaltungen unter Führung ihrer Lehrer besuchten, schätzte man 1937 auf 350 000.[1]

Die deutsche Luftwaffe testete im Spanischen Bürgerkrieg ihre neuen Waffensysteme. Am 26. April 1937 bombardierte die »Legion Condor« die baskische Stadt Guernica. Zahlreiche deutsche Intellektuelle nahmen dagegen engagiert Stellung, unter ihnen Heinrich Mann und Oskar Kokoschka. Pablo Picasso, von der spanischen Volksfrontregierung zum Direktor des Madrider Prado berufen, malte das berühmte »Guernica« für den Pavillon der spanischen Republik zur Pariser Weltausstellung 1937.

Anfang 1938 wurden die ersten Prototypen des Sturzkampfflugzeugs JU 87 in Spanien erprobt. Nach dem Sieg Francos titelten deutsche Zeitungen auch in der Provinz mit der Siegesparade der Legion Condor am 6. Juni 1939 in Berlin. Im Bericht zur Luftschlacht über Sedan am 14. Mai 1940 erschien an der Spitze der Liste mit den meisten Abschüssen Hauptmann Werner Mölders, »den bald darauf jedes Kind in Deutschland kennt«.[2]

Mölders und die anderen Flieger wurden schnell in Öl, Stein oder Bronze zu Motiven nationalsozialistischer Kunst und zierten diverse Kunstausstellungen.[3]

KRIEGSBEGINN IN KLEVE

Die Kriegsvorbereitungen Nazi-Deutschlands gingen an der Niederrheinischen Tiefebene nicht spurlos vorüber. Am 28./29. August 1939 wurde Kleve von der Obersten Heeresleitung zum Operationsgebiet erklärt. Am 1. September 1939 überfiel die Wehrmacht Polen. Zwei Tage später erfolgte die Kriegserklärung der Westmächte an das Deutsche Reich. Zur Verteidigung im Westen wurde der Ausbau des Westwalls befohlen. Kleve wurde »überflutet von einem Strom von Westwallmännern«.[4] Schulen, Säle und Privatquartiere wurden zur Unterbringung der Westwallarbeiter beschlagnahmt. Auch das Hindenburg-Gymnasium blieb nicht verschont: In den Klassenräumen schliefen die Arbeiter, die jungen Lehrer wurden zum Wehrdienst eingezogen, im Physiksaal wurden Sammlungsgegenstände gestapelt, und die Turnhalle diente zur Getreidelagerung. Dem Abzug der Westwallarbeiter folgte die Einquartierung von Soldaten für die Vorbereitung des Westfeldzugs. Von September 1939 bis Mai 1940 fiel der Unterricht bis auf wenige Wochen aus. Die Schüler wurden anderweitig »gebildet«: Sie arbeiteten als Erntehelfer, Luftschutzwarte, Sanitäter, Feuerwehrhelfer, Melder, Schreibhilfen oder waren im Streifendienst tätig.

Am 9. April 1940 erfolgte die Besetzung Dänemarks und Norwegens – die »Operation Weserübung«. Der Feldzug im Westen begann am 10. Mai 1940 mit dem Einmarsch in Frankreich, die Niederlande und Belgien:

»Es ist der frühe Morgen des 10. Mai 1940, ein in die Kriegsgeschichte eingehender großer Tag der deutschen Wehrmacht. Tiefe Ruhe liegt über einem deutschen Feldflugplatz im Westen des Reiches. Eintönig erschallt von Zeit zu Zeit der Schritt eines Postens. Wie zum Sprunge geduckt stehen die grauen Schatten

1 vgl. BA/MA Freiburg RL 4/10
2 Bekker, S. 143
3 vgl. Thomae
4 Bullmann

»Als der Krieg ausgebrochen war, gab es die sogenannten Eintopf-Sonntage ... Es wurde jedem Bürger empfohlen, einmal im Monat einen Eintopf-Sonntag zu machen. Dafür konnten dann die Schüler Plakate malen; es gab Wettbewerbe in solche Richtung. Ich habe mal einen Preis gewonnen, für so ein Plakat ›Eintopf-Sonntag‹.«
Beuys, in: Platner, S. 129

Was sich anhört, als ob der fette Bürger mal auf seinen fetten Braten verzichten sollte, gehörte seit 1934, neben Fliegerpfennig- und diversen anderen Sammlungen, zur permanenten HJ-Spendenbelästigung. Die einfachen Leute, die ohnehin schon 310 Tage im Jahr Eintopf aßen, mußten auf diese Weise zur Rüstungsfinanzierung beitragen.

der Stukas in der Morgendämmerung. Trotz der tiefen Stille liegt es wie eine Ahnung gewaltigen Geschehens über diesem einsamen Feldflugplatz.
Plötzlich: Alarm!
Im Handumdrehen ist jeder angezogen und eilt zum Rollfeld. Die Tarnung wird beseitigt und die JU-87-Maschinen hervorgeschoben. Eine fieberhafte Tätigkeit setzt jetzt ein. Die Besatzungen eilen in ihren Filzstiefeln durch das taunasse Gras und klettern in ihre Stukas. Alles erwartet einsatzbereit den Startbefehl. Da ... der singende Ton des auf Touren kommenden Anlassers der Kommandeurmaschine ertönt. Das war das Signal für die Bordwarte. Von allen Seiten ertönen jetzt die Anlasser, Motoren donnern auf, ein Höllenlärm durchtobt plötzlich die Stille. Die ersten Maschinen rollen bereits zum Startplatz, verweilen dort einen Augenblick und starten jetzt mit brüllenden Motoren in das Halbdunkel dieses denkwürdigen Maimorgens.
Ein unvergleichliches Bild: Über dem Platz kreisen die grauen Schatten der JU-87-Stukas mit ihrem flammendurchzuckten Auspuff. Staffel auf Staffel startet jetzt in die Morgendämmerung, um sich nach wenigen Minuten zum Verbandsflug zu formieren. – Es geht zum Großeinsatz gegen Frankreich, Belgien und Holland!«[1]
Auch in Kleve setzten sich die Truppen in Bewegung:
»Donnerstagnachmittag: allgemeiner Großer Alarm und Aufbruch aller Soldaten. Die Westfront kommt in Bewegung und wird in Marsch gesetzt. ... Freitag Morgen 1/2 6 Uhr der erste Kanonenschuß. An die 1 000 Flugzeuge fliegen über uns nach Holland. ... In der Gemeinde Kellen wohnen seit Jahrzehnten an 250 holländische Familien, deren Söhne z. T. auf der ›anderen Seite‹ kämpfen. ... Auf den Straßen Truppentransporte; die Eisenbahn rollt bei Tag und Nacht; die Elektrische steht im Dienst des Krieges. Die Luft wird erfüllt vom Surren der Propeller und dem Donnern der nicht fernen Front.«[2]
Luftangriffe auf Kleve folgen: »... fliegen fast in jeder Nacht die Engländer bei uns ein. Bomben fallen auf Kleve, am Bahnhof und in der Sackstraße (mehrere Tote!), Briener Straße ... Dann das Bombardement Emmerichs die ganze Nacht hindurch. Noch am folgenden Tag ziehen die schwarzen Schwaden einer brennenden Straße und einiger Industriegebäude am Himmel hin. Fast in jeder Nacht das Heulen der Sirenen!«[3]

1 Brausewaldt, S. 85ff.
2 Bullmann, 15. 5. 1940
3 Bullmann, 12. 5. 1940

DIE MELDUNG ZUR LUFTWAFFE

Joseph Beuys erinnert sich 1982: »Als der Krieg in Polen begann, da leerten sich die Klassen, und es war ganz klar, daß ich nicht zu Hause bleiben wollte. Ich wollte keine Extrawurst gebraten haben. Wenn die anderen gehen, gehe ich auch. Das war einfach ein Zusammenhalt, so wie in einer Gemeinschaft. Ja, das war einfach ein Zusammengehörigkeitsgefühl, daß man sagt, man will das Schicksal teilen. Alle, und nicht, daß der eine sich so vorbeipfuscht, der andere Sondererlaubnis oder ein Attest bekommt, um sich da herauszudrücken; das hat's nicht gegeben. Wie gesagt, ich spreche von meiner Schule, das hat's nicht gegeben. ... Also dieser, man kann's ruhig Korpsgeist nennen, korporatives Verhalten, war damals eine Selbstverständlichkeit. Also für mich war's eine Selbstverständlichkeit, daß ich da keine Ausnahme machte.«[1]

Im Frühjahr 1940 geht Beuys zusammen mit einem Klassenkameraden auf das Wehrmeldeamt, um sich freiwillig zur Luftwaffe zu melden. Sein Klassenkamerad berichtet später: »Wir beide haben uns unter dem Eindruck des 10. Mai 1940 spontan entschlossen, Soldat zu werden, weil wir das Gefühl hatten, wir nehmen an etwas sehr Wichtigem und Schicksalhaftem nicht teil, und es wird höchste Zeit, die Waffe in die Hand zu nehmen, um an dieser Auseinandersetzung auch direkt beteiligt zu sein. Dafür gab es in der Disziplin des Schuljahrablaufes keine Möglichkeiten. Aber am letzten Schultag sind wir beide zum

1 Beuys in: Platner, S.132ff.

Musterung

Wehrmeldeamt gegangen. Und das Resultat war, daß Beuys stehenden Fußes akzeptiert wurde und in den Heeresverband eintreten konnte, in die Luftwaffe, und daß ich zurückgeschickt wurde, wegen physischer Mängel...«¹

Freiwillige wurden im Frühjahr und im Herbst jeden Jahres in die Luftwaffe eingestellt. Die Annahmegesuche der Freiwilligen mußten spätestens bis 5. Januar für die Herbsteinstellung und bis 5. Juli für die Frühjahrseinstellung eingegangen sein. Beuys begann seine Ausbildung im Frühjahr 1941. Sein Annahmegesuch muß er also vor dem 5. Juli 1940 eingereicht haben, wie auch sein Klassenkamerad berichtet.

Beuys mußte, wie jeder Freiwillige, bestimmte Bedingungen erfüllen, um angenommen zu werden:

– Da an das fliegende Personal besonders hohe Anforderungen gestellt wurden, reichte eine einfache »Tauglichkeit für den Wehrdienst« allein nicht aus. Neben einem »sportlich geübten Körper und kräftiger Gesundheit aller Organe« wurden in einer besonderen Eignungsprüfung die geistigen und charakterlichen Anlagen der Bewerber erforscht.

– Da Beuys zum Zeitpunkt seiner freiwilligen Meldung noch nicht volljährig war, benötigte er außerdem die Einverständniserklärung seiner Eltern.

– Bevorzugt in die Luftwaffe eingestellt wurden Mitglieder aus NS-Organisationen wie der Flieger- oder Nachrichten-HJ, bei denen ein gewisser Grad von technischer Vorbildung vorausgesetzt werden konnte.

Beuys entschied sich für die Bordfunkerlaufbahn und verpflichtete sich für zwölf Jahre. Im Kriegsfalle galt für die Luftnachrichtentruppe: Die Auswahl der Bordfunker wurde vorgenommen »aus denjenigen sich für diese Laufbahn meldenden Soldaten des Funkpersonals der Luftnachrichtentruppe oder der Fliegertruppe, die bereit sind, sich für eine Dienstzeit von insgesamt 12 Jahren zu verpflichten«.²

In der Regel galt für jeden Soldaten, daß er vor Eintritt in die Wehrmacht seine halbjährige Arbeitsdienstpflicht zu erfüllen hatte. Während des Krieges gab es jedoch verschiedene Ausnahmeregelungen. So war Beuys als »Bewerber für die aktive Unteroffizierslaufbahn mit entsprechender Dienstzeitverpflichtung« vom Reichsarbeitsdienst freigestellt.³

1 zit. n. H. v. d. Grinten in: Basel-Tagung, S. 9
2 vgl. Adler 1942, S. 20ff.
3 Erlaß des Reichsministers für Wissenschaft, Erziehung und Volksbildung vom 30. Juli 1940, BA Aachen

VERSUCH EINER CHRONIK

1 schriftl. Auskunft der Deutschen Dienststelle, Berlin a. d. Autoren
2 vgl. »Lebenslauf/Werklauf« und Adriani u. a. 1994, S. 15. Adriani u. a. berufen sich in ihrer aktuellen Biografie bei den Angaben zur Wehrmachtszeit auf die Auswertung des Soldbuches von Beuys, das im Nachlaß vorhanden ist.
3 vgl. Adriani u. a. 1994 und schriftl. Auskunft des Bundesarchiv Zentralnachweisstelle, Aachen a. d. Autoren
4 vgl. »Lebenslauf/Werklauf« und Hans v. d. Grinten in: Tagung Basel, S. 16f
5 vgl. Adriani u. a. 1994, S. 15 und Verspohl
6 schriftl. Auskunft des Bundesarchiv/Zentralnachweisstelle, Aachen a. d. Autoren

DIE WEHRMACHTSZEIT VON BEUYS 1941 BIS 1945

Am 1. Mai 1941 beginnt Beuys seinen Dienst in der Luftnachrichtenkompanie im Flughafenbereich Posen. Sein Dienstgrad ist Funker.[1]
Im Dezember 1941 setzt er seine Ausbildung an der Luftflottennachrichtenschule 5 in Erfurt-Bindersleben fort.[2] Im Mai 1942 wird er nach einem Jahr Dienstzeit zum Gefreiten befördert.[3]
Im Juni 1942 ist er wahrscheinlich auf der Krim und nimmt an den Kämpfen zur Eroberung der sowjetischen Hafenstadt Sewastopol teil.[4] In welchem Geschwader er fliegt und mit welchen Aufgaben er betraut wurde, ist uns nicht bekannt. Nach der Eroberung Sewastopols ist Beuys eine Zeitlang auf der Krim stationiert.
Im Dezember 1942 befindet er sich zur Fortsetzung seiner Ausbildung in der 7. Schülerkompanie der Luftflottennachrichtenschule 2 in Königgrätz im besetzten Protektorat Böhmen und Mähren.[5] Nach eineinhalbjähriger Dienstzeit wird er zum Unteroffizier befördert. Zu diesem Zeitpunkt ist er Bordfunker im Sturzkampfgeschwader 102.[6] Das Sturz-

kampfgeschwader 102 war die Schülerstaffel des Sturzkampfgeschwaders 2. Diese Schülerstaffeln wurden im November 1942 als vierte Gruppen (Ergänzungsgruppen) bei den Sturzkampfgeschwadern 1, 2, 3, 5 und 77 gebildet. Die Schülerstaffeln flogen keine militärischen Einsätze.[1]

Ein Sturzkampfgeschwader bestand in der Regel aus 90 Flugzeugen, die in drei Gruppen und einen Stab unterteilt waren. Eine Gruppe bestand aus 27 Maschinen, die wiederum in drei Staffeln zu je neun Maschinen untergliedert waren. Durch die hohen Verluste im Laufe des Krieges änderten sich die Besatzungsstärken der Geschwader aber laufend. Die gängige Abkürzung für die Geschwader lautete, beispielsweise für die dritte Staffel der zweiten Gruppe des Sturzkampfgeschwaders 1, »3/II/St.G 1«. Der Sturzkampfbomber JU 87, auf dem Beuys ausgebildet wurde, flog mit zwei Mann Besatzung, dem Piloten und dem Bordfunker. Der Bordfunker hatte dabei auch die Aufgaben des Bordschützen wahrzunehmen. Pilot und Bordfunker saßen mit dem Rücken zueinander.

Im Mai 1943 wurde aus den Schülerstaffeln der Sturzkampfgeschwader 1, 2, 3, 5, und 77 das Sturzkampfgeschwader 151 gebildet.[2] Beuys wird Funker in der zweiten Gruppe des Sturzkampfgeschwaders 151.[3] Das St.G. 151 wurde im Sommer 1943 zum Luftwaffenstab Kroatien verlegt. Am 18. Oktober 1943 wurde es, wie alle Sturzkampfgeschwader, in Schlachtgeschwader 151 umbenannt.

Beuys ist wahrscheinlich vom Frühjahr/Sommer 1943 bis Ende 1943/Anfang 1944 in Kroatien stationiert. Offenbar macht er in dieser Zeit auch gelegentliche Abstecher nach Foggia/Italien. In Foggia befand sich seit Anfang 1941 eine Stuka-Schule zur Ausbildung italienischer Besatzungen auf der JU 87. Außerdem gab es dort eine deutsche Luftwaffenbasis mit Waffenerprobungsstelle.[4] Foggia mußte im September 1943 von der deutschen Wehrmacht geräumt werden.

Am 27. Dezember 1943 wurde die zweite Gruppe des Schlachtgeschwaders 151 aufgelöst. Beuys wird zur siebten Staffel des Schlachtgeschwaders 3 versetzt.[5] Abermals ist er auf der Krim stationiert, wahrscheinlich im Einsatz zur Verteidigung Sewastopols.

Am 16. März 1944 stürzt er auf der Krim ab.[6] Danach Aufenthalt in einem mobilen deutschen Feldlazarett.[7]

Am 19. Mai 1944 schreibt Beuys seinen Eltern aus Pardubitz in Böhmen.[8] In Pardubitz wurden die Stuka-Besatzungen von der JU 87 auf die neu entwickelte FW 190 umgeschult.

Am 12. August 1944 ist Beuys als Flugzeugführer voll ausgebildet.[9] Ob er nach seinem Absturz noch Einsätze geflogen hat, ist uns nicht bekannt.

Spätestens ab Februar 1945 ist er als Fallschirmjäger im Erdeinsatz an der Westfront. Er kämpft in der »Gespensterdivision Erdmann«[10], die identisch ist mit der im September 1944 an der Westfront in Holland und im Elsaß aufgestellten Fallschirmjägerdivision Erdmann. Diese Division wurde am 9. Oktober 1944 in 7. Fallschirmjägerdivision umbenannt. Beuys' Dienstgrad ist Oberjäger. Das entspricht dem Unteroffizier bei der Luftwaffe. Sein Regiment ist das Fallschirm-Jäger-Regiment 19.[11] Ein Regiment ist eine Unterabteilung einer Division.

Die 7. Fallschirmjägerdivision kämpfte im September 1944 am Albert-Kanal und bei Hechtel und Helchteren während der alliierten Luftlandung.[12] Von Oktober bis Dezember 1944 folgten Einsätze im Raum Roermond-Krefeld-Venlo. Im Januar 1945 wurden Teile der Division in das Elsaß verlegt. Dort kam es zu Kämpfen bei Sesenheim und im Hagenauer Forst. Von dort erfolgte die Verlegung nach Norden in den Reichswald. Im Februar 1945 kämpfte die Division an der Straße Kleve-Goch. Bis Mai 1945 folgten Rückzugskämpfe über Kevelaer, Geldern, Moers, Wesel (Rheinüberquerung), Bocholt, Enschede, Lingen, Cloppenburg bis Cuxhaven. Dort gerät die Division einschließlich Beuys in englische Kriegsgefangenschaft.

Am 5. August 1945 ist der Krieg für Beuys zu Ende. Er wird aus der Kriegsgefangenschaft entlassen und kehrt zurück nach Kleve.[13]

1 vgl. Tessin
2 zum St.G 151 vgl. Tessin
3 schriftl. Auskunft des Bundesarchiv Zentralnachweisstelle, Aachen und der Deutschen Dienststelle, Berlin a.d. Autoren
4 vgl. Boog
5 vgl. schriftl. Auskunft der der Deutschen Dienststelle, Berlin a.d. Autoren
6 ebd.
7 vgl. Verspohl und schriftl. Auskunft des Krankenbuchlagers, Berlin a.d. Autoren
8 Adriani u.a. 1994, S. 17
9 Verspohl
10 Adriani u.a. 1994, S. 18
11 schriftl. Auskunft der Deutschen Dienststelle, Berlin a.d. Autoren
12 zu den Kämpfen der 7. Fallschirmjägerdivision vgl. Busch, S. 151ff
13 Adriani u.a. 1994, S. 18

Der Bordfunker.

Der Flugzeugfunker — Hochachtung!
Ein Mann von ganz besonderm Schwung!
Er ist's, der die Verbindung schafft
auf Äthers Wellen Zauberkraft.

    Den Funkerplatz in der Kabin',
    nicht jeder wird erreichen ihn.
    Auch wenn das Tempo „unten" war,
    zig — hundert und darüber gar.

    Denn die Erfahrung hat gelehrt,
    daß Funken „oben" ist erschwert.
    Drum, wer im Flugzeug Tasten drückt,
    an erste Stelle ist gerückt.

    Man stell' sich vor: der Motor brüllt
    und viel Geräusch die Luft erfüllt,
    „er" findet doch den rechten Ton,
    den für i h n sendet die Station.

    Ein solcher Mann macht Peilerei
    als Kleinigkeit ganz nebenbei,
    doch kommt dann Donner und der Blitz,
    so ist vorbei der ganze Witz.

    Der Fall bleibt eine Seltenheit,
    meist ist er „geb"- und „fang"-bereit.
    Wir mögen ihn, den Mann vom Funk,
    er ist des Fliegers Sicherung.

Aus der »Lustigen Flieger-Fibel« von Major Albert Kropp, 1940

BEUYS IM BESETZTEN POLEN

Am 1. Mai 1941 beginnt Beuys seine soldatische Laufbahn als Bordfunker und Flugzeugführeranwärter in der Luftnachrichtenkompanie im Flughafenbereich Posen.[1] Parallel zu seinen vielen Freizeitaktivitäten lernt Beuys, was ein guter Bordfunker können muß: »Neben Übungen im Schießen mit dem Maschinengewehr auf der Erde und aus der Luft, Funk- und Peilfunkdienst bei Tag- und Nachtflügen, Bombenwerfen geht einher der Unterricht in der Wetterkunde, Navigation, Taktik und Technik des Luftkampfes.«[2]

Beuys wird Freund und Adjudant seines Ausbilders für Flugtechnik, des späteren Tierfilmers Heinz Sielmann. In den Biografien wird berichtet, daß sie gemeinsam mit dem Waffenkammerbetreuer Hermann-Ulrich Asemissen das Buch »Psychologie des Jugendalters« von Eduard Spranger lesen, damit sie in der Kaserne während der Freizeit keine Langeweile haben. Um nicht als Besatzungssoldaten aufzutreten, seien sie selten ausgegangen.[3] Dann wiederum heißt es, sie unternehmen gemeinsame Wanderungen und analysieren ihre Naturbeobachtungen.[4] Passend zur Rebellen- und Bildungslegende wird berichtet, Beuys habe unerlaubterweise einen verletzten Hund in die Kaserne gebracht, um ihn dort gesundzupflegen. Er soll in Buchhandlungen und Antiquariaten nach naturwissenschaftlichen Abhandlungen und Kunstbüchern gestöbert haben.[5] Wie noch so oft in diesem Krieg ist Beuys wahrscheinlich beeindruckt und hat ein Bildungserlebnis, als ihm dabei das polnische Wort für Kunst begegnet: Sztuka.

BILDUNGSERLEBNIS REICHSUNIVERSITÄT POSEN

Heinz Sielmann studierte vier Semester Biologie an der Reichsuniversität Posen. Beuys berichtet, ebenfalls dort studiert zu haben, da er aus naturwissenschaftlich-technischem Interesse eventuell Kinderarzt werden wollte: »... als ich als Soldat einen Studienurlaub bekommen habe – sowas gab's damals noch –, wo ich dann Vorlesungen auf der Reichsuniversität Posen besucht habe.«[6]

Ein Foto aus Beuys' Nachlaß zeigt tatsächlich die »Reichsuniversität Posen«.[7]

1 schriftl. Auskunft der Deutschen Dienststelle a.d. Autoren und Adriani u.a. 1994, S. 14
2 Adler 1942, S. 20
3 vgl. Stachelhaus, S. 23
4 vgl. ebd., S. 21ff.
5 vgl. ebd., S. 27ff.
6 Adriani u.a. 1994, S. 15
7 ebd., S. 14

Groß im Vordergrund sieht man Straßenschilder mit germanisierten Namen wie Warschau und Kalisch, darunter ein ebenso großes Schild: Warthelager.

Das naturwissenschaftliche Studium wurde von Beuys – und noch mehr von seinen Biografen – für grundlegend gehalten. Entsprechend behauptete »Die Welt«: »Sein naturwissenschaftliches Studium mußte er im Krieg abbrechen.«[1] Und der »Spiegel« berichtete: »Der Kaufmannssohn hatte Mathematik, Physik und Chemie studiert, ehe er Schüler der Düsseldorfer Akademie wurde.«[2] In der (möglicherweise unvollständig erhaltenen) Studentenkartei der Reichsuniversität Posen ist Beuys allerdings nicht zu finden.[3]

Da Beuys im Dezember 1941 nach Erfurt verlegt wurde, kann sein Studium in Posen maximal sieben Monate gedauert haben. Zudem hätte es parallel zur Funkerausbildung stattfinden müssen. Es war also wohl tatsächlich eher ein »Studienurlaub«, in dem er einige Vorlesungen besuchte, als ein regelrechtes Studium. Es bleibt eigenartig ungeklärt, wann, wie und wo Beuys studiert hat.

Um so erstaunlicher muten die weitreichenden Erkenntnisse an, die Beuys aus dieser Studienerfahrung ableitet. Entweder bauscht er die Erfahrung seines Studiums in Posen auf, oder er verschweigt, wie involviert er in welche sonstigen »Wissenschaftsbetriebe« war.

»... naja jedenfalls, um diese Zeit fängt das an, daß ich gesagt habe, bis zum Ende des Krieges muß ich das erledigt haben, daß ich also mich entscheide, für Kunst oder Wissenschaft.« Und die Entscheidung kam während einer Vorlesung

1 Die Welt, 25. 1. 1986
2 Der Spiegel, 23/1984
3 schriftl. Auskunft der Uniwersytet im. A. Mickiewicza, Poznan, Polen a.d. Autoren

als eines unter zahlreichen Schlüsselerlebnisse: »Ich habe das ganz schockartig erlebt und bildhaft, in einem Vortrag von einem Professor über Amöben. ... Und dann habe ich erlebt an diesem Mann, daß er sich sein ganzes Leben befaßt hat mit so ein paar kleinen pantoffelartigen Gebilden. Das hat mich dermaßen erschreckt, daß ich gesagt habe: nein. Also das ist nicht meine Vorstellung von Wissenschaft. ... Ich sehe noch regelrecht die Tafel, wo diese paar Tierchen drauf waren.«[1]

Mit der Ablehnung des Spezialistentums dieses Amöben-Professors als Entscheidung für die Kunst soll hier außerdem eine Abwendung vom »materialistischen Wissenschaftsverständnis« in den »Wissenschaftsbetrieben« erfolgt sein.[2]

Beuys erinnert, daß sein »Methodenverständnis von vornherein festlag«, sein »Grundverständnis gegenüber dem Materialismus ... eigentlich schon bevor ich in den zweiten Weltkrieg zog«.[3] Hatte Beuys sein Methodenbewußtsein in Kleve allein abgeklärt? Was er gegen Marxismus und Materialismus vorzubringen hat, ist im Kern die konservative und nationalsozialistische Art der Kritik: Der Materialismus betrachte den Menschen naturwissenschaftlich und habe darum Mangel an Freiheit, Geist und Seele. Beuys beruft sich dabei auf seine Erfahrungen mit der Wissenschaftmethode in Posen. Später bemüht er diese Erfahrung, um damit den Marxismus zu kritisieren. Somit unterstellt er allerdings dem Marxismus einen Materialismusbegriff, der von ihm selbst erlebte nationalsozialistische Forschungspraxis und Propaganda war.

Bald vermißte Beuys in seinem naturwissenschaftlichen Studium etwas, das »Gesamtgesellschaftliches hätte ausbilden können«. Es sei in den »Wissenschaftsbetrieben« nicht möglich gewesen, »auf die zusammenführenden Kräfte« zu kommen, »die heute aktueller sind als jemals zuvor«.[4] Er habe »schon damals die soziale Frage sehr stark erlebt«.[5] Und er habe sich in dem Studium gefragt, ob es nicht seine Fähigkeit sei, »umfassend einen Anstoß zu geben für die Aufgabe, die das Volk hätte«.[6]

Außer als wichtiges Erlebnis zur persönlichen Entscheidung wirken die Amöben-Geschichte und die Kritik an der Arbeitsteilung als Beschreibung des Universitätsklimas. Sie lesen sich als Distanzierung vom gesamten Lehrbetrieb. Das Fachidiotentum war jedoch gerade *kein* Merkmal der Reichsuniversität Posen. Hier war das Studium nicht fachwissenschaftlich be-

1 Beuys in: Adriani u.a. 1994, S. 15
2 vgl. Interview Beuys in: Kunz, o. S.
3 vgl. ebd.
4 vgl. ebd.
5 Interview Beuys in: Brüll, S. 87
6 Beuys in: Reden über das eigene Land, S. 38

Luftwaffen-Soldat Beuys

schränkt, sondern von weltanschaulicher Propaganda durchsetzt. Der Anspruch auf umfassende, »politische Wissenschaft« und eurasische Visionen als Teil des Lehrstoffs können nicht spurlos an Beuys vorübergegangen sein, zumal der Krieg von ihm ja auch immer als Bildungserlebnis bezeichnet wurde.

Die Frage nach der »Aufgabe des Volkes«, dem »Gesamtgesellschaftlichen« und der »sozialen Frage« war damals nicht originär Beuys' Frage, sondern Inhalt und Auftrag der Reichsuniversität Posen und Teil der Kriegspropaganda.

Was war also im Sommer 1941 das »Gesamtgesellschaftliche« im besetzten Polen, mit dem Beuys sich befassen wollte, das er aber in seinen öffentlichen Erinnerungen meidet? Wie wurde die soziale Frage an der Reichsuniversität Posen behandelt?

»Von ihrem Heimatort D. hat die Kampftruppe schon am 1. September direkt die Hauptstadt Warschau angeflogen und militärische Ziele in Schutt und Asche gelegt. So wie es die alten Kampfflieger an ihren Flugzeugen gemacht haben, die allerlei humorige Figuren auf den Rumpf malten, so finden wir auch hier an den Maschinen Maskottchen in den verschiedensten Formen. Da befindet sich ein gemästetes Schwein als Glücksbringer. Dort ist es eine Katze oder ein Schirm, neben dem ein ›-er‹ den Namen des Staffelkapitäns anzeigt (Schirmer). Der Gruppenkommandeur hat seine Maschine mit einem Adler bewehrt und dazu geschrieben ›Nieder mit England‹.«

Der Sieg in Polen, hrsg. v. Oberkommando der Wehrmacht, Berlin 1940, S. 114

DIE REICHSUNIVERSITÄT POSEN

In Posen gab es seit dem 16. Jahrhundert eine Akademie und ein Jesuitenkollegium. Die erste Universität im heutigen Sinne bestand von 1919 bis zum Einmarsch der deutschen Armee in Polen.[1]

Noch während der Kriegshandlungen befahl Hitler die Gründung einer Universität in Posen. Die Gebäude der Universität Posen wurden im September 1939 besetzt und ein Teil davon durch Dienststellen der NSDAP, der Polizei und der Armee (u. a. dem Luftgaukommando) bis zur Befreiung Polens genutzt. Geräte, Inventar und Sammlungen in den naturwissenschaftlichen Instituten wurden zerschlagen oder ins Altreich geschafft. Die Posener Michaelskirche war als »Buchsammelstelle« dem Kurator der Reichsuniversität Dr. Hanns Streit unterstellt und mit zwei bis drei Millionen beschlagnahmten Büchern vollgepackt. Die polnischen Bücher wurden größtenteils eingestampft.

Die polnischen Universitätsangehörigen wurden ermordet oder ins Generalgouvernement ausgesiedelt. Am 1. Dezember 1939 meldete Streit, daß am und im Gebäude alle polnischen Inschriften, Tafeln, Reliefs, darunter eines für den Universitätsgründer Swiacicki, entfernt worden seien. In gleicher Manier wurden die Amtsketten des polnischen Rektors und der Dekane eingeschmolzen, zu Plaketten geschlagen und an 200 am Aufbau der Reichsuniversität Posen beteiligte Naziaktivisten verliehen.

Streit übernahm sein Amt als Bevollmächtigter des Reichsministers am 19. Oktober 1939 und wurde gleichzeitig dem Gauleiter und Reichsstatthalter Arthur Greiser unterstellt. Neben Verwaltungsfragen entschied er über Lehrstuhlbesetzungen und war Gauführer der Dozenten und Studenten.

In der von allen deutschen Sendern übertragenen Gründungsfeier am 27. April 1941 in Anwesenheit von Naziprominenz aus Wissenschaft, Studentenschaft, Ministerien, Armee und Partei wurde der Auftrag dieser ersten nationalsozialistischen Universität »als Vorposten des Großdeutschen Reiches auf der Wacht im Osten«[2] hervorgehoben. Sie sollte ein Musterbeispiel nationalsozialistischer Kulturpolitik werden. Der Rektor Peter Carstens betonte später, hier »jene unerläßlichen Geistes- und Kulturzentren zu schaffen, die für den aktiven Volkstumskampf nun einmal die dringendsten Voraussetzungen sind«.[3] Er beschränkte sich nicht auf den Warthegau: »Es gibt für uns Wissenschaftler keine Einschränkungen in der Ostrichtung. ... Wir werden also das gesamte eurasische Gebiet mit in unsere Betrachtung und Behandlung einbeziehen mit all seiner Mannigfaltigkeit, seinen Rätseln und Problemen auf der wirtschaftlichen, der politischen, der soziologischen und der kulturellen Ebene.«[4] Ebenso »ganzheitlich« äußert sich der spätere Direktor des Geografischen Instituts Walter Geisler: Der Geografie-Student solle »kein totes Wissen vermittelt erhalten, sondern ihm sollen die Augen geöffnet werden über die Umwelt, in die er gestellt ist und in der er wirken soll. ... Geografie ist eine politische Wissenschaft.«[5]

Vor allem auch unmittelbar praktische Aufgaben wies der Rektor Carstens der Universität zu, »denn damit, daß die Höfe, Geschäfte, Fabriken und sonstigen

1 Zur Geschichte der Reichsuniversität s. Goguel, Kalisch/Voigt und Wróblewska
2 stellv. Reichsstudentenführer Gmelin, zit. n. Kalisch/Voigt, S. 188
3 zit. n. Goguel, S. 93
4 zit. n. Wróblewska, S. 177
5 zit. n. Goguel, Anhang 2, S. 79

Arbeitsplätze mit deutschen Menschen besetzt werden, ist keinesfalls die Aufgabe dieses Raumes gelöst. Es ist nur der Anfang einer mühsamen Arbeit, die auf den verschiedenen Sektoren der Wissenschaft noch geleistet werden muß.«[1] Carstens war Tierzuchtgenetiker und wurde Rektor, weil die Landwirtschaftswissenschaft für die An- und Umsiedlungen von besonderer Bedeutung für die Okkupationspraxis war. Aufgabe der Wissenschaft war, Grundlagen für die maximale Ausnutzung und minimale Entlohnung polnischer Arbeitskräfte und deren auf Dauer geplante Vertreibung aus dem Wartheland zu liefern. Ferner waren Methoden der Neuansiedlung von Deutschen aus dem Baltikum und Galizien zu erforschen, oder es wurde soziologisch die Siedlungsbereitschaft von 4700 in Posen stationierten Soldaten erfragt. Die Geografen deutschten polnische Ortsnamen ein. Für die Juristen stellte die Anwendung des im Dezember 1941 verkündeten »Polenstrafrechts« eine Aufgabe dar. Keinen herausragenden, sondern einen Stellenwert wie an anderen Universitäten auch nahmen in den Naturwissenschaften die Aufträge der Rüstungsindustrie ein. Die Untersuchungen im Auftrag der Marine und der Luftwaffe betrafen das stereoskopische und das Nachtsehen.

Neue, als bahnbrechende Errungenschaften des deutschen Hochschulwesens gefeierte Institute wurden eingerichtet, deren Namen hier für sich sprechen sollen: Institut für Vererbungswissenschaft, für Geochemie sowie für Agrarpolitik und Siedlungswesen, ferner das Volkspolitische Institut; geplant war u.a. ein Institut für Rassenkunde und Rassenpolitik.

DER LEHRKÖRPER

Durch entsprechende Auswahl fand Streit die zumeist sehr jungen Professoren, deren Forschungsinteresse dem Germanisierungsprogramm entsprach. Diese entfalteten ihre vor allem 1940 bis 1942 rege publizistische Tätigkeit vorwiegend in der allgemein- und tagespolitischen NS-Presse, weniger in Fachzeitschriften. Ab Februar 1940 – bereits vor der offiziellen Eröffnung – äußerten sie sich in der Reichsuniversität mit Vorträgen, antipolnischen Ausstellungen, Tagungen und Kundgebungen. Zentrale Thematik war der Volkstumskampf für das Deutschtum in Polen. (In großer Zahl lassen sich diese Gastredner und Professoren nach 1945 in westdeutschen Universitäten und Institutionen der Osteuropaforschung wiederfinden.) Im Alltag der Universität zeigte sich das Germanisierungsprogramm in Verfügungen, die »jeden dienstlich nicht unumgänglichen Verkehr mit Personen polnischen Volkstums« (23. Juli 1941) untersagten, womit die polnischen Angestellten gemeint waren, denen gegenüber die Anrede »Herr« im Dienstverkehr verboten wurde (4. Dezember 1941).[2]

Über eine Opposition des Lehrkörpers gegen die nationalsozialistische Forschung und Lehre ist nichts bekannt. Nur einige verstanden, sich von Volkstumskampf und Herrenmenschentum zu distanzieren. Erwähnt werden Prof. Gleisberg, Dozent Ludat und Dr. Scurla. Trotz der Differenzen zwischen Rea-

1 zit. n. Kalisch/Voigt, S. 189
2 vgl. Goguel, S. 117

Straßenbahn in Posen »Nur für Deutsche«

lität und Wunschträumen gelang es den Planern, »an der Universität eine Atmosphäre zu schaffen, die militant, aggressiv und chauvinistisch war und bis zum Ende blieb«.[1]

DIE STUDENTEN

Neben den Professoren bestimmte die Studentenschaft die politische Atmosphäre der Universität. Sie wies eine von anderen deutschen Universitäten abweichende Struktur auf. Laut einem Behördenschreiben wurden nur Studenten zugelassen, »die aus völkisch-politischer Sicht keine Bedenken erregen«.[2]

Sämtliche Studenten mußten mehrseitige Fragebögen ausfüllen, die einer politischen Prüfung unterzogen wurden. Nur wer sich vor 1939 »bewährt« oder sich einem NS-Jugendverband angeschlossen hatte, fand Zugang zur Universität. Zur Ablehnung genügte auch weitläufige polnische Verwandtschaft.

[1] Goguel, S. 102
[2] zit. n. Wróblewska, S. 187

Die meisten Studenten waren ehemalige Mitglieder des Vereins deutscher Hochschüler in Polen, die der deutschen Aggression auf vielfältige Weise Vorschub geleistet hatten. Andere waren baltendeutsche Umsiedler aus Estland und Lettland, die sich ebenso volkstümlich empfohlen hatten und zum Teil »von der Nazi-Führung in Posen besonders begrüßt und mit Orden dekoriert« wurden. Hinzu kamen »Soldatenstudenten«, überwiegend vom Fronteinsatz befreite Kriegsversehrte.

DER »ERWEITERTE« WISSENSCHAFTSBEGRIFF

Neben der Wissensvermittlung durch das Studium legten die NS-Pädagogen großen Wert auf die »charakterliche« Bildung: Erziehung zum Herrenmenschentum, zu soldatischen Tugenden, zur »Härte«. Diese Schulung fand Ausdruck in den Aktivitäten des NS-Studentenbundes und den Gemeinschaftsvorlesungen. Zudem war die Teilnahme an Umsiedlungsaktionen üblich als »Facheinsatz«, »Wissenschaftseinsatz«, »Landeinsatz« oder »Sondereinsatz«. »Studium und Unterweisung in Posen sei ein Auslesevorgang, an dessen Ende ein neuer Typ des Wissenschaftlers stehe«, forderte der in Posen lehrende Germanist L. Mackensen.[1] In einem Aufsatz von 1978 wird der Schluß gezogen: »Ein Professor oder Dozent der Reichsuniversität Posen konnte lauter, freier und mit größerem Beifall als in traditionellen Gelehrtenkreisen verkünden: Eine Bedeutung hat nur das politisierte Wissen, das von rassistischen Gedanken durchdrungen ist. Die Hauptaufgabe der Hochschule beruht auf der Formung nicht nur des ›deutschen Menschen‹, sondern auch des ›politischen Soldaten‹, des Lebensraumeroberers.«[2]

Seit Anfang 1941 gab es für Hörer aller Fakultäten obligatorische Gemeinschaftsvorlesungen mit ganzen Vortragsreihen über russische Geschichte von der Völkerwanderung bis in die Gegenwart unter besonderer Berücksichtigung der deutschen Einflüsse. Der Internist (!) E. Masing sprach über den nordisch-germanischen Charakter des alten Rußland, der durch die »asiatische Großraumpolitik« Dschingis-Khans und seine geistigen Nachfahren Katharina II. und Alexander III. verdrängt worden sei.[3] Als Verteidiger des Abendlandes gegen die asiatische Gefahr wurde von R. Wittram im gleichnamigen Buch »der Deutsche als Soldat Europas« propagiert.[4] L. Mackensen fand in altisländischen Sagen die Vertrautheit der »germanischen Doppelnatur« mit dem Schmerz um die Toten und um die Opfer von Kriegen.[5]

DIE MEDIZINISCHE FAKULTÄT

Die Reichsuniversität war keine Massenuniversität: Im Sommersemester 1941 gab es bei 49 Lehrkräften (alle Grade eingeschlossen) nur 191 Studenten, von denen 44 an der Medizinischen Fakultät studierten.[6] Diese befand sich im Ge-

---

1 zit. n. Goguel, S. 114
2 Wróblewska, S. 182
3 vgl. E. Masing, Krieg und Soldat als Lehrmeister des Arztes, Posen 1944, in: Kalisch/Voigt, S. 197
4 vgl. Kalisch/Voigt, S. 197
5 vgl. L. Mackensen, Die Dichter und der Schmerz, Posen 1943, in: Kalisch/Voigt, S. 197
6 vgl. Goguel, S. 116 und Kalisch/Voigt, S. 195

bäude Friedrich-Nietzsche-Straße 6. Dort waren die Institute der Medizinischen Fakultät (Anatomie, Physiologie, Pathologie, Pharmakologie, Gerichtsmedizin, Kriminalistik und Vererbungswissenschaft) untergebracht. Im Keller dieses Gebäudes befand sich ein ursprünglich zur Verbrennung von Präparationsresten verwendeter Ofen, der bis zur Befreiung Polens von der Gestapo zur Verbrennung von 5 000 hingerichteter Polen und Juden benutzt wurde. Er war Tag und Nacht in Betrieb, faßte vier bis sechs Leichen, nach Vierteilung sogar zehn, wobei ein Verbrennungsprozeß vier Stunden dauerte. Der Anatomie-Professor Hermann Voss konnte schon im Juli 1941 nach Verhandlungen mit der Gestapo einige Leichen für Forschung, Lehre und seinen Schädelhandel mit anderen Instituten davon abzweigen. In seinem Tagebuch schrieb er:

»15. Juni 1941

Gestern habe ich mir den Leichenkeller und den Verbrennungsofen, der auch im Keller ist, angesehen. Dieser Verbrennungsofen war für die Beseitigung von Leichenteilen bestimmt, die von den Präparierübungen übrigblieben. Jetzt dient er dazu, hingerichtete Polen zu veraschen. Fast täglich kommt jetzt das graue Auto mit den grauen Männern, d.h. SS-Männern von der Gestapo und Material für den Ofen. Da er gestern nicht in Betrieb war, konnten wir hineinschauen. Es lag drin die Asche von 4 Polen. Wie wenig doch von einem Menschen übrigbleibt, wenn alles Organische verbrannt ist! ... Der Blick in einen solchen Ofen hat etwas sehr Beruhigendes. ... Die Polen sind augenblicklich wieder sehr frech und infolgedessen hat unser Ofen viel zu tun. Wie schön wäre es, wenn man die ganze Gesellschaft durch solche Öfen jagen könnte! Dann gäbe es endlich einmal Ruhe im Osten für das deutsche Volk.

17. Juni 1941

Heute steht an den Anschlagsäulen wieder eine Bekanntmachung des Sondergerichtes, daß 5 Polen aus Posen wegen gemeinschaftlichen Mordes zum Tode verurteilt und hingerichtet worden sind. Bei diesem Massenbetrieb wird unser Ofen wohl bald streiken, denn er ist schon etwas brüchig, und ich habe gestern ein Gesuch geschrieben, daß er ausgebessert werden muß, sonst ist er bald ganz geliefert.

19. Juni 1941

Gestern fuhren zwei Fuhrwerke voll von polnischer Asche ab. ... Vor dem Fenster meines Arbeitszimmers blühen eben wunderschöne Akazien, genau so wie in Leipzig.«[1]

1 zit. n. Goguel, Teil II, Anhang 2, S. 54f. und Wróblewska, S. 180f.

»BADEWANNE FÜR EINE HELDIN«, 1950/1961, KUNSTHALLE HAMBURG

Diese Bronze-Plastik von Beuys besteht aus zwei Objekten – »Wanne« von 1961 und »Ofen« von 1950.

Die etwa 30 Zentimeter hohe Plastik »Ofen« fußt auf einer würfelförmigen Basis mit sieben Zentimetern Seitenlänge. In einer Seite des Würfels befindet sich ein Loch mit etwa drei Zentimetern Durchmesser. Auf dem Würfel steht bündig ein elf Zentimeter langer zylindrischer Körper. Aus diesem ragt oben wie ein Schornstein ein weiterer fünf Zentimeter langer Zylinder mit drei Zentimetern Durchmesser. In diesem steckt bis Kniehöhe ein Frauentorso.

Auch ohne Kenntnis der Reichsuniversität Posen erinnert diese Plastik an Verbrennungsanlagen in Vernichtungslagern. Für den Kommentator der Kunsthalle Hamburg wird jedoch in diesem Werk »gewiß auch zum ersten Mal in der Geschichte der Kunst ... imaginär Wärme erzeugt ...«[1] Leppien benutzt zwar die Begriffe »Feuerloch« und »Ofenrohr«, aber sieht hier offensichtlich nur die Einheit von Sockel und Figur als »Brancusi-Problem«.

Ein Beuys-Problem sieht er auch nicht bei der »Wanne«. An dieser etwa 30 Zentimeter langen wannenförmigen Plastik befinden sich außen verschiedene Rohre, die offensichtlich einen möglichen Flüssigkeitsstrom durch die Wannenwand darstellen sollen. Diese Rohre könnten Kühlmittel enthalten. In der Wanne liegt ein Tauchsieder. Die Frage nach der »Heldin« aus dem Titel könnte unmittelbar zu Unterkühlungsversuchen oder anderen Experimenten dieser Art führen, die im Auftrag der Luftwaffe an KZ-Häftlingen durchgeführt wurden.

Die Frage, ob und inwieweit Beuys in den »Wissenschaftsbetrieben« von solchen Vorgängen Kenntnis genommen hat, muß vorläufig offen bleiben.

VON DER NIEDERRHEINISCHEN TIEFEBENE ZUM ERNIEDRIGENDEN LEBEN AN DER WARTHE

Posen, polnisch Poznan, rund 250 Kilometer östlich von Berlin im besetzten Polen gelegen, wurde Hauptstadt des ins Deutsche Reich eingegliederten »Gau Wartheland«. Neben anderen »Reichsgauen« gehörte er zu den »eingegliederten Ostgebieten«.[2]

Der andere von deutschen Truppen besetzte Teil Polens war das nicht eingegliederte, »unabhängige« Generalgouvernement. Diese Aufteilung diente der nationalsozialistischen Bevölkerungspolitik.

Im Reichsgau Wartheland lebten auf einer Fläche fast so groß wie Niedersachsen rund 4,9 Millionen Menschen, davon 385 000 Juden und 325 000 Deutsche. Bei der Volkszählung 1931 wurden in Posen-Stadt von rund 250 000 Einwohnern 6 387 mit deutscher Muttersprache gezählt.

Die Bevölkerungspolitik im deutsch besetzten Teil Polens hatte folgende Ziele:

1. Schaffung eines Arbeitskräftereservoirs in Gestalt des Generalgouvernements (GG).

2. Vertreibung der Juden aus allen Gebieten erst in Gettos, von dort (so die Pläne) in den Lubliner Raum oder nach Madagaskar, ab Dezember 1941 systematische Vernichtung.

1 Leppien, S. 14
2 Zur Besatzungspolitik in Polen s. Enzyklopädie des Holocaust, »Warthegau«, und Broszat 1965 und 1972

3. Germanisierung der eingegliederten Gebiete (Reichsgaue) durch Vertreibung der polnischen Bevölkerung ins GG, Unterdrückung der polnischen Kultur, Ermordung und Deportation der polnischen Elite, Eindeutschung »rassisch wertvoller Polen« und Ansiedlung Volksdeutscher aus Osteuropa.

Für die in Polen lebende Bevölkerung war mit der Kapitulation als Ende des »Blitzkrieges« der Krieg noch lange nicht vorbei.

DAS GENERALGOUVERNEMENT

Hauptstadt des »Restgebietes« wurde Krakau, da das zerstörte Warschau auf ausdrücklichen Befehl Hitlers nicht mehr auferstehen sollte. Vor dem Sieg im Westen als polnischer Reststaat vorgesehen, fielen danach außenpolitische Rücksichtnahmen weg. Die polnische Nation sollte nun durch Vernichtung von Intellektuellen, Presse und Literatur verschwinden. »Der Führer hat mir gesagt: Was wir jetzt an Führerschicht in Polen festgestellt haben, das ist zu liquidieren, was wieder nachwächst, ist von uns sicherzustellen und in einem entsprechenden Zeitraum wieder wegzuschaffen. Wir brauchen diese Elemente nicht erst in die Konzentrationslager des Reiches abzuschleppen, sondern wir liquidieren die Dinge im Lande... Ich gestehe ganz offen, daß es einigen tausend Polen das Leben kosten wird, vor allem aus der geistigen Führerschicht«, notierte der Generalgouverneur Hans Frank.[1]

Dieser sogenannte »fremdsprachige Gau« sollte es nach den Worten Hitlers ermöglichen, »das alte und neue Reichsgebiet zu säubern von Juden, Polen und

[1] Diensttagebuch, 30. Mai 1940, zit. n. Broszat, 1972, S. 296

Gesindel«.¹ Das GG sei »eine polnische Reservation, ein großes polnisches Arbeitslager... Ausleih-Zentrale für ungelernte Arbeiter, insbesondere landwirtschaftliche Arbeiter«, die nach der Saisonarbeit im Reich dorthin zurückkehren müßten.² Bis zum Erstarken der polnischen Untergrundbewegung im April 1943, die zum Beispiel Polizeisonderkommandos der Arbeitsämter oder ihre Transportzüge angriff, wurden rund eine Million Polen aus dem GG zur Zwangsarbeit in das Reich verschickt.

Insgesamt gesehen also eine Kolonie, »aus der es an agrarischen und industriellen Produkten sowie an Arbeitskräften möglichst viel herauszuholen galt«.³

DIE VERNICHTUNG DER JUDEN

Nachdem es im Winter 1939/40 die ersten Massendeportationen aus dem Warthegau ins Generalgouvernement gegeben hatte, waren im Sommer 1941 schon sämtliche Juden aus dem Warthegau und damit die Posener aus ihren Wohnungen vertrieben. Zuerst der Registrierung, Kennzeichnung, Entrechtung und Enteignung unterworfen, wurden sie dann in Gettos und Zwangsarbeitslagern zusammengepfercht, in denen viele aufgrund der verordneten mangelnden Versorgung und Hygiene ihr Leben ließen. Allein im Warthegau gab es derer 173. Die systematische Vernichtung begann im Dezember 1941 zuerst in Chelmno/Kulmhof, 70 Kilometer nordwestlich von Lodz gelegen, als sie in präparierten Lastwagen mit Auspuffgasen umgebracht wurden. Nach der Wannseekonferenz am 20. Januar 1942 fand diese Politik mit Gaskammern in Auschwitz Birkenau, Belzec, Sobibor, Treblinka und Majdanek ihre Fortsetzung. Fünftausend der Warthegauer Juden blieben am Leben.

DAS GERMANISIERUNGSPROGRAMM IN DEN EINGEGLIEDERTEN OSTGEBIETEN

Für die restlose Entpolonisierung der eingegliederten Ostgebiete, also die Vertreibung von acht Millionen Polen, hatte Hitler zehn Jahre vorgegeben. Seine schon 1928 dargelegten Pläne enthielten völlig andere Ziele als die preußische oder die polnische Verdrängungspolitik mit schul-, sprach- und agrarpolitischen Maßnahmen um 1900. Eine völkische Politik im Sinne des Nationalsozialismus dürfe »unter keinen Umständen Polen mit der Absicht annektieren, aus ihnen eines Tages Deutsche machen zu wollen«. »Es entsteht die Notwendigkeit der Entwicklung eines Entvölkerungsverfahrens der eroberten Gebiete, u.a. durch das Hemmen des natürlichen Nachwuchses und durch die Ausrottung ganzer Völker.«⁴ »Das Ziel der deutschen Politik in den neuen Reichsgebieten muß die Schaffung einer rassisch und damit geistig-seelisch wie völkisch-politisch einheitlichen deutschen Bevölkerung sein. Hieraus ergibt sich, daß alle nicht eindeutschbaren Elemente rücksichtslos beseitigt werden müssen.«⁵ »Echte Umvol-

1 zit. n. Broszat 1965, S. 25
2 ebd.
3 Broszat 1972, S. 293
4 Hitler zit. n. Wróblewska, S. 178
5 Denkschrift des Rassenpolitischen Amtes der NSDAP über die »Behandlung der Bevölkerung der ehemaligen polnischen Gebiete nach rassepolitischen Gesichtspunkten« vom 25. November 1939, zit. n. Hohenstein, S. 41

Der Massenmord an den Juden wurde zu einer Staatsindustrie mit vielen Nebenprodukten. Hierzu gehörte auch die industrielle Verwertung der abgeschnittenen Haare von KZ-Häftlingen. In einer geheimen Verordnung des SS-Wirtschafts-Verwaltungshauptamtes Oranienburg vom 6. August 1942 an alle KZ-Kommandanten heißt es:
»Der Chef des SS-Wirtschafts-Verwaltungshauptamtes, SS-Obergruppenführer Pohl, hat auf Vortrag angeordnet, dass das in allen KL anfallende Menschenhaar der Verwertung zugeführt wird. Menschenhaare werden zu Industriefilzen verarbeitet und zu Garn versponnen. Aus ausgekämmten und abgeschnittenen Frauenhaaren werden Haargarnfüsslinge für U-Bootsbesatzungen und Haarfilzstrümpfe für die Reichsbahn angefertigt.
Es wird daher angeordnet, dass das anfallende Haar weiblicher Häftlinge nach der Desinfektion aufzubewahren ist. Schnitthaare von männlichen Häftlingen kann nur von einer Länge von 20 mm an Verwertung finden. SS-Obergruppenführer Pohl ist deshalb einverstanden, dass zunächst versuchsweise das Haar der männlichen Häftlinge erst dann abgeschnitten wird, wenn dieses nach dem Schnitt eine Länge von 20 mm besitzt. Um durch das Längerwachsen der Haare die Fluchterleichterung zu verhindern, muss dort, wo der Kommandant es für erforderlich hält, eine Kennzeichnung der Häftlinge in der Weise erfolgen, dass mit einer schmalen Haarschneidemaschine mitten über den Kopf eine Haarbahn herausgeschnitten wird. Es wird angestrebt, die Verwertung der in allen Lagern anfallenden Haare durch Errichtung eines Verwertungsbetriebes in einem KL durchzuführen. Nähere Anweisungen über die Ablieferung der gesammelten Haare folgt noch. Die Mengen der monatlich gesammelten Haare, getrennt nach Frauen- und Männerhaaren, sind jeweils zum 5. eines jeden Monats, erstmalig zum 5. September 1942, nach hier zu melden.«

zit. nach: Der Prozeß gegen die Hauptkriegsverbrecher vor dem Internationalen Militärgerichtshof, Band XXXIX, Nürnberg 1949, S. 552f.

kung ist nur bei gleicher rassischer Anlage möglich«, deutete die geplante Eindeutschung erwünschter Personen nach rassischer Überprüfung an.

Volkstumspolitik hieß nun nicht Kulturpflege, sondern bevölkerungspolitische Sollzahl und Transportproblem. Die Durchführung oblag Heinrich Himmler, Reichsführer-SS, der am 7. Oktober 1939 von Hitler zum Reichskommissar zur Festigung deutschen Volkstums (RKF) ernannt wurde.

DIE LIQUIDIERUNG DER POLNISCHEN INTELLIGENZ

Von der Germanisierung auszunehmen sei die nationalpolnische Intelligenz, die, obwohl in hohem Maße germanischen Blutes, als Hauptträger der polnischen Nationalidee eine große Gefahr darstelle und deshalb aus volkspolitischen Gründen »restlos und umgehend in das Restgebiet abgeschoben werden«[1] müsse. »Unter den Begriff der polnischen Intelligenz fallen ... Geistliche, Lehrer, Hochschullehrer, Ärzte, Zahnärzte, Tierärzte, Offiziere, höhere Beamte, Großkaufleute, Großgrundbesitzer, Schriftsteller sowie sämtliche Personen, die eine höhere oder mittlere Schulbildung erhalten haben.«[2] Unter der Formel »politische Flurbereinigung« widmeten sich diesem Auftrag die Einsatzgruppen, die den kämpfenden Truppen folgten und zur »Unschädlichmachung der polnischen Intelligenz« furchtbare Schreckenstaten verübten. Unterstützt wurden diese Gruppen noch durch den »Volksdeutschen Selbstschutz«. Diese vor allem in den Provinzen Westpreußen und Posen praktizierten Erschießungen gingen nach einem Schreiben Heydrichs »in die Tausende«.[3] Speziell für Posen und Umgebung war die Einsatzgruppe VI unter Erich Naumann aufgestellt worden. Dort ging deren Personal im Juni 1941 zur Einsatzgruppe B.

DIE ATMOSPHÄRE IM WARTHEGAU

Für den Reichsgau Wartheland wurde zum Reichsstatthalter Arthur Greiser berufen, der bei seiner Amtseinführung in Posen sein Programm auf die kurze Formel brachte: »Die Deutschen sind die Herren und die Polen die Knechte!«[4] Sein Herrschaftsbereich sollte zu einem »Mustergau«, zu einem »nationalsozialistischen Modell« werden. Viele Maßnahmen der Germanisierung wurden hier initiiert, erprobt und in den anderen Gauen übernommen.

So etwa das in Posen entwickelte Verfahren der Germanisierung. Danach bestand ein Viertel der Warthegau-Bewohner aus Reichsdeutschen, angesiedelten Volksdeutschen aus verschiedenen osteuropäischen Ländern und aus Einzudeutschenden. Letzteren wurden mittels einer sogenannten Deutschen Volksliste unterschiedliche Eindeutschungsfähigkeit und Staatsangehörigkeit bescheinigt. So bildeten zum Beispiel Gruppe 4 die »aktiv verpolten Deutschstämmigen« mit Anwartschaft auf deutsche Staatsangehörigkeit auf Widerruf, die nach einem Erziehungs- und Beobachtungsaufenthalt im Altreich erworben werden

1 Denkschrift ..., zit. n. Broszat 1965, S. 26
2 ebd., zit. n. Hohenstein, S. 34
3 vgl. Broszat 1972, S. 280
4 vgl. Breitlinger, S. 43

konnte. Ihr Vermögen wurde zwar beschlagnahmt, doch durften sie sich in der Öffentlichkeit als Deutsche bezeichnen. Zu drei Vierteln die weitaus größte Bevölkerungsgruppe des Warthegaues waren 3,5 Millionen Polen mit keinen oder beschränkten Rechten, de facto rechtlose Arbeitskräfte, »Schutzangehörige« genannt.

Alltag unter der Besatzung hieß für sie, in einigen Orten durch ein orangefarbenes Schild mit einem P als solcher gekennzeichnet zu sein. Kinos, Theater, Museen und Konzerte, Hotels, Eisenbahn der 1. und 2. Klasse, der erste Wagen der Straßenbahn, öffentliche Bäder, Strände und öffentliche Parks waren nur für Deutsche gestattet. In Restaurants und Cafés gab es Abteilungen nur für Deutsche. Die Geburtenrate von Polen wurde gesenkt durch Verschleppung von Ehepartnern zur Zwangsarbeit und Heraufsetzung des Heiratsalters. Hinzu kamen Hungerlöhne, mindere Lebensmittelversorgung, mangelnde Wohlfahrt und Gesundheitspflege. 95 Prozent des polnischen Eigentums (u. a. Fahrräder) wurden beschlagnahmt und von der Haupttreuhandstelle Ost verwaltet. Kontoführung war verboten. Verhängt wurden Ausgangssperren, Sperrzeiten für Geschäftseinkäufe, Reiseverbote, Zutrittsverbote zu Bibliotheken, Spielplätzen und öffentlichen Telefonen. Polen durften kein Radio besitzen und Pakete nur nach Polizeikontrolle verschicken, ihre Organisationen waren verboten, religiöse Feiern eingeschränkt. Erziehungseinrichtungen und Verlagshäuser wurden geschlossen. Ziel war die Vernichtung der polnischen Nation durch Verbot sämtlichen kulturellen Lebens, Verbot der polnischen Sprache in der Öffentlichkeit, Räumung und teilweise Vernichtung ganzer Bibliotheken. Sämtliche Universitäten wurden geschlossen, und die Kinder sollten an einigen weiterexistierenden Volksschulen nur bis zur 4. Klasse lernen dürfen. Lehrer und Unterrichtssprache hatten deutsch zu sein. »Das Ziel dieser Volksschule hat lediglich zu sein: Einfaches Rechnen bis höchstens 500, Schreiben des Namens, …, Lesen halte ich nicht für erforderlich«, hieß es in einer Denkschrift Himmlers.[1]

Zwischen Deutschen und Polen durfte keine Handbegrüßung stattfinden, und Polen hatten Grußpflicht gegenüber deutschen Uniformträgern. In einigen Orten mußten sie auf den Gehwegen Platz für Deutsche machen. »Gehässige und hetzerische Betätigung« oder »deutschfeindliche Äußerungen« konnten mit Freiheits- oder Todesstrafe geahndet werden. Der »Ostdeutsche Beobachter« in Posen berichtete am 18. August 1941, daß der Pole K. einen Deutschen mit der Faust gegen die Brust gestoßen hatte und das Sondergericht Posen ihn »nur« zu zwei Jahren Gefängnis verurteilte, »da nicht festzustellen war, daß K. das Deutschtum in der Mißhandlung des Volksdeutschen selbst treffen wollte«.[2] Für kleine Vergehen drohte, allgemein öffentlich vollzogene, Auspeitschung. »Das Halten der Hände in den Taschen ist verboten. Gegen den Verstoß dieser Anordnung wird der Schuldige mit 20 Peitschenhieben bestraft.«[3]

[1] zit. n. Hohenstein, S. 31
[2] zit. n. Broszat 1965, S. 210, Anm. V 131
[3] vgl. Wróblewska, S. 179

In Posen befand sich auch das heute als Museum zugängliche Fort VII, in dem etliche hundert Polen gefoltert und umgebracht wurden.

Bei einer Besprechung in Posen am 10. Oktober 1941 berichtete das Arbeitsamt aus dem nahegelegenen Gnesen, »es habe eine eigene motorisierte Prügelkolonne geschaffen, die in das Land fahre und jede polnische Arbeitsverweigerung mit schärfsten Mitteln breche. Dies wirke Wunder.«[1]

Von den Arbeitsämtern im Warthegau wurden Männer und Frauen oft direkt von der Straße weg festgenommen und irgendwohin in das Altreich zur Arbeit verschickt. Sie konnten sich oft nicht einmal von der Familie verabschieden und wußten nicht, wohin sie kamen. Für Arbeiten in Posen selbst wurden auch Kinder vom zwölften Lebensjahr an verpflichtet.

DEPORTATIONS-CHRONIK

Die »Schutzangehörigen« mußten ebenso jederzeit mit ihrer Deportation rechnen, wenn plötzlich Umsiedler auftauchten, wie es in einem Tagebuch unter dem 15. April 1941 beschrieben wird: In Poniatowec kamen ohne Ankündigung Planwagen mit Schwarzmeer-Deutschen in Begleitung des SS-Ansiedlungsstabes an. »Es galt, die in Anspruch genommenen Gehöfte in Stundenschnelle räumen zu lassen. Einige Gendarmen rasten davon, gemeinsam mit den SS-Leuten, die schmerzlichen Räumungsaktionen durchzuführen. ... Noch vor Anbruch der Dämmerung rollen die letzten Wagen ... dem neuen Hof entgegen.«[2] Solche Räumungen schildert ein Deutschenseelsorger: »Da wurden polnische Familien abends von Einheiten der Polizei oder des Selbstschutzes abgeholt und am Bahnhof in plombierte Güterwagen verfrachtet. Oft wurden sie vom Abendessen weggeholt oder sogar aus dem Bett gerissen. 15 Minuten hatten sie Zeit zum Packen. Das Gepäck war auf 30 kg beschränkt. Alles andere in den Wohnungen galt als beschlagnahmtes Polenvermögen. ... zum Teil wurden aber auch Bewohner ganzer Straßenzüge abtransportiert. ... Ähnlich verfuhr man auf dem Lande.«[3] »In die in aller Eile von den Polen geräumten Wohnungen, wo oft das halbe Essen noch auf dem Tisch stand oder die Betten noch warm waren, weil man

1 zit.n. Polen, Deutschland und die Oder-Neiße-Grenze, S. 178
2 Hohenstein, S. 113 ff.
3 Breitlinger, S. 47

die Bewohner eben erst vertrieben hatte, wurden vielfach noch am gleichen Abend oder am nächsten Morgen deutsche Umsiedler eingewiesen mit der Aufforderung, das alles jetzt als ihr Eigentum zu betrachten. Das Entsetzen der meisten Umsiedler war echt und nur zu verständlich. ... Noch augenfälliger vollzog sich der Besitzwechsel auf dem Land, wo die Abzuschiebenden mit ihrem Gespann in der Kreisstadt vorzufahren hatten, um ins umzäunte Lager zu wandern, worauf das Gefährt einem Umsiedler in die Hand gedrückt und er zum Besitzer des enteigneten Gehöfts erklärt wurde, in das er dann mit dem gleichen Wagen zurückzufahren hatte.«[1]

Nach vorherigen ungeregelten Deportationen, bei denen sogar ganze Straßenzüge geräumt wurden, fand im Dezember 1939 die erste systematische Deportation statt. Innerhalb von 17 Tagen wurden 87 838 Polen und Juden aus dem Warthegau ins Generalgouvernement deportiert, um Platz für 40 000 Ansiedler zu schaffen. Himmler als Reichskommissar zur Festigung des deutschen Volkstums hatte im Oktober 1939 als Deportations-Soll für die eingegliederten Ostgebiete vorgesehen, bis Ende Februar 1940 alle 550 000 Juden und 450 000 (in erster Linie Intelligenz und deutschfeindliche) Polen, davon aus dem Warthegau 300 000 Personen, umzusiedeln. In der nächsten Phase im Februar/März 1940 wurden in 20 Tagen 40 128 Personen ausgesiedelt, davon aus Stadt und Kreis Posen über 13 000 Polen.

Am 16. März 1941 hörten die Deportationen ins Generalgouvernement auf, weil die Züge für den Aufmarsch gegen die Sowjetunion gebraucht wurden. Bis dahin waren 365 000 Polen ins Generalgouvernement deportiert worden. Die Umsiedlungen in Arbeitslager innerhalb des Warthegaus oder ins Altreich wurden fortgesetzt. Bedingt durch die NS-Kirchenpolitik, wurden am 5. und 6. Oktober 1941 Hunderte von Priestern aus dem Warthegau verschleppt.

Das »Amt für die Umsiedlung der Polen und Juden«, zuerst mit Sitz in Posen, später »Umwandererstelle« genannt und nach Lodz/Litzmannstadt verlegt, bilanzierte im Abschlußbericht 1943, daß seit 1939 aus dem Warthegau 534 000 Polen deportiert wurden. Die Stadt Posen erfuhr dabei mit 40 000 verdrängten Polen die stärkste Bevölkerungsumschichtung. Bis zum Ende des Krieges dürften etwa 630 000 Polen und Juden aus dem Warthegau deportiert worden sein, während rund 537 000 Volksdeutsche angesiedelt wurden.

Ferner soll hier nicht unerwähnt bleiben, daß einige hundert im Warthegau lebende Zigeuner umgebracht wurden.

Später berichtet Heinz Sielmann über die gemeinsame Posener Zeit mit Beuys: »Wir gingen selten in die Kantine, sondern wanderten beide viele Stunden durch die Landschaft. Jupp wollte von mir alles über die Vogelkunde hören, im Dunkeln blieb er immer wieder auf einem der Wege stehen und sagte zu mir gerührt: ›Schau nur – diese wunderbaren Sternenhimmel, wie sich das alles bewegt.‹«[2] »...wir diskutierten über Gott und die Welt, vor allen Dingen über die Natur, über Evolution, über Menschlichkeit. Es war für uns beide eine sehr, sehr ergiebige Zeit.«[3]

1 Breitlinger, S. 50
2 Sielmann, zit. n. Bild-Zeitung, 26. 1. 1986
3 ders., in: Film, Kleve – Eine innere Mongolei, Arte 1994

BEUYS IN ERFURT

Im Dezember 1941 setzte Beuys seine Bordfunkerausbildung in der Luftnachrichtenschule 5 in Erfurt-Bindersleben fort und wurde im Mai 1942 zum Gefreiten befördert.[1]

Der Militärflugplatz Erfurt-Bindersleben entstand 1935. Erfurt wurde eine der größten Garnisonsstädte des Deutschen Reiches mit Flugzeugindustrie, einem Standortlazarett und einem Heeresbekleidungsamt mit eigenen Werkstätten mit über 1000 Beschäftigten zur Herstellung von Uniformen und Schuhen. Die Erfurter Firma J. A. Topf & Söhne bekam 1942 den Auftrag, die Krematorien im KZ Auschwitz-Birkenau zu installieren. An jedem Sonntagvormittag fanden »Kriegsfeierstunden der NSDAP« statt, auf denen Parteiredner der Bevölkerung das Kriegsgeschehen im faschistischen Sinne erläuterten.

BIENEN

Etwa 100 Angehörige der in Erfurt stationierten Luftwaffeneinheit gehörten zur »Legion Condor«, die 1936 von der deutschen Führung an der Seite Francos gegen die Armeen und Milizen der spanischen Volksfrontregierung eingesetzt worden waren.[2] Die im Aufbau befindliche deutsche Luftwaffe hatte in Spanien neben Geräten und Flugzeugen auch den Sturzkampfflug mit der JU 87 und JU 88 getestet. Die »Legionäre« trugen sicherlich das im April 1939 verliehene »Spanienkreuz mit Schwertern« und konnten eine Menge über ihre »Ausstellung Guernica 1937« erzählen. Neben dieser Erweiterung der Kunstgeschichte hatten die Flieger auch Interesse an der Erweiterung des Biologiebegriffs. Ihre Einheiten trugen in Spanien die Decknamen »Imker«. Die Panzergruppe hieß »Imker-Drohne« und die Funkhorchkompanie »Imker-Horch«.[3]

1 vgl. Adriani u. a. 1994, S. 15
2 vgl. Gutsche, S. 441ff.
3 vgl. Brieden u.a., S. 46

Elisabeth Förster-Nietzsche empfängt hohen Besuch

EIN BILDUNGSERLEBNIS

Beeindruckt von der Lektüre Goethes und Nietzsches fuhr Beuys ins nahegelegene Weimar.[1] Dort schrieb er ein Gedicht, malte ein Aquarell und besuchte das Nietzsche-Archiv.

Hier war schon ein ganz besonderer Hirte zu Gast gewesen, um Nietzsches Handstock entgegenzunehmen. Nietzsches Schwester und Hitler-Verehrerin Elisabeth Nietzsche-Förster hatte ihn am 2. November 1933 als Geschenk an Hitler überreicht.[2]

Der junge Beuys dichtete in der Dichterstadt: »Nordischer Frühling / O Frühling / Deine tausend Kräfte strömen in mich hinein / ... Ostara wandelt über allen Schatten. / ... Der Mensch kann was er will durch sein / Genie und seinen fanatischen Willen das dionysische ins / apollinische Apollo mit Dionysos / nordische Mythologie.«[3]

Als Figur der nordischen Mythologie war Ostara durch die Bestrebungen der Nazis, christliche Traditionen von Festen durch germanische zu ersetzen, in Schule und HJ keine Unbekannte. »Ostara« hieß auch eine vom sogenannten

1 »Literarische Eindrücke würde ich weglassen, eventuell kann auf Goethe und Nietzsche hingewiesen werden, dies gilt jedenfalls für die Kriegszeit«, Beuys, zit. n. Adriani u.a. 1994, S. 50
2 vgl. Wollkopf, o. S.
3 zit. n. Stachelhaus, S. 24ff.

Hitler-Ideengeber Lanz von Liebenfels herausgegebene Zeitschrift mit ihrem Ostara-Kreis.¹ Auch nach 1945 veranstalteten rechtsextremistische Gruppierungen Ostara-Feiern.

Das Wort »Ostara« ist eine aus der althochdeutschen Bezeichnung »ostara« für Ostern erschlossene angebliche altgermanische Frühlingsgöttin, deren Verehrung bei den Germanen bis heute umstritten ist. Allerdings: Ihr Lieblingstier soll der Hase gewesen sein.

Die Allgegenwart nordischer Mythologie und die Lektüre Nietzsches sind an dem Gedicht deutlich ablesbar. Im Allgemeinen Künstlerlexikon deutet Verspohl zu dem Gedicht: »Der junge B. ... verpflichtet sich angesichts der zugespitzten Entwertung aller Werte bewußt der Selbstbestimmung des Menschen.«²

Genie und Wille sind aber Elemente des NS-Menschenbildes, die bei Beuys offensichtlich noch 1985 in der »Rede über das eigene Land« eine Rolle gespielt haben. In der Rede fragt Beuys nach der besonderen Aufgabe der Deutschen mit ihrer Genialität und propagiert, »scharfes Ich-Bewußtsein« und »Selbstbehauptungswille« durch das Sprechen der deutschen Sprache entstehen zu lassen.³

KEIN BILDUNGSERLEBNIS

Auf dem Ettersberg bei Weimar wurde 1937 auch das KZ Buchenwald errichtet. »Die Wahl des Ortes war in einem höheren Sinn symbolisch: Weimar – die deutsche National-Kulturstätte, ehemals die Stadt der deutschen Klassiker, die mit ihren Werken dem deutschen Gefühls- und Geistesleben höchsten Ausdruck gegeben haben, und Buchenwald – ein rauhes Stück Land als Stätte neudeutscher Gefühlsentfaltung«, schrieb der ehemalige Buchenwald-Gefangene Eugen Kogon. »Eine sentimental gehütete Museumskultur und der hemmungslose, brutale Machtwille schufen so die neue typische Verbindung Weimar – Buchenwald. Auf der Spitze des nebelreichen Ettersberges begannen in jenem Sommer die Rodungen. ... Eine in der ganzen Gegend bekannte ›Goethe-Eiche‹ wurde bei der Rodung von der SS pietätvoll bewahrt und zum Lagermittelpunkt bestimmt. (Wie man sieht, im großen wie im kleinen immer das gleiche: Gefühl und Gemeinheit, Sentimentalität und Brutalität, Kulturromantik und Barbarei friedlich gepaart!).«⁴

Die Goethe-Eiche brannte später nach einem Luftangriff nieder. Der Schriftsteller Bruno Apitz (»Nackt unter Wölfen«) schnitzte aus ihren Resten unter dem Schutz seiner Mitgefangenen eine Büste – angesichts der Entwertung aller Werte sozusagen selbstbestimmt. Sie steht heute in der Gedenkstätte Buchenwald.

1 vgl. Heller/Maegerle
2 Verspohl
3 vgl. Reden über das eigene Land, S. 40
4 Kogon, S. 76

BEUYS AUF DER KRIM

EIN FLUGZEUGABSTURZ UND SEINE FOLGEN

Das Magazin der Wochenzeitung »Die Zeit« berichtet in der Ausgabe Nummer 34/1993 in seiner Rubrik »Tratschke fragt: Wer war's?« über ein Kriegserlebnis eines deutschen Sturzkampffliegers im Zweiten Weltkrieg. Bei einem Angriff auf eine russische Flakstellung wird sein Flugzeug von feindlichen Geschossen getroffen. Zwar gelingt es dem Piloten, die Maschine hinter die eigenen Linien zu bringen. Als dann aber noch ein Schneesturm ausbricht und der Höhenmesser versagt, stürzt das Flugzeug ab. Beim Aufprall stirbt der Pilot. Wie durch ein Wunder überlebt sein Funker. Eingeklemmt unter dem Heck seiner Maschine, wird er, halb erfroren und schwer verletzt, von einer Gruppe nomadisierender Tataren zufällig gefunden. Der Mann hat einen doppelten Schädelbasisbruch erlitten, sein Körper steckt voller Splitter, und er hat Brüche an Rippen, Beinen, Armen und Nasenbein. Die Haare sind bis in die Haarwurzeln versengt. Die Tataren bringen ihn in ihr Lager. Sie behandeln seine Wunden mit Fett und flößen ihm Nahrung ein: Milch, Quark, Joghurt und Käse. Die Nahrung und das Fett haben sie von ihren Tieren gewonnen. Da es kalt ist, wickeln sie ihn in Filz, der ebenfalls von ihren Tieren stammt. Der Filz gibt ihm Lebenswärme, die sein Körper speichern kann. Als die Tataren sehen, daß der Mann überlebt, bieten sie ihm an, bei ihnen zu bleiben. Zwanzig Jahre später zählte der Mann dieses Erlebnis zu den wesentlichsten Eindrücken, die er im Krieg hatte. Der Gedanke, bei den Tataren zu bleiben, sei ihm nicht unsympathisch gewesen, sagt er. Aber ein deutsches Suchkommando findet den Verletzten und bringt ihn in ein Lazarett. Nach seiner Genesung nimmt er an weiteren Kriegseinsätzen teil.

Die natürlichen Hilfsmittel der Tataren, Fett, Filz und Honig, die für ihn existentielle Bedeutung erlangen, beschäftigten ihn sein Leben lang. Fett, Filz und Honig machten ihn berühmt, sie wurden wesentliche Komponenten seines Schaffens.

Wer war's? Die Lösung dieses Rätsels ist leicht: Joseph Beuys war's natürlich.

Diese »Tatarenlegende«, so oder ähnlich in zahlreichen Publikationen kolpor-

Tatarennachricht ƒ erlogene Pressemeldung. Aufgekommen am 30. September 1854 im Zusammenhang mit dem Fall der Festung Sewastopol: ein Tatar berichtete, die Festung sei am 30. September gefallen, obwohl sie erst am 11. September des folgenden Jahres kapitulierte.

Täterätä *n* überflüssige Umstände: Reklamegeschäftigkeit; unech~~~~ewichtigkeit. Lautmalerisch~~~~ schmetternder ~~~~men. 191~~

tiert, gehört mittlerweile zu einer gehobenen Allgemeinbildung und ist Bestandteil der europäischen Kunstgeschichtsschreibung. Sie wird gerne erzählt bei Führungen durch Beuys-Ausstellungen, und sie dient als eine Erklärung und als Interpretationsgrundlage für die Verwendung von Fett und Filz als künstlerische Ausdrucksmittel. Dieses Fronterlebnis eines deutschen Elitesoldaten bietet der Beuysforschung Anlaß zu vielerlei Spekulationen. Einmal ist es von besonderer Bedeutung in einem »bewußt als Mythos gestalteten Lebenslauf über die traumatischen Erfahrungen des Krieges«[1], andere behaupten, Beuys sei hier mit Schamanismus in Berührung gekommen.

Beuys selbst erzählt in einem Interview die Geschichte in bester Landsermanier:

»... ich habe erlebt, daß es runterging. Ich habe noch gesagt, laßt uns alle rausspringen, abspringen. Aber das, da weiß ich nix mehr. In dem Augenblick, wo ich das gesagt habe, ist wahrscheinlich schon zwei Sekunden später der Aufprall gewesen.

– und den hast du nicht...

Nein, gar nichts...

– und da waren noch andere Leute mit im Flugzeug?

Ja, noch einer. Das war ja immer mit zwei Mann besetzt.

– und der eine ist... der ist gestorben.

Der war überhaupt nicht wiederzufinden. Der war atomisiert. Da hat man praktisch nichts wiedergefunden als kleine Knöchelchen, alles andere war als Matsch in der Kabine.«[2]

Diese Schilderung ist wohl eher als dramatisch, drastisch, denn als mythisch zu bezeichnen.

Und Beuys erinnert sich auch noch genau, wie die Tataren ihn fanden: »... und als sie da im Blech am Kramen waren, das über mir... lag, und daß sie mich gefunden haben und so um mich rum standen und daß ich dann gesagt habe: woda, also Wasser sollte man – und dann hat's mir ausgesetzt.«[3] »Das Bewußtsein habe ich praktisch erst nach zwölf Tagen wiederbekommen, da lag ich schon in einem deutschen Lazarett. Aber da – da sind mir all die Bilder, sind mir ganz, also... eingegangen. ... Die Zelte, also die hatten Filzzelte, das ganze Gehabe von den Leuten, das mit dem Fett, das ist sowieso wie... ein ganz allgemeiner Geruch in den Häusern... – so wo die mit hantieren. Das ist praktisch

1 Verspohl
2 Beuys in: Kunstnachrichten 13/3 1977, S. 75
3 ebd., S. 76

alles so in mich eingegangen; ich habe das wirklich erlebt.«¹ Auch diese Schilderung klingt eher nach Fieberwahn als nach schamanistischer Erfahrung.

Hiltrud Oman sieht in diesem Erlebnis einen von drei wesentlichen Faktoren für die Entwicklung der Plastischen Theorie: »Es ist unzweifelhaft, daß in diesem lebensrettenden Erlebnis die Wurzeln, der Gedankenquell für den späteren Beuysschen Auffassungswert seiner Arbeitsmaterialien Fett und Filz liegen. Aus der Symbolisierung von Fett als Wärme- und Filz als Isolationselement entwickelt sich Anfang der 60er Jahre die Plastische Theorie.«²

Franz Joseph van der Grinten läßt sich zu kaum noch nachvollziehbaren Spekulationen hinreißen: »Tataren legten ihn nach einem Absturz aus den Trümmern seines Flugzeuges frei, und als er aus längerem Koma zu wiedererwecktem Bewußtsein gelangte, fand er sich mit Fett eingerieben und in Filz gewickelt und schmeckte den Honig, der ihn genährt hatte. Vor allem aber denn doch fand er sich am Leben erhalten auf eine Weise, die derjenigen aller Betreuung, die er bei sonstigen Verwundungen erfahren hatte, eigentlich gar nicht entsprach. Magie statt Methode, Weisheit statt Wissen, östliches und westliches Gelände?«³

Aber wo kommen in dieser Geschichte überhaupt Magie und östliche Weisheit vor? Daß Filz, Fett, Honig, Quark, Milch und Käse tierische Produkte sind, mag einen Stadtbewohner im ausgehenden zwanzigsten Jahrhundert überra-

1 Beuys in: Kunstnachrichten 13/3 1977
2 Oman, S. 73
3 F. J. v. d. Grinten 1990, S. 13

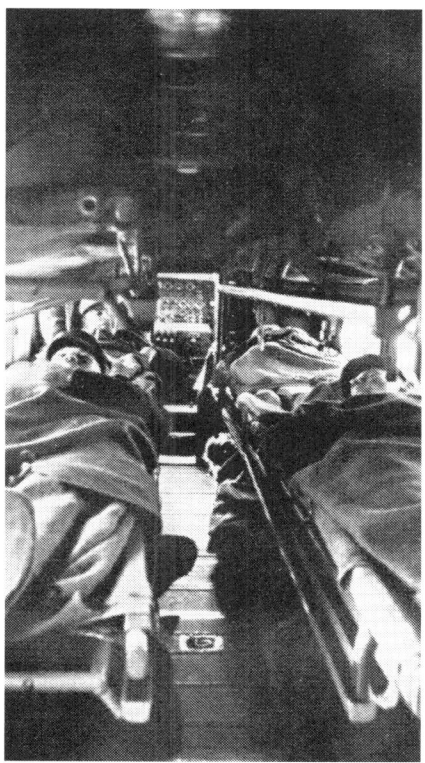

Im Sanitätsflugzeug

»Hätte es die Tataren nicht gegeben, ich wäre heute nicht mehr am Leben. Es waren die Nomaden von der Krim, die in dem Niemandsland zwischen der deutschen und der russischen Front lebten. Sie waren mir schon vertraut, denn ich war oft zu ihren Lagerplätzen hinausgegangen und hatte bei ihnen gesessen. Ihre nomadische Lebensweise hat mich sehr angezogen, obwohl ihre Bewegungsfreiheit damals natürlich eingeschränkt war. Dann entdeckten sie mich im Schnee nach dem Absturz meiner Maschine, als die deutschen Suchtrupps schon aufgegeben hatten. Ich war noch bewußtlos und kam erst wieder richtig zu mir nach ungefähr 12 Tagen. Die Erinnerung an diese Ereignisse sind Bilder, die sich mir sehr tief eingeprägt haben. Ich erinnere mich an den Filz, aus dem ihre Zelte gemacht waren, an den scharfen Geruch von Käse, Fett und Milch. Sie rieben meinen Körper mit Fett ein, damit die Wärme zurückkehrte und wickelten mich in Filz ein, weil Filz die Wärme hält.«

Beuys in: Film, Kleve – Eine innere Mongolei. ARTE 1994

schen, Beuys und van der Grinten, in der kuhreichen Niederrheinischen Tiefebene groß geworden, sollten davon aber schon gehört haben. Oder ist es die mystische Erfahrung der Eßbarkeit von Honig und Käse? Ist es eine geniale Erfindung östlicher Medizin, einen Verletzten bei eisiger Kälte warm einzuwickeln? Wohl kaum, die wärmenden Eigenschaften von Filz hat sich auch die deutsche Wehrmacht zunutze gemacht. Zur Winterbekleidung der Soldaten gehörten Filzstiefel und Filzschuhe, die bei besonders eisiger Kälte als Überschuhe über den Lederstiefeln getragen wurden. Auch das Einfetten der Haut, um Wärme zu speichern und um die Austrocknung bei Kälte zu verhindern, ist nicht unbedingt eine medizinische Maßnahme, die ur-völkisch anmutet.

Bei nüchterner Betrachtung bleibt nur ein wohl zu banaler Schluß: Bei den geschilderten pflegerischen Maßnahmen handelte es sich eigentlich nur um die korrekte Anwendung der vorhandenen Mittel.

Gegenüber der naiven Sicht von Wirkungszusammenhängen gibt es kaum kritische Interpretationsansätze. Benjamin H. D. Buchloh begründet seine Kritik an der »Tatarenlegende« mit den in sich widersprüchlichen Fotodokumenten, die zu dem Absturz veröffentlicht sind. Er interpretiert: »So müssen wir annehmen, daß der von Beuys konstruierte Ursprungsmythos – wie jeder andere kollektive oder private Mythos – eine komplizierte Mischung von Fakten und Fiktion darstellt. Erinnerungsmaterial wird vom Gedächtnis entsprechend den Notwendigkeiten und Interessen der neurotischen Konditionen arrangiert.«[1]

Auch Jost Nolte stellt die historische Plausibilität der Geschichte in Frage und merkt an: »Es klingt wie eine Legende, ist eine Legende und bleibt eine Legende. Sowjetbürger, die anno 43, im Jahr von Stalingrad, offenbar unberührt von Krieg und Kriegsgeschrei, gewissermaßen außerhalb der Geschichte, den vom Himmel gefallenen Deutschen in ihr Herz schließen und an ihm Menschlichkeit üben – jede Wette, daß hier Karl May grüßen läßt.«[2]

Nolte erinnert sich vielleicht an jene Episode in Winnetou I, in der Old Shatterhand nach einem Kampf zwischen Kiowas und Apachen schwer verwundet wird. Er bekommt Kolbenhiebe auf Kopf und Schulter und einen Messerstich durch die Zunge. Daß er überlebt, ist ein Wunder, und er verdankt es den Apachen, die den Verwundeten in ihr Lager bringen. Und als er aus längerem Koma zu wiedererwecktem Bewußtsein gelangt, findet er sich auf Grizzlybärfelle gebettet. Die Apachen ernähren ihn mit Fleischbrühe und Maismehl. Nach der Blutsbrüderschaft mit Winnetou und diversen Verwicklungen, die jeder selber nochmals nachlesen kann, bekommt Old Shatterhand das Angebot, bei den Apachen zu bleiben.

Auch Beuys berichtet über sein ausgezeichnetes Verhältnis zu den Tataren: »Unterschwellig natürlich eine Affinität in mir zu so einer Kultur...«[3], und etwas Deutsch hatten sie auch schon gelernt: »Du nix Nemetzki... du Tatar«, sollen sie immer gesagt haben, um Beuys zu überreden, bei ihnen zu bleiben.[4]

Natürlich gibt es einen wesentlichen Unterschied zwischen dem deutschen Ich-Erzähler Karl May und dem deutschen Soldaten Joseph Beuys. Während Karl May sich seine Geschichten, wie ja mittlerweile bekannt ist, nur ausgedacht

1 Buchloh, S. 65
2 Nolte, S. 20
3 Beuys in: Kunstnachrichten 13/3 1977, S. 74
4 ebd.

hat und erst im hohen Alter einen kurzen Besuch in Amerika machte, ist Joseph Beuys als junger Soldat wirklich auf der Krim gewesen, und sein Absturz ist durch Militärunterlagen verbürgt. Doch so wie Beuys' Geschichte überall erzählt wird, hat sie sich mit Sicherheit nicht zugetragen.

Instrumentenbrett der JU-87 »Jeder Griff muß sitzen.«

WAS WIRKLICH GESCHAH

Laut Auskunft der Deutschen Dienststelle vom 20. Februar 1995 datiert der besagte Absturz auf den 16. März 1944.[1] Die deutsche Wehrmacht war auf dem Rückzug, die Krim zum größten Teil von der Roten Armee zurückerobert. Der Unfallort liegt bei Freifeld im nördlichen Teil der Krim. Die Verletzungen von Beuys werden mit Gehirnerschütterung und Platzwunde über den Augen angegeben. Der Flugzeugführer Hans Laurinck starb noch am Unfallort. Er wurde auf dem Heldenfriedhof Kruman-Kemektschi/Krim – Einzelgrab Nr. 258 – begraben. Die abgestürzte Maschine war eine JU 87.[2] Den Eintragungen im Soldbuch und dem Eintrag im Krankenbuchlager Berlin ist zu entnehmen, daß Beuys vom 17. März bis 7. April 1944 im mobilen Feldlazarett 179, Kruman-Kemektschi gepflegt wurde.[3] Der acht- bis zwölftägige Aufenthalt bei den Tataren, wie ihn Stachelhaus und andere überliefern, kann also höchstens 24 Stunden gedauert haben.

Das Beuyssche Erinnerungsvermögen mag durch seine Gehirnerschütterung getrübt gewesen sein, und welche visionären Erscheinungen Beuys in der Bewußtlosigkeit hatte, läßt sich nicht mehr rekonstruieren.

Doch was für Beuys gelten mag, gilt nicht für seine Biografen. Sie scheinen wenig Interesse an einer realistischen Version der Geschichte zu haben, gibt diese doch nur wenig her für kunsttheoretische, philosophische oder metaphysische Weltbetrachtungen.

1 schriftl. Auskunft der Deutschen Dienststelle a. d. Autoren
2 ebd.
3 vgl. Adriani u. a. 1994, S. 17, Schreiben des Krankenbuchlagers Berlin a. d. Autoren und Verspohl

Die unterschiedlichen Interpretationsansätze der Tatarengeschichte haben, bis auf wenige Ausnahmen, eines gemeinsam: Sie lösen den Absturz aus dem historischen Zusammenhang des Zweiten Weltkriegs heraus und betrachten ihn isoliert von den realen Verhältnissen. Die Tataren werden als nomadisierendes, geschichtsloses Volk gesehen, das unberührt von Krieg und deutscher Besatzung über die Krim gezogen ist. So war es natürlich nicht. Aber diese ahistorische Betrachtungsweise des Absturzes ist Bedingung für die Mythologisierung der Geschichte. Diese setzt sich fort in der Mythologisierung des Beuysschen Kriegserlebens. Hieraus entwickelt sich die Mythologisierung von Fett, Filz und Honig als wesentlichen Trägern der Beuysschen Kunstpraxis und Kunstideologie. Vor dem Hintergrund von Ethnoboom und Konsum östlicher Denkweisen kommt sie auch den Bedürfnissen zahlreicher (kunstinteressierter) Menschen nach »unerklärlichen Phänomenen« entgegen.

Verspohl, der auch das genaue Absturzdatum nennt und sich wohl auch auf die in der deutschen Dienststelle archivierten Daten und Angaben bezieht, kommt sogar zu dem Schluß, daß das Beuys oftmals angedichtete Edelmetallimplantat in der Schädeldecke ebenso nur Teil der Legende ist.[1] Adriani, Konnertz und Thomas, 1981 noch überzeugt, Beuys habe mindestens acht Tage bei den Tataren verbracht, scheinen es 1994 besser zu wissen: Zwar weisen sie nicht auf ihren Fehler hin, aber sie werden allgemeiner: »Die Eindrücke, die Beuys während dieser Zeit in einer fremden Landschaft, mit deren Bewohnern und ihrer mongolisch-slawischen Mentalität sammelt, wirken nachhaltig.«[2]

[1] Verspohl
[2] Adriani u.a.1994, S. 18

**Hoch ist hier Frau Böck zu preisen!
Denn ein heißes Bügeleisen
Auf den kalten Leib gebracht,
Hat es wiedergutgemacht.**

Wilhelm Busch, Max und Moritz

TATAREN AUF DER KRIM

Muß die »Tatarenlegende« also zu den unwirklichen Eindrücken gerechnet werden, so stellt sich die Frage, was Joseph Beuys im Krieg auf der Krim wirklich erlebt hat und wieso er ausgerechnet zu den Tataren so gute Beziehungen gepflegt haben soll. Schließlich gab es neben den Tataren noch verschiedene andere Volksgruppen auf der Krim.

Natürlich sind die Tataren nicht so unberührt vom Krieg nomadisierend über die Krim gezogen, wie es die Legende nahelegt.

Und Beuys begegnete den Tataren nicht »landend«, als einem »geschichtslosen Volk«, wie es Franz Joseph van der Grinten beschreibt.[1] Ihre von deutschen Rassentheoretikern betonte mongolisch-slawische Mentalität hatte mit dem Selbstverständnis der Tataren wenig zu tun.

Die Krimtataren bezeichneten sich selbst als Krimtürken und waren Anhänger des Islam. Zwar kämpften einige Tataren auch auf seiten der sowjetischen Partisanen, und viele jüngere waren zur Roten Armee eingezogen worden, der politische Arm der Tataren verfolgte aber nationalistische Ziele.

Aufgrund traditioneller-kultureller Bindungen fühlten sich viele Tataren der Türkei verbunden und waren antisowjetisch eingestellt.[2]

Die Tataren siedelten sich im 13. Jahrhundert, nach der Eroberung durch Dschinghis Khan, auf der Krim an. Im 15. Jahrhundert gehörte die Krim zum Osmanischen Reich. Unter der Oberherrschaft der türkischen Sultane waren die Tataren die unangefochtenen Herren im Lande. 1783 wurde die Krim von Rußland annektiert. Die muslimischen Tataren gerieten in zunehmenden Gegensatz zum orthodoxen Zarenreich. Im Krimkrieg 1853 bis 1856, den das zaristische Rußland gegen die Türkei und deren Verbündete Frankreich und England führte, stellten sich viele Tataren auf die Seite der britisch-französischen Armeen. Nach Landung der Westmächte auf der Krim kam es zu einer langen Belagerung der Stadt Sewastopol durch Franzosen und Engländer. Noch 1942 erschwerten viele Festungsanlagen aus dieser Zeit die Eroberung Sewastopols durch die deutsche Wehrmacht. Der Krimkrieg endete mit dem Pariser Frieden vom 30. März 1856, die Krim und das Schwarze Meer blieben in der Folgezeit neutrale Gebiete.

1920 geriet die Krim unter sowjetische Herrschaft. Aufgrund der sowjetischen Unterdrückung nationaler Traditionen und religiöser Betätigung gerieten die Tataren in Gegnerschaft zum Sowjetstaat. Viele Tataren flohen ins türkische Exil und kämpften von dort für die Herauslösung der Krim aus dem sowjetischen Herrschaftsgebiet.[3]

Die sowjetische Siedlungspolitik in den zwanziger Jahren schloß die Ansiedlung zahlreicher Juden aus Osteuropa in die von den Tataren bewohnten Regionen der Krim ein, was zu Spannungen und Feindseligkeiten zwischen Juden und Tataren führte. 1941 bildeten die Tataren mit rund 20 Prozent der Bevölkerung nur noch eine Minderheit. Der Großteil der Bevölkerung bestand aus Großrussen und Ukrainern. Die 43 000 Volksdeutschen auf der Krim wurden bei Kriegsbeginn von den Sowjets in den Kaukasus deportiert.[4]

1 F.J.v.d. Grinten 1990, S. 11
2 vgl. Luther, Hoffmann und Dallin
3 ebd.
4 vgl. Hoffmann

Tataren in der deutschen Wehrmacht

Neben den 45 000 Juden lebten auf der Krim kleinere Volksgruppen von Griechen, Bulgaren, Armeniern, Italienern, Esten, Polen und Tschechen. Das kulturelle Leben der Tataren wurde geprägt durch ihren islamischen Glauben und die Erinnerung an ihre geschichtliche Vergangenheit seit den Zeiten der »Goldenen Horde« und der türkischen Sultane.[1]

1 vgl. Luther und Hoffmann

Joseph Beuys kommt wahrscheinlich im Frühjahr 1942 zum ersten Mal in seinem Leben auf die Krim. Die Tataren kämpfen bereits seit Ende 1941 Seite an Seite mit dem deutschen Landser gegen den gemeinsamen Feind.

DER »WELTANSCHAUUNGSKRIEG«

Das »Unternehmen Barbarossa« – der deutsche Überfall auf die Sowjetunion – begann am 22. Juni 1941. Joseph Beuys befindet sich zu dieser Zeit noch zur technischen und ideologischen Schulung in Posen. Dem Krieg gegen die Sowjetunion wurde von der nationalsozialistischen Führung als »Weltanschauungskrieg« eine besondere Bedeutung beigemessen. Neben dem militärischen Kampf zur Niederwerfung der Sowjetunion durch Vernichtung der Streitkräfte wurde der ideologische Kampf gegen den Bolschewismus zum Hauptziel des Ostfeldzugs erklärt. Erstes Ziel des ideologischen Krieges war die Liquidierung der politischen sowjetischen Elite bis in die unteren Ränge. Der »Kommissarbefehl« vom März 1941[1] sah die Ermordung aller politischen Kommissare vor, die als Offiziere der Sowjetarmee in deutsche Gefangenschaft gerieten. Darüber hinaus sollten alle sowjetischen Funktionäre als Träger der kommunistischen Ideologie umgebracht werden. Die »Richtlinien über das Verhalten der Truppe in Rußland«[2] sollten die Durchführung der Liquidationen ermöglichen und Herresführung und Truppe in die nationalsozialistische Vernichtungspolitik einbeziehen. Die geplante systematische Liquidierung konnte aber aus militärischen Gründen nicht der känpfenden Truppe übertragen werden.

1 vgl. Enzyklopädie d. Holocaust
2 vgl. Robel, S. 511

Der »Weltanschauungskrieg« wurde vom Reichssicherheitshauptamt und seinem Chef Reinhard Heydrich geplant. Zur »Durchführung besonderer sicherheitspolizeilicher Aufgaben außerhalb der Truppe« wurden die »Einsatzgruppen der Sicherheitspolizei und des SD« als Exekutivorgane bereitgestellt.[1] Die Einsatzgruppen waren das eigentliche Instrument der nationalsozialistischen Vernichtungspolitik. In zahlreichen Fällen kam es auch zu einer Zusammenarbeit mit der Wehrmacht.

Nach den anfänglichen militärischen Erfolgen kam der Vormarsch der deutschen Armee durch den hereinbrechenden russischen Winter Ende 1941 vor den Toren Leningrads und Moskaus sowie an der gesamten Ostfront zum Stillstand. Der Blitzkrieg gegen die Sowjetunion war gescheitert. Die Siegeseuphorie kapitulierte vor der Kriegsrealität. Die deutsche Armee hatte sich auf einen langen Kriegswinter einzustellen. Hitler und das Oberkommando der Wehrmacht (OKW) planten die weitere Offensive für das Frühjahr 1942. Das militärische Hauptziel für 1942 wurde neu definiert. Nicht die Einnahme Moskaus, sondern die Eroberung der strategisch und industriell wichtigen Randgebiete einschließlich der Krim hatte Priorität. Die Krim sollte als Stützpunkt am Südende der Front zur Sicherung der Ölzufuhr aus Rumänien und wegen ihrer Bedeutung für die Operationen der deutschen Kriegs- und Handelsflotte noch vor Einbruch des Winters besetzt werden. Außerdem sollte sie als Vorposten zu der im Frühjahr geplanten Eroberung des Kaukasusgebietes mit seinen zahlreichen Ölquellen dienen.

Die nationalsozialistischen Absichten auf der Krim wurden nach außen mit den üblichen Gründen gerechtfertigt. Geschichtliche Tatsachen wurden für die Zwecke nationalsozialistischer Propaganda zurechtgebogen. Die Nazis unterstrichen die Bedeutung der Germanen für die Krim. Diese waren schon während der Zeit der Völkerwanderung bis zur Krim vorgedrungen. Und man wies auf die kulturellen Bindungen zwischen dem Reich und der Krim als dem Siedlungsland der

1 vgl. Robel und Enzyklopädie des Holocaust

Anti-Hitler-Flugblatt (aus: »Front-Illustrierte«)

Krimkämpferabzeichen

EREIGNISMELDUNG UDSSR NR. 153 VOM 9. JANUAR 1942, DIE EINSATZGRUPPE D MELDET:

»Einstellung zur Deutschen Besatzung weiterhin positiv. Bei Grossteil der Bevölkerung Furcht vor Rückkehr der Russen. 7 000 Gefangene aus Feodossia über Simferopol – Tschenkoj zum Teil ohne Bewachung unterwegs. Kein Versuch zu den Russen überzulaufen. Versorgungslage bereits sehr schwierig. Zur Zeit Versuch, Teile der Stadtbevölkerung auf Land zu verschicken. Tataren allgemein positiv zur deutschen Besatzung eingestellt. Bieten fortlaufend aktiven Einsatz gegen Partisanen, Aufstellung eigener bewaffneter Einheiten und sichere Vernichtung der Partisanen an.«

Goten hin. Nachkommen der Goten sollten dort noch bis zum 16. Jahrhundert in Höhlen gelebt haben. Und große Gebiete der Krim seien von deutschen Kolonisten besiedelt gewesen – bis zu ihrer Deportation durch Stalin.[1]

Im September 1941 rückten die ersten deutschen Truppeneinheiten über die Landenge von Perekop auf die Krim ein. Bis auf die Hafenstadt Sewastopol und die Region Kertsch geriet die ganze Halbinsel unter deutsche Besatzung. Die besetzten Gebiete der Sowjetunion waren in eine Reihe von Reichskommissariaten eingeteilt. Die Krim gehörte zum Reichskommissariat Ukraine und bildete zusammen mit fünf Festlandkreisen das Generalkommissariat Taurien. Reichskommissar für die Ukraine, die aus acht Generalkommissariaten bestand, wurde Erich Koch. Zum Generalkommissar von Taurien wurde der Wiener Gauleiter Alfred E. Frauenfeld berufen.

Aus Gründen der militärischen Sicherheit widersetzten sich die Militärbehörden der Übertragung der Besatzungsverwaltung an die zivilen Behörden. Neben der nahen Front waren der wesentliche Grund die schlechten Erfahrungen mit den brutalen Verwaltungsmethoden Kochs in der Ukraine, die zu Unzufriedenheiten und Unruhen in der Zivilbevölkerung geführt hatten. Für die Militärs war aber die Erhaltung von Ruhe und Ordnung vorrangiges Ziel. So wurde nur die Verwaltung der Festlandkreise an Frauenfeld übertragen. Verwaltungsmittelpunkt des Generalkommissariats war die zentral auf der Krim gelegene Stadt Simferopol.[2]

Bereits im Sommer 1941 hatte die nationalsozialistische Führung ihre Pläne für die »Verwaltung« der Krim beschlossen. Getreu der im »Generalplan Ost«

1 vgl. Frauenfeld 1942, S. 39ff.
2 vgl. Luther, S. 42

Deutsche Infanterie in den Straßen von Jalta

festgeschriebenen Ziele sollte die Krim unter Vertreibung und Ermordung der ansässigen Bevölkerung rein deutsch besiedelt werden. Neben den Volksdeutschen, die bereits auf der Krim lebten, sollten vor allem Südtiroler angesiedelt werden. Hitler meinte, die Krim sei im Vergleich zu den »jetzigen Siedlungsgebieten« der Südtiroler ein »Land, in dem Milch und Honig fließen«, und: »Sie brauchen ja nur einen deutschen Strom, die Donau, hinunterzufahren, dann seien sie schon da.«

Eine dritte potentielle Siedlergruppe waren die Wehrmachtsangehörigen. Nicht wenige deutsche Soldaten waren mit der Hoffnung in den Eroberungskrieg gezogen, als Siedler und »Wehrbauern« die künftige Herrenschicht der Ostkolonien zu bilden.[1]

Auch der Erholungswert der Krim wurde zum Gegenstand der nationalsozialistischen Planungen. Der außerordentlich lange und warme Sommer, die subtropische Vegetation, die langen Strände mit ihren zahlreichen Kurorten und die vielfältige, teils orientalische Architektur, zum Beispiel der historische Palast aus der Zeit der osmanischen Herrschaft in Bachtschissarai, ließen die Krim als ideales Gebiet für den Touristenverkehr und die deutsche Filmindustrie erscheinen.[2]

Doch die Kriegsverhältnisse zwangen vorerst zu einer Revision dieser Pläne. Umsiedlungs-, Aussiedlungs-, Erholungs- und Filmpläne wurden im sicheren Gefühl des baldigen Sieges auf die Zeit nach dem »Endsieg« verschoben. Eine Evakuierung der Bevölkerung hätte die ohnehin darniederliegende Landwirtschaft und Industrie endgültig zum Stillstand gebracht. Solange Ukrainer, Russen und Tataren noch als Arbeitskräfte gebraucht wurden, hieß das Motto der

1 vgl. R.D. Müller
2 vgl. Luther, S. 40

deutschen Besatzer: Arbeit statt Vertreibung.[1] Der ideologische Kampf und die Rassenideologie wurden dadurch jedoch nicht außer Kraft gesetzt.

Mitte Dezember 1941 wandte sich die Militärverwaltung mit einer öffentlichen Bekanntmachung an die Zivilbevölkerung: »Die deutsche Wehrmacht hat euch vom Bolschewismus befreit und schützt euch vor seiner Wiederkehr. ... Das deutsche Volk und die deutsche Wehrmacht ... bringen euch Ordnung, Sicherheit und soziale Gerechtigkeit.«[2]

Die ersten Maßnahmen zur Durchsetzung dieser »Neuen Ordnung« wurden von den Einsatzgruppen des Sicherheitsdienstes durchgeführt. Sogenannte Saboteure, die bolschewistischen Parteimitglieder in den Ortsverwaltungen und sonstige »zwielichtige Elemente«, wurden getreu den Direktiven des »Kommissarbefehls« verhaftet und umgebracht.[3]

Auch die Verfolgung und Ermordung der Juden und »Zigeuner« begann direkt nach der Besetzung der Krim. Zwar konnten sich viele Juden vor dem Einmarsch der Deutschen durch die Flucht in den Kaukasus kurzzeitig in Sicherheit bringen; zu den etwa 20 000 verbliebenen Juden kamen aber wieder Flüchtlinge, vor allem aus dem Raum Odessa. Die Zentren jüdischen Lebens waren Jewpatoria, Feodossija, Jalta, Kertsch und vor allem Simferopol.

JUDEN AUF DER KRIM

Auf der Krim lebten drei Volksgruppen mit jüdischem Glauben:

1. Die osteuropäischen, jiddisch sprechenden Juden. Sie waren zum Großteil im Zuge der Landansiedlungspolitik der zwanziger Jahre auf die Krim gekommen.

2. Die Krimtschaken. Sie lebten schon seit dem 2. Jahrhundert vor unserer Zeitrechnung auf der Krim. Ihre Zahl betrug 1939 ungefähr 3 000 Personen. Sie hatten sich weitgehend den Bräuchen ihrer tatarischen Nachbarn angepaßt und sprachen einen hebräisch-tatarischen Dialekt.

3. Die Karäer, eine jüdische Sekte, die im 13. und 14. Jahrhundert aus Babylon auf die Krim ausgewandert war. Aufgrund »wissenschaftlicher Gutachten«, die ihnen nichtjüdische Abstammung zuschrieben, blieben sie von den Vernichtungsaktionen der Nazis weitgehend verschont.[4]

Die Ermordung der Juden wurde von der Einsatzgruppe D unter Otto Ohlendorf mit ihren verschiedenen Sonder- und Einsatzkommandos durchgeführt. Ohlendorf blieb bis Juni 1942 kommandierender Offizier der Einsatzgruppe D. Von Juli 1942 bis Juli 1943 war Walter Bierkamp sein Nachfolger.

Das Führungspersonal der Einsatzgruppe rekrutierte sich aus Angehörigen der Sicherheitspolizei und des Sicherheitsdienstes. Das sonstige Personal gehörte der Gestapo, dem SD und der Kriminalpolizei an. Als Hilfspersonal – wie Funker, Fahrer und Dolmetscher – wurden auch Nicht-SS-Mitglieder eingesetzt. Die Stärke der Einsatzgruppe D betrug rund 600 Mann. Aktive Unterstützung erhielten die einzelnen Kommandos von der Wehrmacht. Direkt nach dem

1 vgl. Luther
2 zit. nach Luther, S. 41
3 vgl. Luther und Enzyklopädie d. Holocaust
4 vgl. Enzyklopädie d. Holocaust

Einmarsch begannen die Ortskommandanturen der Militärverwaltung mit der Einrichtung der Gettos. Materielle Hilfe bei den Massenerschießungen wurde durch die Gestellung von Absperrpersonal und Lkws durch die Wehrmacht geleistet. Die Ortskommandanturen lieferten Juden zur Ermordung an die Einsatzgruppen aus. In einigen Fällen kam es auch zur Ermordung von Juden durch die Wehrmacht.[1]

Im November 1941 wurden die Juden von Feodossija, Jewpatorija und Kertsch umgebracht. Vom 9. bis 13. Dezember 1941 wurden allein in Simferopol 14 000 Menschen der unterschiedlichen jüdischen Glaubensrichtungen mit Lastwagen der Wehrmacht in den Stadtpark gebracht und dort erschossen. Der Mord wurde unter Beteiligung der Wehrmacht von Angehörigen des Sonderkommandos 11 b der Einsatzgruppe D und vom 3. Bataillon der deutschen Ordnungspolizei durchgeführt. Es folgten Massenerschießungen in Jalta und Bachtschissarai. Auf der Krim und in der Südukraine setzte die Einsatzgruppe D drei oder vier Gaswagen ein. Die jüdischen Häftlinge der Gefängnisse von Simferopol und Kertsch, die Juden aus Sewastopol und Feodossija, jüdische Kinder aus den Krankenhäusern der Kurorte Kislowodsk und Mineralnyje Wody und die Juden aus Pjatigorsk und Tscherkessk wurden in diesen Gaswagen umgebracht. Ab Januar 1942 wurden die Juden Opfer der »Bandenkampfaktionen«, die vom Einsatzkommando 11 b wieder unter Mithilfe der Wehrmacht durchgeführt wurden. Am 16. April 1942 wurde die Krim als »judenfrei« gemeldet. Es fanden aber auch danach noch Massenmorde an Juden auf der Krim statt. Die Gesamtzahl der jüdischen Opfer auf der Krim wird auf 40 000 geschätzt.[2]

1 vgl. Enzyklopädie d. Holocaust
2 ebd.

EREIGNISMELDUNG UDSSR NR. 150 VOM 2. JANUAR 1942,
DIE EINSATZGRUPPE D MELDET:

Lage und Stimmung.
»Gesamtstimmung ist nach wie vor beherrscht durch Sorge um Ernährung. Ablehnende Haltung der Bevölkerung gegen Judentum hat sich bestätigt. Erschießungen der Juden wurden im wesentlichen positiv aufgenommen, nachdem ursprüngliche Furcht vor gleicher Behandlung gewichen. Wehrmacht versucht Ernährungslage in den Städten zu bessern durch Aufforderung zur Ablieferung der versteckten Lebensmittel und anschließende gerechte Verteilung an die Bevölkerung. In Kertsch-Karasubasar. Ernährung dort für 4 Wochen gesichert. In Simferopol gleiche Aktion im Gange. Haltung gegen deutsche Besatzung nach wie vor vertrauensvoll. Tataren zur positiven Mitarbeit bereit. Bieten aktiven Kampf gegen Partisanen an, sogar Aufstellung eigener Einheiten. Viele Dörfer überfallen. Zur Abwehr bereit, falls Waffen gestellt werden...
Simferopol, Jewpatoria, Aluschta, Karasubasar, Kertsch und Feodossia sowie weite Teile der West-Krim judenfrei gemacht. Vom 16. 11. bis 15. 12. wurden 17 645 Juden, 2 504 Krimtschaken, 824 Zigeuner und 212 Kommunisten und Partisanen erschossen. Die Gesamtzahl der Exekutionen 75 881. Gerüchte über Erschießungen aus anderen Gebieten erschweren Aktion in Simferopol erheblich. Allmählich sickert durch geflüchtete Juden, Russen und auch Redereien deutscher Soldaten Vorgehen gegen Juden durch.«

Die Kultur-, Bildungs- und Schulpolitik wurde ähnlich durchgeführt wie schon im besetzten Polen. Bibliotheken und Archive wurden weitgehend vernichtet, die wissenschaftlichen und kulturellen Institutionen beschlagnahmt, Museen und höhere Schul- und Bildungseinrichtungen blieben geschlossen. Die Besatzer erlaubten nur die Wiedereröffnung der Volksschulen, doch den Schülern wurde die Benutzung von Schulbüchern verboten. Der Unterricht beschränkte sich auf Rechnen, Naturkunde, Zeichnen und Singen; Unterrichtssprache war je nach Nationalität der Schüler Russisch oder Tatarisch.

Nachdem die Besatzer ihre Machtpositionen in den Städten und Dörfern gefestigt hatten, wurden die Kommunalverwaltungen neu aufgebaut. Um die Loyalität und Mitarbeit der Zivilbevölkerung zu gewinnen, wurden ideologisch unbedenkliche Personen aus der Ortsbevölkerung als Bürgermeister, Lehrer und sonstige Verwaltungskräfte eingesetzt. Die unter Sowjetherrschaft durchgeführten Kollektivierungen wurden größtenteils wieder rückgängig gemacht; Vieh, Traktoren und Land wurden in den Privatbesitz der Bauern zurückgeführt. Die deutschen Besatzer, die sich als Verteidiger der Religionen gegen den bolschewistischen Atheismus ausgaben, erlaubten außerdem die Wiedereröffnung der russisch-orthodoxen und islamischen Gotteshäuser.

Zentrales Problem der Besatzer war die Lebensmittelversorgung der Bevölkerung. Wollte man Unruhen vermeiden, mußten die materiellen Grundbedürfnisse befriedigt werden. Da die Sowjetarmee bei ihrem Rückzug Industrie- und Fischereianlagen, Wasser- und Elektrizitätswerke teilweise zerstört hatte, war die landwirtschaftliche und industrielle Produktion größtenteils zum Erliegen gekommen.

Da zudem noch in erster Linie die Wehrmacht versorgt wurde, herrschte große Lebensmittelknappheit. Preisanstieg und Brotrationierung waren die Folge. Lebensmittel mußten vom Festland eingeführt werden. Um die materiellen Grundbedürfnisse zu sichern, sorgten die deutschen Besatzer für die Wiedereröffnung kleinerer Geschäfte. Außerdem wurden die von den Sowjets vor dem Kriege eingerichteten Speisehallen und Fabrikküchen wiedereröffnet. Die Verteilung der Lebensmittel und die Oberaufsicht über die Speisehallen und Fabrikküchen übernahm das eigens eingerichtete Haupternährungsamt. Diese Maßnahmen führten zu einer gleichmäßigeren Verteilung der Lebensmittel. Mit Beginn des Frühjahrs konnte auch der Fischfang wieder aufgenommen werden, so daß größere Mengen Fisch in die Städte geliefert wurden.[1]

TATAREN UND DEUTSCHE

Die Tataren waren die einzige Nationalitätengruppe der Krim, die eine bevorzugte Behandlung erhielten. Zwar wurde keine offen protatarische Politik betrieben, da die Tataren nur eine Minderheit der einheimischen Bevölkerung bildeten und man sich durch einseitige Bevorzugung der Tataren nicht Russen und Ukrainer zu Feinden machen wollte, dennoch machte man ihnen gegenüber

1 vgl. Luther, S. 66ff., und Meldung aus den besetzten Ostgebieten Nr. 4 vom 22. Mai 1942, BA/MA Koblenz

»Nomadisierende« Bewohner der Krim 1942 auf der Flucht vor Krieg und Zerstörung

eine Reihe von Konzessionen. Die deutschen Behörden erlaubten die Bildung lokaler mohammedanischer Komitees, die sich hauptsächlich mit lokalen, religiösen und kulturellen Angelegenheiten befaßten. Diese Selbstverwaltung war aber eher symbolischer Natur. Die öffentliche Tätigkeit der Komitees wurde von den deutschen Behörden überwacht, um sich gegen das Aufkommen feindlicher Strömungen rechtzeitig abzusichern. Immerhin wurde Anfang 1942 in Simferopol ein zentrales mohammedanisches Komitee mit Billigung der Wehrmacht gegründet. Mit Hilfe der lokalen Komitees wurde das traditionelle kulturelle Leben wiedererweckt. Ein nationaltatarisches Theater wurde gegründet, und es konnten zwei tatarische Zeitungen erscheinen. Die Wiedereröffnung von 50 Moscheen erlaubte die freie Religionsausübung.[1]

Für die protatarische Politik waren vor allem außenpolitische Gründe ausschlaggebend. Die Türkei sollte als Kriegsverbündeter gewonnen werden. Einerseits hoffte die deutsche Führung auf türkische Unterstützung im Kampf gegen die Sowjetunion, andererseits hatte man die Türkei als Durchmarschgebiet in den von Großbritannien besetzten Irak vorgesehen. Wegen der traditionell guten Beziehungen der Tataren zur Türkei wollte man diese außenpolitischen Ziele nicht durch eine antitatarische Politik gefährden.

Im Dezember 1941 reiste eine Gruppe in der Türkei lebender krimtatarischer

1 vgl. Luther, S. 51f.

Emigranten nach Berlin, um dort die türkisch-tatarischen Interessen zu vertreten und Hilfsmaßnahmen für die tatarische Bevölkerung der Krim in die Wege zu leiten.[1]

Hofften die Tataren, in Unkenntnis der Germanisierungspläne, mit Hilfe der Deutschen zu größerer nationaler Eigenständigkeit zu gelangen, so machten sich die deutschen Militärs diese Hoffnung zunutze, um die Tataren für den Kampf gegen den Bolschewismus zu gewinnen. Man stellte den Tataren in Aussicht, daß ihre Interessen, bei einer Teilnahme am Kampf gegen die Sowjetunion, bei der künftigen Neugliederung Osteuropas berücksichtigt würden.

Die organisatorischen Vorbereitungen für einen bewaffneten Einsatz der Tataren in der deutschen Armee begannen im Winter 1941/42. Bereits ab Dezember wurden Freiwillige für die Wehrmacht angeworben. Da im Operationsgebiet der Krim neben der 11. Armee auch die Einsatzgruppe D gewisse Befugnisse bei der Sicherung des Hinterlandes und im Rahmen der ihr übertragenen Spezialaufträge ausübte, traf das Oberkommando der 11. Armee am 2. Januar 1942 eine Vereinbarung, derzufolge die Anwerbung freiwilliger Tataren unter der Bewohnerschaft und in den Kriegsgefangenenlagern in die Zuständigkeit der Einsatzgruppe D überging.

Während einer Festsitzung des mohammedanischen Komitees in Simferopol verkündete Ohlendorf vor den versammelten Vertretern der Tataren, »daß der Führer das Anerbieten der Tataren, zum Schutze der Heimat gegen den Bolschewismus mit der Waffe anzutreten, angenommen habe. Die Tataren, die bereit seien, die Waffe zu ergreifen, würden als Angehörige der deutschen Wehrmacht betrachtet und genauso verpflegt und besoldet werden wie der deutsche Soldat!«[2] Der Vorsitzende des Komitees bedankte sich im Namen aller Tataren und schloß seine Rede mit den Worten: »Das in uns gesetzte Vertrauen gibt uns die Stärke, daß wir uns ohne Bedenken der Führung der deutschen Armee anvertrauen würden. Unser Name soll später in Ehren mitgenannt werden können mit denen, die sich für die Befreiung der geknechteten Völker eingesetzt haben.«[3]

Bis zum März 1942 traten 10 000 Tataren freiwillig in die Wehrmacht ein. Insgesamt kämpften etwa 20 000 Krimtataren auf deutscher Seite gegen die Sowjetunion. Von den Deutschen als nützliche Hilfstruppe angesehen, betrachteten die extremen Nationalisten sie als den Kern einer künftigen Krim-Armee. Die Mehrzahl wurde in die Verbände der 11. Armee eingegliedert und hatte dort allenfalls den Status von Hilfskräften. Echte Kampfverbände wurden nur bei der Einsatzgruppe D geschaffen. Für den vorwiegend unter Leitung des SD stehenden Polizei- und Antipartisaneneinsatz wurden im Juli 1942 acht sogenannte tatarische Schutzmannschaftsbataillone gebildet. Diese wurden bis zum deutschen Rückzug vor allem zur Bekämpfung der gut ausgerüsteten sowjetischen Partisanen eingesetzt, die im Jailagebirge und auf der Halbinsel Kertsch gegen die deutschen Besatzer kämpften.

Die Tataren galten als zuverlässige und loyale Soldaten in den deutschen Einheiten. Im Winter 1941/42 wurde nur der Fall eines einzigen tatarischen Sol-

[1] vgl. Dallin, S. 270, und Luther, S. 34ff.
[2] zit. nach Hoffmann, S. 43ff.
[3] ebd.

daten bekannt, der zu den Partisanen überlief. Im gleichen Zeitraum hatten die Selbstschutzkompanien aber rund 400 Tote und Verwundete zu beklagen.[1] Luther merkt hierzu an: »Jedoch nicht überall fand die Freiwilligenwerbung für den Militärdienst in den deutschen Truppeneinheiten eine begeisterte Aufnahme. Im Gegensatz zu den Tataren aus rein tatarischen Dörfern zeigten die aus den Dörfern mit national gemischter Einwohnerschaft nur äußerst geringe Bereitschaft, der deutschen Freiwilligenwerbung Folge zu leisten.«[2]

Vor dem Hintergrund der Beuysschen Forderung, Völker sollten sich nicht vermischen, ein durchaus interessanter Umstand.

DIE EROBERUNG VON SEWASTOPOL

Im Frühjahr 1942 begann die deutsche Offensive an der gesamten Ostfront. Zur Unterstützung der 11. Armee unter General von Manstein wurde das VIII. Fliegerkorps unter Generaloberst von Richthofen auf die Krim verlegt.

Als Oberstleutnant hatte von Richthofen seine ersten Erfahrungen in der Luftkriegsführung als Chef des Stabes der Legion Condor bei den »Erprobungskommandos« der Luftwaffe Hitlerdeutschlands im spanischen Bürgerkrieg gesammelt. Mit Unterstützung der Luftwaffe eroberte die 11. Armee innerhalb von drei Wochen die Krimhalbinsel Kertsch.

Am 2. Juni 1942 begann der Angriff auf die zur Festung ausgebaute Hafenstadt Sewastopol. In seinem »Lebenslauf/Werklauf« vermerkt Beuys: »1942 Sewastopol Ausstellung meines Freundes; 1942 Sewastopol Ausstellung während des Abfangens einer Ju 87.«[3]

1 vgl. Hoffmann, S. 61
2 Luther, S. 61
3 vgl. auch Adriani u.a. 1994, S. 16

Der Angriff auf die Stadt beginnt um sechs Uhr früh. Dabei natürlich auch die Stukas. Am ersten Tag werden 570 Tonnen Bomben auf die Stadt abgeworfen. Durchschnittlich fliegt die Luftwaffe 600 Einsätze täglich.

Nach schweren Kämpfen fällt Sewastopol am 2. Juli: »Wie bereits durch Sondermeldung bekanntgegeben, haben deutsche und rumänische Truppen unter Führung des Generalfeldmarschalls von Manstein, hervorragend unterstützt von dem bewährten Nahkampffliegerkorps des Generalobersten Freiherrn von Richthofen, nach fünfundzwanzigtätigem erbitterten Ringen am Mittag des 1. Juli die bisher stärkste Land- und Seefestung Sewastopol bezwungen. Starke Forts, ins Fels gehauene Befestigungswerke, unterirdische Kampfanlagen, Beton- und Erdbunker sowie ungezählte Feldbefestigungen wurden in vorbildlichem Zusammenwirken aller Waffen genommen. Gefangenen- und Beutezahlen lassen sich noch nicht übersehen. Reste der geschlagenen Sewastopol-Armee haben sich auf die Halbinsel Chersonnes geflüchtet. Auf engstem Raum zusammengedrängt, gehen sie ihrer Vernichtung entgegen. Vor der Südspitze der Krim wurden zehn kleine, aus Sewastopol flüchtende Schiffe, darunter zwei Wachboote, durch Luftangriffe versenkt oder beschädigt.«[1]

1 zum Verlauf d. Schlacht um Sewastopol s. Kriegstagebuch d. Oberkommandos d. Wehrmacht, 2. Juni bis 2. Juli 1942 und Tieke

Sowjetische Festung in der Ssewernaja-Bucht bei Sewastopol

Stuka-Staffel über Südrußland

Nach der Eroberung ertönten im deutschen Rundfunk Siegesfanfaren. Der Meldung vom Fall Sewastopols folgt die Durchgabe eines Fernschreibens Hitlers an von Manstein: »In dankbarer Würdigung Ihrer besonderen Verdienste um die siegreich durchgeführten Kämpfe auf der Krim, die mit der Vernichtungsschlacht von Kertsch und der Bezwingung der durch Natur und Beuten mächtigen Festung Sewastopol ihre Krönung fanden, befördere ich Sie zum Generalfeldmarschall. Mit Ihrer Beförderung und durch die Stiftung eines Erinnerungsschildes für alle Krimkämpfer ehre ich vor dem ganzen deutschen Volk die heldenhaften Leistungen der unter Ihrem Befehl fechtenden Truppen.«[1]

Nach dem Fall Sewastopols wurden die letzten Juden, die in der Stadt Zuflucht gesucht hatten, deportiert und ermordet. Ein Kriegsgefangener berichtete später über weitere Grausamkeiten der Deutschen in Sewastopol: »Als ich mich im Hafen von Sewastopol befand, sah ich, wie große Gruppen friedlicher Bürger, unter denen auch Frauen und Kinder waren, mit Autos zum Hafen gebracht wurden. Alle Russen wurden auf einen Schleppkahn geladen. Mehrere Menschen widersetzten sich, wurden aber geprügelt und mit Gewalt an Bord getrieben. Insgesamt wurden 3000 Mann geladen. Die Lastschiffe stießen ab. Das Weinen und Jammern konnte man noch lange am Hafen hören. Es vergingen einige Stunden, und die Lastschiffe liefen wieder in den Hafen leer ein. Von der Schiffsbesatzung habe ich erfahren, daß alle Menschen ins Meer geworfen worden sind.«[2]

Auch Joseph Beuys ist eine Zeitlang in Sewastopol stationiert. Aber von all dem scheint er nichts zu erfahren. Er ist besonders fasziniert davon, sich in einer Festung zu befinden. Unter dem Flugplatz befinden sich unterirdische Bunker, in denen während der gesamten Zeit der Besatzung russische Soldaten unentdeckt leben. Etwas von der »Rätselhaftigkeit dieser Situation« soll in die Wasserfarbenzeichnung »Leuchtturm auf Sewastopol« von 1946 eingeflossen sein.[3]

1 zit. nach Tieke, S. 217
2 Nürnberger Kriegsverbrecherprozesse Bd. VII, S. 599
3 H. v. d. Grinten in: Basel-Tagung, S. 16f.

»ORTE, DIE IM KRIEG BERÜHRT WURDEN«

Aus der Zeit seiner Stationierung auf der Krim nennt Beuys neben Sewastopol weitere Orte und Gebiete, die er im Krieg kennengelernt hat. Er bezeichnet sie als »Orte, die im Krieg berührt wurden«. Er nennt: das Schwarze Meer, das Asowsche Meer, das Faule Meer. Die Nogaische Steppe. Das Jailagebirge – das Kolchis der Griechen! Goldenes Vlies. Die russische Steppe (Kuban) – Lebensraum der Tataren, außerdem die Städte: Perekop, Kertsch, Feodossija, Simferopol und Bachtschissaraij.[1]

Das Generalkomissariat Taurien (Verwaltungsbezirk Krim) bestand 1942 aus Teilen der Südukraine mit der Nogaischen Steppe und der Halbinsel Krim. Der von Beuys erwähnte »Kuban« ist ein Fluß im nordwestlichen Kaukasus. Diese Angabe bezieht sich wahrscheinlich auf die Besetzung der kaukasischen Ölfelder durch die deutsche Armee im September 1942 und die Räumung des Kaukasus nach der Niederlage von Stalingrad am 2. Februar 1943. Für den Rückzug der deutschen Armee wurde der Kubanbrückenkopf eingerichtet. Der Kaukasus mußte im Oktober 1943 von der Wehrmacht geräumt werden. Die Rote Armee begann danach mit der Rückeroberung der Krim.

DIE KRIM IM KRIEG

Die Krim-Halbinsel umfaßt ein Gebiet von 23 500 Quadratkilometern. Sie gliedert sich in drei sehr unterschiedliche Räume. Der Norden besteht überwiegend aus agrarisch genutzter Steppenlandschaft. An der Südküste der Krim erstreckt sich das Jailagebirge vom Kap Fiolent bei Balaklawa in der Nähe von Sewastopol bis zum Kap des Heiligen Elias bei Feodossija über eine Distanz von 170 Kilometern. Höchster Berg mit gut 1 500 Metern ist der Tschatyr Dagh. In den fruchtbaren Tälern der Vorketten des Gebirges wurden hauptsächlich Obst und Gemüse angebaut. Im Südwesten ist dem Jailagebirge die sogenannte »Bäderküste« mit zahlreichen Kurorten vorgelagert. Die Krim hatte um 1942 etwa 1 200 000 Einwohner. Die Bevölkerungsdichte war gering. Teile der Steppe waren fast unbewohnt. Die Hälfte der Einwohner lebte in den Städten, in den zahlreichen Kurorten der Südküste und im Gebirge. Die größten Städte waren Simferopol, Kertsch und Sewastopol mit jeweils über 100 000 Einwohnern.

In den Beuys-Biographien und durch die Tatarenlegende wird ein Bild der Krim vermittelt, das mit der damaligen Realität kaum übereinstimmt. Folgt man Beuys und seinen Biographen, so wären es ähnlich wie daheim in Kleve einerseits geografische Faktoren wie Steppe, Steppenvolk der Tataren, andererseits ein überzeitliches Kulturverständnis (Kolchis der Griechen – Goldenes Vlies), die Beuys berührt, beeindruckt oder beeinflußt hätten. Ein solcher ahistorischer, ja mythischer Bezugsrahmen jenseits von Kriegsrealität und Lebenswirklichkeit der Menschen stellt Beuys nicht in, sondern über das reale Geschehen. Dabei muß der Leser zuweilen glauben, Beuys sei alleine auf der Krim gewesen.

1 vgl. Adriani u. a. 1994, S. 18

Aber Beuys war Soldat. Die Aufgabe des deutschen Soldaten war die Zerstörung von Städten und das Töten von Menschen.

Wie er sich gegenüber der Bevölkerung auf der Krim und speziell gegenüber den kriegsverbündeten Tataren zu verhalten hatte, wurde in verschiedenen Verordnungen festgelegt. Beuys' angeblich guten Beziehungen zu den Tataren waren während der deutschen Besetzung sicher keine Ausnahme.

Im »Merkblatt für das Verhalten des deutschen Soldaten in den besetzten Ostgebieten« vom 8. Juni 1942 wird von der militärischen Führung angeordnet: »Einwandfreie Haltung, tadelloses Auftreten in der Öffentlichkeit und straffe Disziplin sind am besten geeignet, dem deutschen Soldaten Achtung bei der Zivilbevölkerung der besetzten Gebiete zu verschaffen.«[1] Zur zeitgeschichtlichen Realität gehörte auch, daß die Tataren nicht nomadisierend über die Krim zogen oder »schon partiell seßhaft geworden« waren, wie Beuys bemerkt.[2]

Vielmehr lebte der Großteil der Krimtataren in den Städten, und wenn Tataren über die Krim zogen, dann war dies nicht Ausdruck einer nomadischen Steppenmentalität, sondern es hatte seine Ursache in den Kriegsereignissen. Tausende Menschen der unterschiedlichsten Volksgruppen zogen mit Pferd und Wagen, mit ihrem ganzen Besitz über die Landstraßen der Krim von Ort zu Ort auf der Suche nach Arbeit, Essen und Wohnraum, sofern sie im Besitz eines gültigen, von den deutschen Behörden ausgestellten Wanderscheins waren. Außerdem waren es Truppenbewegungen, Nachschubkolonnen und Kriegsgefangenentransporte zur Zwangsarbeit im Straßenbau, die das »Nomadenleben« auf der Krim prägten. Franz Joseph van der Grinten meint zur Beuysschen Land-

[1] BA/MA Freiburg, RHD 7/10a/1
[2] Beuys in: Kunstnachrichten 13/3 1977, S. 74f.

Die Moschee der Tataren in Kos Kos/Krim

schaftserfahrung: »Extrem und Spiegelbild. Die geordneten Koppeln der niederrheinischen Tieflandrinder fanden sich in den mobilen Herden der südrussischen Steppe neu in den Blick gehoben, so verwandt wie andersartig.«[1] Van der Grinten erwähnt nicht, daß die Hirten dieser Herden deutsche Landser waren, die das mobile Fleisch für die Versorgung der Truppe bewachten.

Während anzunehmen ist, daß Beuys den Großteil der Landschaften, die er berührt haben will, hauptsächlich aus der Luft gesehen hat, ist das deutsche Landserleben in den besetzten Städten sicherlich nicht spurlos an ihm vorübergegangen. Beuys hat mit Sicherheit keine ausgedehnten einsamen Spaziergänge im Jailagebirge unternommen und die Landschaft auf sich wirken lassen, dazu war der Krieg viel zu gegenwärtig, und im Jailagebirge war nicht das Goldene Vlies zu finden, sondern hier saßen die gut ausgebildeten sowjetischen Partisanen, unter ihnen auch Tataren.

Sie waren das Haupthindernis für das ordnungsgemäße und ruhige Funktionieren der Besatzungsverwaltung auf der Krim. Ihre Sabotageakte und Propagandamaßnahmen in den Städten und Ortschaften waren eine ständige Gefahr für die deutsche Besatzungsmacht. Beim Kampf gegen die Partisanen erwies sich das Jailagebirge trotz massiver Angriffe von Boden- und Lufttruppen als uneinnehmbar. Mit der Partisanenbekämpfung waren die SS, die Einsatzgruppen des Sicherheitsdienstes und die Geheime Feldpolizei des Heeres beauftragt. Unterstützung erhielten sie von tatarischen Verbänden der Wehrmacht, einem rumänischen Bergkorps und bei Bedarf auch von der Luftwaffe.[2]

Es ist anzunehmen, daß Beuys' »Berührung« mit dem Jailagebirge im wesentlichen durch seine militärische Tätigkeit bestimmt war. Breitere Möglichkeiten der Freizeitgestaltung boten hingegen die Städte.

SIMFEROPOL

Joseph Beuys, im kleinstädtischen Kleve aufgewachsen, wird die 142 000 Einwohner zählende Hauptstadt der Krim, Simferopol, sicher beeindruckt haben. Die Vielzahl der Volksgruppen, die hier zusammenlebten, gaben der Stadt ihren Namen: Simferopol kommt aus dem Russischen und bedeutet Sammelstadt.[3]

1 F. J. v. d. Grinten 1990, S. 12
2 zur Partisanenbekämpfung vgl. Luther, S. 55ff.
3 zur Stadt Simferopol vgl. Luther, Frauenfeld 1942 und Meldungen aus den besetzten Ostgebieten Nr. 4 vom 22. Mai 1942, BA/MA Koblenz

Der Strand von Jewpatoria im Westen der Krim

Simferopol wurde am 1. November 1941 von den Deutschen besetzt. Wegen der Schnelligkeit des deutschen Vormarsches hatte die Stadt kaum gelitten. Nur der Bahnhof und einige große Fabriken waren durch die Wehrmacht oder durch Sabotageakte der Roten Armee zerstört. Auch einige Repräsentationsbauten, so das unter Sowjetherrschaft errichtete Rote Warenhaus, waren abgebrannt. Durch die Stadt fließt der Hauptfluß der Krim, der Salgir. Im Süden der Stadt, am linken Ufer des Salgir, an der Ausfallstraße gegen Gebirge und Meer, erhob sich die Tatarenvorstadt. Hier lebte in kleinen Häusern aus Bruchstein, umgeben von Feigenbäumen und Obstgärten, die Mehrzahl der 20 000 tatarischen Einwohner Simferopols.

Nahe Simferopol befand sich einer der wichtigsten Kriegsflughäfen der deutschen Luftwaffe auf der Krim. Er war Stützpunkt verschiedener Geschwader bei dem Kampf um Sewastopol. Simferopol war außerdem Hauptsitz verschiedener Stellen der militärischen und zivilen Besatzungsverwaltung und Standort eines Sonderkommandos der Einsatzgruppe D.

Wegen des Krieges waren die meisten Häuser mit Tarnfarbe gegen Fliegersicht gestrichen. Die Straßen waren zum Teil gepflastert, aber aufgrund der Beanspruchung durch Panzer und andere Militärfahrzeuge in einem schlechten Zustand. Auf beiden Seiten der Straßen standen alle 20 bis 30 Meter eiserne Gittermasten, die die Hochspannungsleitungen, Telegrafen- und Telefondrähte trugen.

Zu Anfang des Krieges war die Versorgungslage in der Stadt schlecht, doch im Sommer 1942, als Beuys sich hier wahrscheinlich gelegentlich aufhielt, hatte sich das Leben in der Stadt »normalisiert«. Die Stadt wurde vor dem Krieg hauptsächlich durch das Überlandkraftwerk in Sewastopol mit Strom versorgt, doch das Kraftwerk war zerstört. Durch die Wiederinbetriebnahme örtlicher kleiner Elektrizitätswerke konnte die Stromversorgung für die wichtigsten Bereiche – Krankenhäuser, Lazarette und Dienststellen – sichergestellt werden. Der Strom reichte allerdings nicht zur dauerhaften Beleuchtung der Stadt und zur

Simferopol

Inbetriebnahme der Straßenbahn. Im Frühjahr 1942 hatten kleinere Handwerksbetriebe, Frisörläden, Uhrmacher, Schuhmacher, kleinere Gaststätten, Apotheken, Bäckereien und andere Betriebe der Lebensmittelverarbeitung ihr Arbeit wieder aufgenommen. Das Haupternährungsamt betrieb zwölf Speisehallen und 49 Fabrikküchen. Dort nahmen vor allem die auf den Ämtern und Büros der Besatzungsbehörden Arbeitenden und ihre Angehörigen die Mahlzeiten ein.

In den Vorstädten waren die Häuser ebenerdig und die Straßen breit wie in den Dörfern. Die Stadtmitte bot ein vielgestaltiges Bild: Kleine Häuser im Villenstil oder moderne mehrstückige Bauten wechselten sich mit Jugendstilhäusern ab. Im Zentrum befanden sich die Schulen der Tataren und Russen, die Seminar- und Fakultätsgebäude der Universität, die Verwaltungsgebäude, ein Theater mit 1 200 Plätzen, mehrere Kinos – das größte bot 1 500 Personen Platz –, zwei Badeanstalten mit Brausebädern und Wannen und eine Badeanstalt mit Schwimmhalle. Dieses Stadtbild wurde aufgelockert durch zahlreiche Alleebäume und viele Grünanlagen.

Um die Stadt baute die Wehrmacht einen Verteidigungsring aus Panzergräben und befestigten Häusern aus. Militärstreifen in den Straßen hatten für Ruhe und Ordnung und die Einhaltung der Ausgangsbeschränkungen zu sorgen. Tataren wurden als V-Männer angeworben und regelmäßig befragt, um illegalen Aktivitäten der Partisanen auf die Spur zu kommen. Für ihre Spitzeltätigkeit erhielten sie hauptsächlich Tabak und Schnaps.[1] Eine besonders gebildete Einsatzkompnaie der Luftwaffe, die sich aus verschiedenen Einheiten zusammensetzte, unterstand im Alarmfall dem Stadtkommandanten für Wach- und Streifdienste.[2]

Das deutsche Lazarett in Simferopl hatte eine eigene Abteilung, in der einheimische Ärzte und Schwestern die verwundeten tatarischen Soldaten behandelten und pflegten.[3] Trafen hier »östliches und westliches Gelände« aufeinander? Wurden hier unter einem Dach westlich-naturwissenschaftliche Medizin und östliche Magie praktiziert?

[1] vgl. BA/MA Freiburg RH 23/86 und Ereignismeldung Nr. 157 vom 19. 1. 1942. BA/MA Koblenz
[2] ebd.
[3] Hoffmann, S. 48

Auf der Krim 1943

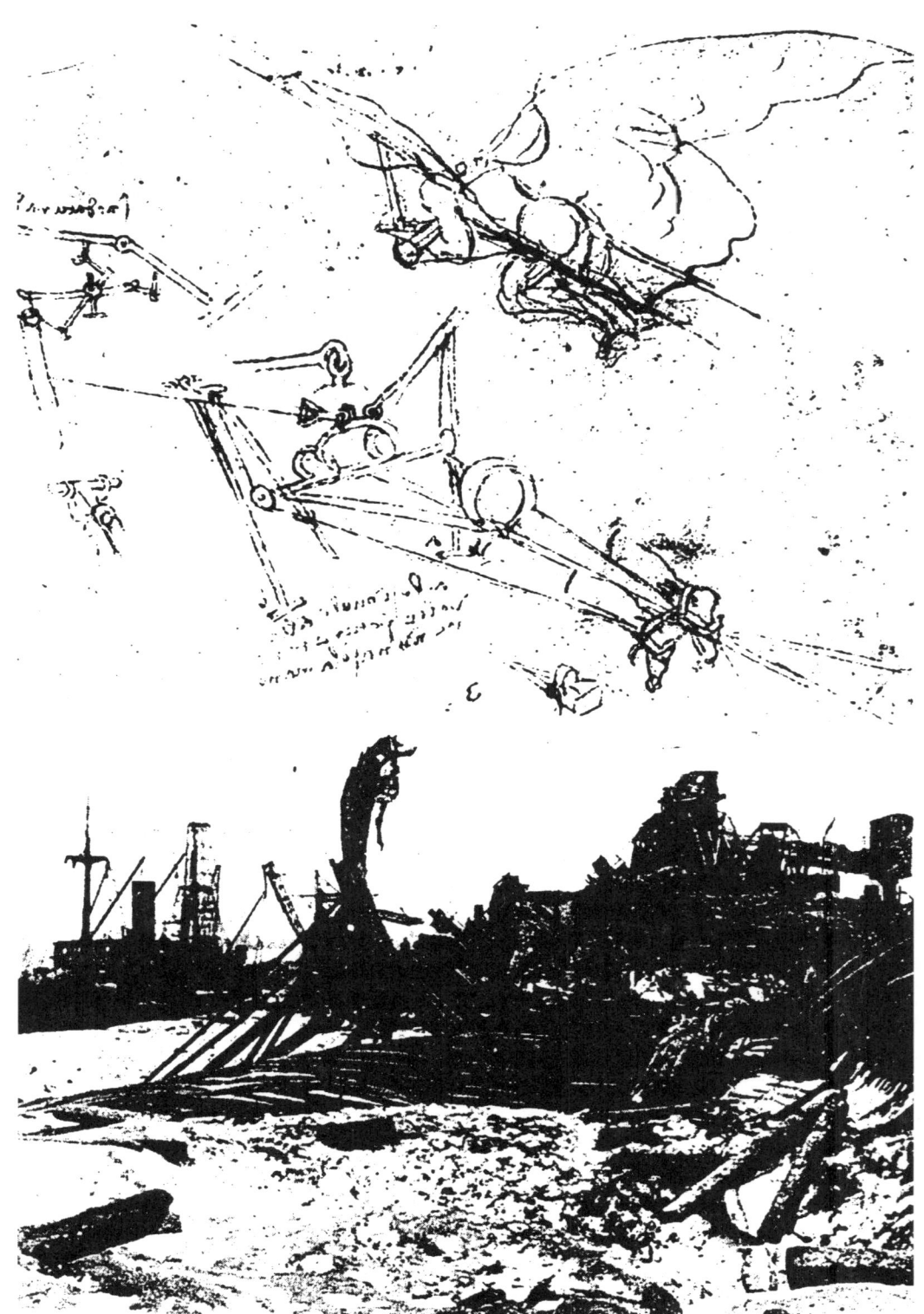

BEUYS IN ITALIEN –
PRIMA LEUTE IN FOGGIA

Im Dezember kam Beuys 1942 als Unteroffizier zur Luftnachrichtenschule 2 nach Königgrätz (Hradec Kralove) im besetzten sogenannten Protektorat Böhmen und Mähren. Zwischen Mitte 1942 und Mitte 1944 lagen seine Einsatzorte in der Sowjetunion und in Kroatien. Von hier mußte Beuys auch »öfters einmal aus den Ostgebieten für kurze Perioden«[1] nach Foggia in Süditalien fliegen. Die Provinzhauptstadt Foggia war Zentrum der Landwirtschaftsindustrie und wichtigster Straßen- und Eisenbahnknotenpunkt Apuliens. Dort befand sich eine Luftwaffenbasis mit einer Waffenerprobungsstelle[2] und einer Stuka-Schule für deutsche und italienische Flieger.[3]

Beuys' Italienaufenthalte lagen zwischen dem Beginn des Jahres 1943 und der Räumung des Flugplatzes in Foggia im September 1943. Diese Aufenthalte wird Beuys 1979 als »Meditationsperiode und innerliche Vorbereitungszeit« für seine politische Arbeit in Italien bezeichnen – für die Aktionen, Lectures und die Free International University. Der Sommer 1943 mit dem Sturz Mussolinis am 25. Juli und der Verkündung des Waffenstillstandes am 8. September markiert tatsächlich einen zentralen Punkt der neueren italienischen Geschichte. Was hat Beuys damals in Italien erlebt?

Neben anderen Aufgaben sollte Beuys mit seinen Kameraden im Süden des Garganogebirges Maschinengewehre testen. Besser allerdings gefiel es Beuys, folgen wir seinen Erinnerungen, im Valle Malbasso umherzuklettern, wo er eine »alte griechische Kultstätte« fand. Wahrscheinlich meint er die Ruinen der römischen Stadt Siponto bei Manfredonia, 194 v. u. Z. gegründet als eine von mehreren Bürgerstädten zur Sicherung römischer Herrschaftsansprüche gegen Aufstände in Süditalien und später durch Erdbeben zerstört. Ferner besuchte er die Wallfahrtskirche für den Erzengel Michael, der hier, so Beuys, »praktisch die Mission der europäischen Kultur verkündet« habe. Auch stöberte er wieder fleißig in Bibliotheken, alten Buchhandlungen und Antiquariaten. In Kriegstagebüchern zeichnete er das Mittelmeer und die Berge, die er aus dem Flugzeug gesehen hatte. In den fünfziger Jahren entstanden noch weitere Arbeiten zum Thema Mittelmeer und 1974 eine Siebdruckedition auf braunem Karton mit dem Titel »Die Leute sind ganz prima in Foggia«.

1 alle Beuys-Zitate aus Interview Kunz
2 vgl. Boog
3 vgl. W. Dierich

Im Mai 1943 teilt Beuys seinen Eltern die Bewerbung an der Preußischen Akademie der Künste in Berlin mit.[1]

Italien nimmt für Beuys eine »wichtige Stelle in den geistigen Beziehungen innerhalb der Regionen Europas« ein. Der Flieger sieht Italien ins Meer wie in ein Becken ragen. »Das hängt da so rein wie ein Fühler, wie eine Sonde, die vieles abtasten kann und wo sich dann natürlich vieles ablegt.« Hier »hat man den ganzen kulturellen Hintergrund der Menschheitsentwicklung ja vor sich und dieser bleibt erlebbar.« Die Kulturen der Normannen, Kelten, Phönizier, Sarazenen, Ägypter, Kreter, Deutschen, Schwaben hätten ihre Einflüsse hinterlassen. Folgen ihnen jetzt die Niederrheiner? Beuys sieht im Klima, in Gartenkultur und Fruchtbarkeit den Grund, »warum Stämme aus dem Norden eben diese Italiensehnsucht« hatten und dort ihre Reiche gründeten. Insbesondere interessieren ihn die kulturellen Spuren des Stauferkaisers Friedrich II. in Süditalien.

All diese Kulturen hätten sich in der Landschaft abgelagert. »Was man dort findet, hat sofort auch skulpturalen Charakter wie eben gewisse Skulpturen der griechischen oder kretischen Kultur. Es schlägt sich aber auch unmittelbar nieder in den Formverhältnissen, wie z. B. das Meer den Stein formt, wie die Steine ausgewaschen werden.« In Feigen, Oliven, Käfern und Schmetterlingen »ist ein unmittelbarer Zusammenhang zwischen den alten Kulturen und der Natur, unmittelbar, sichtbar, erlebbar, ablesbar, als wäre das tatsächlich eine große Einheit«. Beuys verweist auf die griechische Kultur, »die in der Natur selbst den Geist gesehen hat, ... in den Leibern der verschiedenen Art bis zum Menschenleib hin praktisch die Idee der Kunst«. Mit anderen Worten meint Beuys: Nicht die Landschaft spiegelt sich in der Kultur wieder, sondern die Kultur bildet sich in der Landschaft ab und hinterläßt dort ihre Spuren.

Beuys' Aufenthalte »bestätigten empfindungsmäßig dieses gute, tiefe Verhältnis zu solchen Kräften, wie sie in Italien da sind«. Vor allem im nicht-industrialisierten Süden, »wo man noch untergründige Kräftekonstellationen, geistige Strömungen aufspüren kann, die eben doch nicht mehr so im Bewußtsein sind, wodurch Ideenzusammenhänge und Konzepte großen Stils dort eigentlich noch leben, erlebbar sind«.

Beuys stellt »gewisse, wie soll man sagen, polare Kräfteverhältnisse in der Art der spirituellen europäischen Konstellation fest, beispielsweise zwischen Sizilien und Irland, in der Weise, daß man fast sagen konnte, daß, wenn man das Ganze wie einen Organismus ansieht, Sizilien sich wie so eine Art Unterleib von Irland darstellt. Daß es zwei Dinge sind, die irgendwie zusammengehören in bezug auf Spiritualität.«

Welcher Art und welchen Inhalts diese Kräfte, diese untergründigen geistigen Strömungen denn nun sind, wird von Beuys nicht genauer erklärt.

Er bezieht sich wohl auf Konzepte großen Stils, die politische Anliegen und Verkündigungselemente haben: Irland und Sizilien gehören spirituell zu den Hochburgen des Katholizismus. Wichtig ist ihm auch der Erzengel Michael.

Der Erzengel Michael ist nicht Verkünder (die Rolle hat Erzengel Gabriel), sondern Seelenwäger und Kämpfer gegen das Böse in Gestalt Luzifers. So dien-

[1] vgl. Verspohl

te er etwa 955 als Namenspatron der »deutschen« Truppen bei den Kämpfen gegen die Magyaren auf dem Lechfeld bei Augsburg. Ebenso der antisemitisch-nationalistischen »Legion des Erzengels Michael«, aus der die faschistische »Eiserne Garde« in Rumänien 1927 bis 1941 hervorging. Diese wurde dann vom rumänischen Machthaber General Antonescu verfolgt, weil Hitler diesen als Kriegsverbündeten gegen die Sowjetunion bevorzugte. Eine rumänische Armee nahm an der Eroberung der Krim teil.

Nach anthroposophischen Vorstellungen leben wir seit etwa 100 Jahren im Michaelischen Zeitalter. Michael kämpft hier als deutscher Volksgeist gegen das Böse.

FRIEDRICH II.

Friedrich II. hatte Beuys im ersten Jahr bei der HJ näher kennengelernt, wahrscheinlich unter dem Thema »Der Kampf ums Reich« mit den Punkten: »Germanische Zeit, Kaiser und Papst, ..., Deutsche Siedlung in Europa, ..., Deutsches Volkstum und deutsche Leistungen in aller Welt.« »Unter dem Hohenstauferkaiser Friedrich II. zerschellte der Mongolensturm Dschingis-Khans bei Liegnitz an der heldenhaften schlesischen Ritterschaft«, hieß es in einem Vortrag über deutsche Leistungen in der Wehrpropaganda.[1]

Der 1194 in Ancona geborene Friedrich II. zählte aus Erbgründen zur Dynastie der Hohenstaufer, wurde König von Sizilien und deutscher Kaiser. Bei seiner Krönung erließ er Gesetze für die Kirche und gegen Ketzer, später entthronte und verhaftete er Heinrich VII., der gegen Maßnahmen der Inquisition vorgegangen war. In Sizilien begann er 1228 den fünften Kreuzzug und führte ihn mit diplomatischen Mitteln zum Erfolg.

Friedrich II. und sein »Erstes Reich«, das vom Baltikum bis Ägypten reichende »Heilige römische Reich deutscher Nation«, sind beliebter Unterbau rechter Ideologie von der Konservativen Revolution über die NSDAP bis hin zu aktuellen Rechten. Vor allem die neofaschistische Religionswissenschaftlerin Sigrid Hunke als Vordenkerin des »Thule-Seminars« und ehemalige Ehrenpräsidentin der »Deutsche Unitarier Religionsgemeinschaft« bezieht sich in ihrer kelto-germanischen Europa-Vision auf den Kaiser und sein Reich.[2]

Friedrich verstand sich als Abbild, als Stellvertreter Gottes auf Erden, als Herr der Welt und der Elemente, als oberster Gesetzgeber, als beseeltes Gesetz selbst, als Bringer des goldenen Friedensreiches und letzter Kaiser der Weltgeschichte. Seine Gegner verteufelten ihn als Anti-Christen, seine Anhänger sagten nach seinem Tod, daß er weiterlebe. Auf ihn geht die später Friedrich I., »Barbarossa«, zugeschriebene »Kaisersage« zurück, nach der er nicht tot sei, sondern im Kyffhäuser schlafe und nach seiner Wiederkehr die Kirche reinigen und das Reich erneuern würde. Möglicherweise wirkte dieser »große Stil« in der »Karfreitagsaktion«, die Beuys 1972 in Mönchengladbach veranstaltete. Hier reinigte er eine Kirchentür mit einem Essigschwamm.

1 BA-MA Freiburg
2 vgl. Kratz 1990, S. 19ff. und Kratz 1994, S. 234

SOMMER 1943 IN ITALIEN – DIE MATERIELLE KRÄFTEKONSTELLATION

Im Mai 1943 kapitulierten in Tunis die letzten deutsch-italienischen Truppen in Afrika. Mitte Juli manifestierte sich die »Italiensehnsucht« der Alliierten in deren Landung und Befreiung Siziliens.[1]

Seit dem Herbst 1942 hatten die illegalen Oppositionsparteien Italiens ihre Reorganisation begonnen. Das Ergebnis waren örtliche, vom antifaschistischen Konsens getragene Vielparteienkomitees, von den Kommunisten bis zu den Liberalkonservativen. Im März 1943 streikten in Mailand und Turin 300 000 Industriearbeiter – im von den Nazis besetzten Europa ein einmaliger Vorgang, neben dem Amsterdamer Generalstreik 1941. Auch gemäßigte Militärkreise und Monarchisten drängten auf den Sturz Mussolinis und einen Separatfrieden für Italien. Am 25. Juli 1943 schließlich entließ der König Mussolini, ließ ihn verhaften und setzte den ehemaligen Generalstabchef Badoglio an die Spitze einer neuen Regierung. Die Bekanntgabe von Mussolinis Sturz am späten Abend des 25. Juli im Radio brachte im ganzen Land jubelnde Menschen auf die Straße. »Die Menge stürmte gegen die Symbole des Regimes an, um sie zu zerbrechen, zu zerreißen, zu vernichten. Die Bilder Mussolinis, die nahezu überall ausgestellt waren, verschwanden fast wie auf einen simultan ausgeführten Befehl hin.«[2] Im Norden wurden Gefängnisse gestürmt und in Turin das deutsche Konsulat verwüstet. Streiks im Dreieck Mailand-Turin-Genua weiteten sich bis zum 28. Juli aus.

Alliierte Luftangriffe bewirkten im August eine zweite Streikwelle in Piemont und der Lombardei mit politischen Forderungen nach sofortigem Friedensschluß und Freilassung der kommunistischen Häftlinge. Das Militär der Regierung Badoglio ging gegen solche Demonstrationen z. T. mit Artillerie vor. Bis zum 8. September waren 105 Tote, 572 Verwundete und 2 455 Festnahmen Folge solcher Auseinandersetzungen.

Am 3. September überschritten die Alliierten die Meerenge von Messina, landeten bei Tarent und Neapel und standen am 20. September 100 Kilometer vor

---

[1] zur Geschichte Italiens s. Stübler, Di Nolfo und Petersen
[2] Di Nolfo, S. 35

Zwischen deutschen und italienischen Truppen kommt es zu Kämpfen

Mit dem Ruf »Frieden« demonstrieren die Römer Ende Juli 1943

Foggia. Nachdem am 6. August das Ultimatum Eisenhowers zur Kapitulation Italiens verstrichen war, waren bis zum Waffenstillstand am 8. September viele kleinere und alle großen Städte bombardiert worden – darunter Foggia noch am 8. September.[1]

Nach dem Waffenstillstand zwischen der Regierung Badoglio und den Alliierten besetzten deutsche Truppen Norditalien und Rom und errichteten eine deutsche Militärverwaltung.

Nun konnte das Reichssicherheitshauptamt die Vernichtung der italienischen Juden einleiten. Zu Beginn wurden im Oktober 1943 1 007 der in Rom verhafteten Juden nach Auschwitz deportiert. Der informierte Papst Pius XII. schwieg. Während im Dezember noch massenhaft Juden untertauchen konnten, wurden von den insgesamt 7 500 Deportierten 6 900 ermordet.[2]

Mussolini wurde am 12. September von deutschen Fallschirmjägern aus der Internierung auf dem Gran Sasso in den Abruzzen befreit und gründete eine von Deutschland abhängige Marionettenregierung als faschistische »Repubblica Sociale Salò«, benannt nach seinem Sitz am Gardasee. Der deutsche Plan, ihn wieder an die Macht zu bringen, lief unter dem Decknamen »Eiche«.

Im Zuge der Besetzung Italiens durch die Wehrmacht wurden schlagartig um die 725 000 italienische Soldaten in Italien, Frankreich und Jugoslawien entwaffnet und verhaftet. Die übergroße Mehrheit dieser »IMIs« (Italienische Militärinternierte) oder »Badoglios« genannten Truppen weigerte sich, in die Wehrmacht oder die Streitkräfte Mussolinis einzutreten, blieb interniert und wurde zur Rüstungszwangsarbeit ins Reich transportiert oder zu Befestigungsarbeiten in Italien herangezogen. Die Wehrmacht hatte Befehl, Offiziere zu erschießen, deren Einheiten Widerstand leisten wollten.[3] In Foggia ging die Entwaffnung der italienischen Truppen wahrscheinlich widerstandslos am 9. September vonstatten.[4] Am 12. September heißt es im Kriegstagebuch des OKW: »Die Luftwaffe ist vorerst schwerpunktmäßig bei Salerno einzusetzen. Die Flugbasis Fog-

1 Kriegstagebuch des Oberkommandos der Wehrmacht, (KTB), III, 2., S. 1076
2 vgl. Hilberg
3 KTB, III 2., S. 1094, 1107, 1133, 1530
4 KTB, III, 2., S. 1084, 1087, 1093

gia ist staffelweise abzubauen.«[1] Am 28. September 1943 schließlich: »Foggia wurde geräumt. In Turin aufflackernde Unruhen der italienischen Bevölkerung.«[2] Damit endete für Beuys wieder eine »Meditationsperiode«.

DIE RESISTENZA

»Zu den Waffen!« – Der bewaffnete Kampf gegen die deutsche Besatzung begann mit der Gründung des »Komitees der Nationalen Befreiung« am 9. September 1943. Die Kommunisten, die Sozialisten, die Aktionspartei und die Christdemokraten stellten Partisaneneinheiten auf. Neben dem Ziel der Befreiung war von politischer Bedeutung, den Aufbau eines demokratischen Italiens gegenüber den Alliierten als bisherigen Kriegsgegnern nachzuweisen. Die Erfahrung der Resistenza wurde entscheidendes Element der italienischen Nachkriegsidentität.

Noch vor dem Einzug der Alliierten befreite sich Neapel durch den »Aufstand der vier Tage« vom 28. September bis zum 1. Oktober 1943. Am 13. Oktober erklärte die Regierung Badoglio Deutschland den Krieg. Die Alliierten marschierten am 4. Juni 1944 in Rom ein. Zuvor am 24./25. März hatten hier SS-Einheiten nach einem Anschlag auf eine Wehrmachtskolonne 335 Geiseln in den Ardeatinischen Höhlen ermordet. Die deutschen Truppen räumten Rom und zogen sich auf die »Gotenlinie« Rimini-Florenz-Pisa zurück. Der Rückzug erfolgte mit Terror und Zerstörung. In einem Befehl des Oberkommandierenden, General Kesselring, hieß es im August 1944: »Wo Banden (d.h. Partisanenverbände, d. Verf.) in größerer Zahl auftreten, ist der in diesem Bezirk wohnende, jeweils zu bestimmende Prozentsatz der männlichen Bevölkerung festzunehmen und bei vorkommenden Gewalttätigkeiten zu erschießen. Werden Soldaten aus Ortschaften beschossen, so ist die Ortschaft niederzubrennen. Täter und Rädelsführer sind öffentlich aufzuhängen.«[3] Das Bataillon des Majors Reder ermordete auf einem »Säuberungsfeldzug« in der Toskana und Emilia hinter der Gotenlinie im September/Oktober 1944 in der Gemeinde Marzabotto bei Bologna 1836 von 6000 Einwohnern. Dieser Ort steht damit in der Geschichte an der Seite des französischen Oradour und des tschechischen Lidice.

Im Juni 1944 wurde Badoglio durch das Komitee der Nationalen Befreiung abgesetzt. In Florenz begann ein Aufstand mit 30000 Partisanen am 4. August 1944, der nach einer Woche die Selbstverwaltung durch die Komitees der Nationalen Befreiung bis zum Einrücken der Alliierten am 1. September ermöglichte. Die »Vier Tage von Neapel« hatten die Möglichkeit eines Volksaufstands bewiesen. Die Befreiung und Selbstverwaltung von Florenz zeigten darüber hinaus die politische Reife der Resistenza. Die Partisanenverbände agierten mittlerweile unter der einheitlichen Leitung des »Generalkommandos des Korps der Freiwilligen der Freiheit« – zur Jahreswende 1944/45 mit 94000 Kombattanten. Die Alliierten trafen bei ihrer Offensive im April 1945 in ganz Norditalien auf Par-

1 KTB, III 2., S. 1097
2 KTB, III 2., S. 1150
3 zit. n. Stübler, S. 187ff.

tisanenrepubliken – selbstverwaltete Städte, Gemeinden und Gebiete, die sich durch Aufstände befreit hatten.

Kräftekonstellationen dieser Art stellt Beuys in Italien offensichtlich auch später nicht fest. Die Partisanenrepubliken finden keinen Platz im Konzept seines »freien und demokratischen Sozialismus«. In seinen Überlegungen zur direkten Demokratie erwähnte Beuys nur das »pseudodemokratische« Modell der Volksabstimmung in der Schweiz: »Wenn man sich mit Volksabstimmung befaßt, da muß man sich natürlich mit dem Land befassen, wo das in der Praxis durchgeführt wird.«[1]

1 vgl. Kölner Stadtanzeiger und Kunz

Volksaufstand im September 1943 in Neapel

MIT PFEIL UND BOGEN GEGEN RUSSLAND

Erfolgsmeldung 711 (344)

Tag: 27. 6. 42
Stunde:
Melder:
Aufgenommen:

254

1. Korps: VIII. Fliegerkorps
2. Verband: II./Stuka 77
3. Zahl: 6 (5./77)
4. Typ: Ju 87
5. Startzeit: 10.00
6. Ldg.-Zeit: 10.45 - 50
7. Angr.-Zt.: 10.10 - 30
8. Auftrag: Angriff auf Stellungen und altes Fort N 2 b und Bunker und Stellungen N 3 c ru.

9. Erfolg: Stellungen um altes Fort und altes Fo- Mit Bomben belegt. Stellungen und Bunker in N 3 c ru mit Bomben gut eingedeckt. Bei einem Panzer Nahtreffer erzielt. Keine Wirkung festgestellt.

10. Ausweichsziel:
11. Abgebrochen:
   a) Zahl:
   b) Ursache:
12. Bomben (Zahl u. Art): 6 SD 250, 24 SD 50
13. Abschüsse (Zahl u. Art):
14. Verluste (Zahl u. Art, durch):
15. Abwehr: Keine
16. Sonstiges: 1 Maschine mußte wegen Motorschaden in Simferopol landen.
17. Wetter: Wolkenlos, Windstill Sicht 50 km.

BEUYS, DIE BEUYSFORSCHUNG UND DER ZWEITE WELTKRIEG

»Wir Soldaten des Ostens haben keine Zeit, geschichtsphilosophische Probleme zu klären. Das Tagewerk, das Notwendige bestimmt die Stunde. Tausend Flüche haben wir erfunden für dieses Land, in dem wir nun an die zwei Jahre Krieg führen. Flüche für den Staub, Flüche für den Schnee, Flüche für den Dreck, Flüche, die das Herz erleichtern, soldatische Argumente, von echtestem Gefühl bestimmt. Indessen: wir wissen, daß sogar das maximale Kraftwort nur ein Minimum an Erkenntnis einschließt. Das Wesen des Ostens nämlich – das knarrendste Adjektivum soll uns nicht täuschen – ist ein Thema, das uns notwendigerweise unerläßlich beschäftigt. Gegründet auf durchaus veränderliche eigene Erfahrung bestrebt man sich gelegentlich zum Kern der Dinge, zur schlüssigen Klarheit vorzustoßen, wobei der Mühende entdeckt, daß sich im rasenden Strom schwerlich eine Oase der Betrachtung findet.«[1] Diesen Text schrieb ein Kriegsberichterstatter 1943. Sein Thema war »östlicher Betrachtungswandel«, und er bemüht sich, die Schwierigkeiten zwischen realem Landserleben und dem Bedürfnis nach einem »Minimum an Erkenntnis« aufzuzeigen. Das ist ihm nur leidlich gelungen.

Der Krieg ist vorbei, die Flüche von Beuys wurden nicht zum Gegenstand philosophisch-kunsthistorischer Debatten. Seine Kriegsteilnahme spielt allerdings in der Kunstgeschichtsschreibung eine wesentliche Rolle.

Bei keinem anderen Künstler seiner Generation wird so häufig der Zusammenhang zwischen Krieg, Leben und Werk hergestellt und zum Thema kontroverser Diskussionen.

Die »Tatarenlegende«, dem Beuys-Laien als schamanistische Erfahrung verkauft, nimmt hier eine zentrale Stellung ein. Diese Geschichte wird ergänzt durch diverse Spekulationen zur allgemeinen Beuysschen Befindlichkeit während und nach dem Krieg und durch pseudophilosophische Exkurse in die weite Welt verharmlosender, metaphysischer, ahistorischer Weltbetrachtungen. Der »östliche Betrachtungswandel« der Beuysforschung verzichtet in seinen Exkursen auf historische Fakten und die Lebenswirklichkeit des Soldaten Beuys. Diese Mißachtung der Geschichte und der Kriegsrealität ist dabei die Bedingung für die Akezptanz der diskutierten Ansätze und der daraus abgeleiteten Werkinterpretationen. Franz Joseph van der Grinten, Nachkriegsfreund, Sammler und anerkannter Beuys-Kenner, glaubt zu wissen: »Der große Krieg war für ihn viel mehr ein existentielles als ein kriegerisches Erlebnis. Als das letztere ist es fast spurlos geblieben, als das erstere hat es sich in seinem Lebenswerk vielfältig manifestiert.«[2]

Heiner Stachelhaus hingegen behauptet, der Krieg habe Beuys offenbar wenig berührt und seine Kriegserlebnisse hätten ihn künstlerisch kaum inspiriert.[3] Franz Joachim Verspohl wiederum stilisiert den Krieg zu einer Abfolge traumatischer Erfahrungen, die Beuys später »in einem bewußt als Mythos gestalteten Lebenslauf« poetisch überhöht habe.[4] Welchen Sinn diese mythische Überhöhung gehabt haben könnte, danach fragt Verspohl allerdings (noch?) nicht.

[1] zit. nach BA/MA Freiburg, RL 15/12
[2] F.J.v.d.Grinten 1990, S. 11
[3] vgl. Stachelhaus, S. 24
[4] Verspohl

Beuys selbst, zu diesem Thema befragt, gibt eine beeindruckende Antwort: »Selbstverständlich hat mich alles beeindruckt. Es hat mich sogar sehr beeindruckt, da immer noch ein paar Eisenteile in meinem Körper drinstecken. Auf diese Art und Weise wurde ich auch beeindruckt. Ich glaube, es hat keinen Sinn, über Kriegserlebnisse zu reden, so etwas zu repetieren. Das führt sehr leicht in eine romantische, sentimentale Rückschau. Bleiben wir dabei, daß es mich eben beeindruckt hat.«[1]

Der Beuys-Schüler und langjährige Mitstreiter Johannes Stüttgen betont, Beuys habe den physischen Krieg nicht ausgeklammert und mit einer gewissen Selbstverständlichkeit über ihn gesprochen, um alles Sentimentale aus der Diskussion auszuschalten.[2]

Und Hans van der Grinten merkt an, daß Beuys es in den fünfziger Jahren immer strikt abgelehnt habe, »seinen Militärdienst in irgendeiner Weise im Zuge der Wandlung des moralischen Bildes zu nivellieren, zu neutralisieren oder zu revidieren«.[3]

Mag so manche Erinnerung an das Leben auf der sonnig-warmen Krim im Sommer 1942 auch von romantisch-sentimentaler Sehnsucht bestimmt worden sein – »Tataren wollten mich in ihre Familie aufnehmen« –, so muß die Auseinandersetzung mit dem Zweiten Weltkrieg natürlich nicht notwendig ins Kitschige abgleiten, wenn man sich mit den historischen Ursachen seiner Entstehung beschäftigt. Und ob Hans van der Grinten meint, Beuys habe seine Moral der vierziger Jahre in die fünfziger Jahre herübergerettet, möchten wir lieber nicht fragen. Der Künstler Beuys ist kein Historiker, vielmehr will er den Wissenschafts- und Kunstbegriff erweitern.

Seine fragwürdigen, zur Diskussion stehenden Klever und Krim-Erinnerungen lassen sich, je nach Bedarf, als künstlerische Provokation verbuchen oder unter den Begriff der künstlerischen Freiheit subsumieren.

Hans van der Grinten zitiert einen Ausspruch von Beuys: Bezogen auf seine Entscheidung, Soldat zu werden, habe er gesagt: »Man muß sich entscheiden: Hirte zu sein oder Krieger.« Und van der Grinten merkt an: »Eine interessante Alternative, über die man wohl noch länger nachdenken kann.«[4] Kann man natürlich – nur hat das Nachdenken bisher zu keinem nachvollziehbaren Ergebnis geführt.

Hans van der Grinten kommt, im Gegensatz zu seinem Bruder Franz Joseph, der ja den kriegerischen Aspekt für unwesentlich hält, zu dem Schluß, »daß es sich bei Beuys um einen vom Wesen her kriegerisch gearteten Menschen handelt. Das heißt also, ein Mensch, der nicht eine Schwelle übertreten und überschreiten muß, um sich entschließen zu können zu kämpfen«.[5]

Daß Beuys gekämpft hat, ist unbestritten, entscheidend ist aber, wofür er gekämpft hat. Doch dieser fundamentale Unterschied interessiert van der Grinten und die anderen Beuysianer nicht. Für den Achberger Anthroposophen Rainer Rappmann etwa ist es am wichtigsten, wie Beuys sein Kriegerdasein entwickelt hat, »nämlich vom physischen ins geistige Gebiet«.[6] Man möchte hinzufügen, notwendigerweise! Schließlich wurde dem physischen deutschen Kriegerdasein

1 Beuys in: Herzogenrath, S. 22
2 vgl. Basel-Tagung, S. 16
3 ebd., S. 9
4 ebd.
5 ebd.
6 ebd., S. 16

»Die Kampfführung ist eine Kunst, eine auf wissenschaftlicher Grundlage beruhende, freie schöpferische Tätigkeit.«

Leitfaden für die Lufttaktik 1943, Teil II, Führungsbegriffe, BA/MA RL 4/309

»Liebe Soldaten, sehr verehrte Damen und Herren! Ich finde, ein Mensch, der in der Bundeswehr nicht kreativ werden kann, der kann es auch nirgendwo anders.«

Beuys, in: Die allernotwendigste Kunst – Joseph Beuys und die Politik. Film von Gerrit Busmann. ARTE 1994

nach 1945 und noch bis Anfang der neunziger Jahre mit berechtigten Vorbehalten begegnet.

Zu der von Beuys aufgestellten Alternative Hirte oder Krieger formuliert Stüttgen noch entschiedener als Rappmann, daß Beuys' Drang, an vorderster Front zu sein, eine plastische Kraft offenbare, die sich im Laufe seines Lebens immer mehr ins Bewußtsein hineintransformiert habe.[1]

Jeder Landser ein Künstler? Bombenwerfen als Folge eines inneren Drangs und als plastisches städtebauliches Gestaltungsmoment? Nein!, denn glaubt man Wouter Kotte und Gerhard Theewen, war Beuys im Krieg mit Pfeil und Bogen unterwegs.

Kotte bezieht die Metapher vom Hirten und vom Krieger auf verschiedene Arten des Zeitbewußtseins von Beuys und kommt zu dem Schluß: »Während der Hirte, der zu einer agrarischen Gesellschaft hintendiert, ein zirkularisches Zeitbewußtsein verkörpert, vergegenwärtigt der Krieger, der seine Pfeile abschießt, einen linearen Zeitbegriff.«[2]

Theewen bezieht sich auf Beuys' Aquarell »Indianer mit Pfeilen beschossen« von 1957 und meint, man könne den Indianer in dieser Arbeit durchaus als einen sich verteidigenden Krieger interpretieren.[3]

1 vgl. Basel-Tagung, S. 18
2 ebd., S. 17
3 ebd., S. 18

Läßt Karl May hier wieder grüßen? Meinen Kotte und Theewen vielleicht wirklich, Beuys sei mit Pfeil, Bogen und linearem Zeitbewußtsein auf der Krim als Einzelkämpfer herumgezogen? Oder glauben sie, die Millionen deutscher Landser hätten den Krieg wegen vorsintflutlicher Waffentechnik verloren?

Hans van der Grinten versucht sich außerdem noch mit einem Vergleich zwischen Beuys und Ernst Jünger. Er gesellt zur Beuysschen Befindlichkeit noch die Befindlichkeit des »Stahlgewitter«-Ideologen Jünger. Auch Jünger habe geäußert: »Ich empfinde mich nicht als Soldat vom Wesen her. Aber ich empfinde mich als Krieger.«[1]

Und van der Grinten sieht weitere Parallelen: Die »subtile Vertrautheit mit der Naturwissenschaft und ihrer Systematik« beispielsweise und auch die Zuversicht, »die aus dem Leben, aus dem Sprechen, aus den Proklamationen, aus dem Werk« von Joseph Beuys ausstrahlt, »hat sich bei Jünger in sehr verwandter Weise manifestiert«.[2]

Er unterstreicht diese These mit einem Jüngerzitat: »Der Weltuntergang ohne transzendentale metaphysische Aspekte und ohne das mächtige Licht, das von dort kommt und die Furcht vernichtet, das ist ein trauriges Bild. Es entstammt einer Zeit des Schwundes, einer bereits verkümmerten Phantasie. Wir kommen daher weiter, wenn wir, anstatt uns mit einer Ausmalung der Schrecken zu beschäftigen, die Gegenüberstellung mit ihnen als eine notwendige Station unseres menschlichen Weges auffassen. Hier ist der einzelne nicht hilflos, nicht mehr eine schwache Stimme inmitten der Millionen, sondern Herr über große Entscheidungen. Falls er sich seiner Freiheit bewußt wird, die ihn unabhängig von der Geschichte, ja von allen Dingen und ihren Fesseln macht. Hier hat er die Welt in der Hand.« Und van der Grinten merkt an: »Ich brauche nicht weiter auszuholen, um zu verdeutlichen, daß Beuys und Jünger an dieser Stelle einander sehr nahe sind...«[3]

Das ist durchaus richtig. Wie Jünger definiert auch Beuys den Freiheitsbegriff als subjektives Empfindungsmoment, der sich nicht in objektiven Gegebenheiten, sondern in der subjektiven Seelenlage des einzelnen Individuums manifestiert. Es ist ein Freiheitsbegriff, der, zu Ende gedacht, die Enge der Zelle zum subjektiven Problem des Gefangenen macht.

Von der Pfeil-und-Bogen-These hält Jünger wohl allerdings gar nichts. Selbst Kriegsfreiwilliger im Ersten Weltkrieg, weiß er in den dreißiger Jahren in dem NS-Propagandawerk »Luftfahrt tut Not« über den Luftkrieg zu berichten: »Hier war alles vereint, was die moderne Zivilisation auszeichnet an Energie, Differenzierung, technischer Intelligenz und jenem geheimen kategorischen Imperativ, der dem legierten Metall der Maschinen die letzte Härte verleiht, hier war es mit dem kriegerischen Vorzeichen versehen, und daher trat das seltsame vegetative und hinter dem Panzer der Kausalität verborgene Wesen, das seiner Erscheinung zu Grunde liegt, besonders deutlich hervor. In der Auslese einer kühnen Jugend, in der Verkörperung eines neuen Kriegertums stellte es sich menschlich dar. Die Härte dieser Jugend war beispiellos; in dem selben Maße, indem mit

1 vgl. Basel-Tagung, S. 9
2 ebd.
3 ebd., S. 10

Deutsche Krieger im Schlammbad. »Kur-Station« in einem Lazarett auf der Krim

jedem Tage eine größere Zahl von Kämpfern brennend, von Geschossen durchbohrt oder von Splittern umwirbelt, in die Tiefe stürzte, wuchs die Zahl derer, die sich zu den berühmten Kampfstaffeln drängten oder zu den Geschwadern und Luftschiffen, die nächtlich im tödlichen Spiel der Scheinwerfer und Feuerbälle über fremden Städten kreuzten. Namen tauchten damals steil aus der Masse der unbekannten Kämpfer auf, die, wie die eines Immelmann, eines Boelcke, eines Richthofen oder eines Kapitän Straffer, nicht nur in der deutschen Luftfahrt, sondern auch im deutschen Volke für immer ihren Klang bewahren werden...«[1]

So oder ähnlich sah die Beuyslektüre in den späten dreißiger Jahren aus. Das waren die Schilderungen und die Vorbilder, die das »zirkulare Zeitbewußtsein« in ein »lineares Zeitbewußtsein« umwandelten und zu Beuys' »Krieger«-Entscheidung beigetragen haben. Und es war auch solche Propaganda, die ihn die Folgen dieser Entscheidung offenbar als erträglich empfinden ließ, zumal er ja mit dem goldenen Verwundetenabzeichen dekoriert wurde: »Er hat niemals

[1] Jünger in: Luftfahrt tut Not, Vorwort, o. J., o. S.

Deutsche Truppen in Sewastopol

geklagt, obwohl er schwerste Verwundungen erlitt. So wie er den Dienst in der Hitlerjugend als gegeben hinnahm, so begriff er auch das Soldatendasein und den Krieg als ein Schicksal, das ertragen werden mußte. Wer dabei sein Leben verlor, hatte Pech, wer überlebte, Glück. Natürlich wollte Beuys überleben.«[1]

Krieg und Faschismus als unvermeidliche Fügung des Schicksals? Da erübrigt sich die unbequeme Frage nach den Ursachen und den Tätern.

Das Schicksal hat es gut mit Beuys gemeint. Er hat überlebt. Aber auf welche Weise Beuys durch seine Kriegserlebnisse geprägt worden ist, bleibt im Nebel divergierender Meinungen unklar. Das ist aber auch kein Wunder, kann man sich doch des Eindrucks nicht erwehren, die Spekulanten wollten alles wissen, nur nichts über Maschinengewehrfeuer, Bombenabwürfe, zerstörte Städte oder verstümmelte Leichen.

Die Ermordung sowjetischer Kriegsgefangener und Zivilisten etwa ist nicht das Thema der Beuysschen Gedankenwelt und somit auch nicht das Thema der Kunstgeschichtsschreibung. Die Beuysianer scheinen stillschweigend davon auszugehen, Beuys habe keine Erfahrungen mit der Brutalität des Krieges gemacht, geschweige denn irgendwie an der Tötung von Menschen mitgewirkt. Die kriegerische Drecksarbeit und die »maximalen Kraftwörter« fallen in den Zuständigkeitsbereich des gewöhnlichen Soldaten. Beuys hatte Wichtigeres zu tun. Er war kein gewöhnlicher Landser, der im Dreck der Schützengräben Angst um sein Leben hatte oder wegen der zu westlich angelegten Behandlungsmethoden im Lazarett verreckt ist. Beuys war Elitesoldat, von seiner gewählten Aufgabe als Bordfunker über die magische Rettung durch nomadisierende Tataren bis hin zu den geistigen Höhenflügen seiner philosophischen Weltanschauung.

1 Stachelhaus, S. 23

Während Hunderttausende Soldaten und Zivilisten durch Bomben, Kugeln, Erfrierungen oder Hunger sterben, betrachtet Beuys die diversen europäischen Kulturlandschaften aus luftiger Höhe, klinkt womöglich hin und wieder eine Bombe aus, liest viel und macht sich während des Sturzflugs Gedanken über metaphysische Weltzusammenhänge.

Auch Ernst Jünger weiß über den Flieger, »daß Fliegen und Fliegen unter Umständen zwei sehr verschiedene Tätigkeiten sind. Selbst die meisterhafte Beherrschung der körperlichen Flügel, die wir nun doch den geistigen gesellen konnten, will er nicht als das Wesentliche anerkennen: ja, wo sich das Rüstzeug des fliegenden Menschen auf diese technische Meisterschaft beschränkt, fühlt er sich durch jene Kälte zurückgestoßen, die selbst die glänzendste Artistik auf allen Gebieten, wo Können eine Rolle spielt, auszustrahlen pflegt. Er möchte sein Leben in neuem Raum aus tieferen Quellen befruchtet sehen, als sie die Wissenschaft zu bieten vermag, welche die über unseren großen Städten kreuzenden künstlichen Vögel schuf, oder als sie im Triumph der körperlichen Geschicklichkeit verborgen sind. Gewiß scheint ihm das Doppelspiel, mit dem ein technischer Sinn und die leichtere, freiere Regsamkeit des Vogels sowohl die Maschine wie den Menschen regiert, unerläßlich zu sein. Die entscheidende Triebkraft des Menschenfluges jedoch sieht er an anderer Stelle, nämlich dort, wo das Fliegerherz schlägt, das allein zu jener inneren Erhebung fähig macht, ohne die jede Äußerung belanglos ist.«[1]

Da erscheint er nun ganz deutlich – der feinsinnge Unterschied zwischen Stuka-Flieger und »Sztuka«-Flieger, erst recht zwischen dem in seinem Schützenloch geduckten Krieger und den physischen und geistigen Höhen- und Sturzflügen des Fliegers Beuys: die »innere Erhebung«.

»Beuys hatte die Kriegszeit einmal als Bildungserlebnis bezeichnet«, weiß Stachelhaus zu berichten[2], und Verspohl behauptet: »Die Kriegsjahre prägten Beuys, da sie ihn einerseits beständig in Grenzsituationen des Lebens führten und andererseits mit der Realität der Hoch- und Randkulturen Europas und Rußlands bekannt machten, über die er sich in Schule und Selbststudium Kenntnisse erworben hatte.«[3]

Es waren Millionen Menschen, die im Zweiten Weltkrieg »beständig in Grenzsituationen des Lebens« geführt wurden. Künstler sind sie deshalb nicht geworden. Beuys' (Schul-)Bücher der dreißiger Jahre behandelten das Thema fremder Kulturen vornehmlich unter dem Rassegesichtspunkt. Negroide, slawische Mentalität, Untermenschen, nordische Herrenrassen usw. waren gebräuchliche Vokabeln. Wo von der »Berührung mit den Hoch- und Randkulturen Europas« die Rede ist, ist solches »Bildungserlebnis« begrenzt auf die Kriegsverbündeten des nationalsozialistischen Deutschland.

So beschränkt sich Beuys' kultureller Kontakt auf der Krim auf die mit den Deutschen sympathisierenden und kämpfenden Tataren und die verbündeten rumänischen Divisionen. Bei seinen Aufenthalten in Kroatien lernt Beuys die Ustascha-Faschisten kennen, kroatische Flieger, auf deutschen Stützpunkten ausgebildet, und in Foggia/Italien Mussolinis faschistische Fliegertruppe. Von

[1] Jünger in: Luftfahrt tut Not, Vorwort, o. J., o. S.
[2] Stachelhaus, S. 23
[3] Verspohl

Auch die »Junge Freiheit«, nationales Kultur-Propagandablatt rechter Intellektueller, das Beuys in ihrer Januar/Februar-Ausgabe 1992 nachträglich zum siebzigsten Geburtstag gratuliert und auf derselben Seite unter dem Titel »Kunst und Vergangenheit« Arno Brekers Kunst vom Makel des Nationalsozialismus reinigt, gedenkt der deutschen Fliegerasse. In der Ausgabe Juli/August 1992 veröffentlichte sie unter der Überschrift »Der Stern von Afrika« einen Artikel zum 50. Todestag von Hans Joachim Marseille. Marseille, im Zweiten Weltkrieg Jagdflieger unter Rommel, starb bei seinem 482. Feindflug am 30. September 1942. Die »Junge Freiheit« feiert Marseilles jugendliche Begeisterung für das Fliegen, die ihn veranlaßt, im Alter von achtzehneinhalb Jahren in die Luftwaffe einzutreten, sie feiert seine Aversion gegen den Kommiß, seine Disziplinlosigkeit, die eine Beförderung verhindert, seinen Übermut und seine Streiche in der Ausbildungszeit. Marseille war eben anders als alle anderen. Laut »Junge Freiheit« hatte er das »absolute Gefühl für Zeit und Raum. Daraus resultierte nach harter Arbeit an sich selbst das Gefühl für den richtigen Vorhalt. Er war in der Lage, im Bruchteil eines Augenblicks aus einer dreidimensional verlaufenden Bewegung den exakten Zeitpunkt des Schießens und den Zielpunkt am leeren Himmel zu bestimmen, an dem seine Geschosse und das gegnerische Flugzeug zusammentreffen mußten. Es hat lange gedauert, bis er es konnte. Dann aber, am 24. September 1941, schoß Marseille, inzwischen zum Leutnant befördert, fünf Gegner an einem Tag ab. Am 24. Februar 1942 erhielt er nach 48 Luftsiegen das Ritterkreuz, im April wurde er Oberleutnant. Am 12. Juni erzielte er seinen 101. Abschuß. Nach Rückkehr von diesem Feindflug ist sein Gesicht aschgrau, Schweiß rinnt über seine Stirn, er atmet schwer; sein Kommandant schickt ihn sofort in Urlaub.«

Ja, so war das damals.

Da haben wir ihn wieder, den Krieg als individuelle Leistung, der unterschiedliche Befindlichkeiten hervorruft. Den Krieger, der den normalen Luftkrieg zur »künstlerischen« Aktion ausgestaltet. Den Nationalheld als identitätsstiftendes Vorbild für die Jugend, denn die »Junge Freiheit« weiß: »In jedem Land außer Deutschland würde Hans-Joachim Marseille zu den unvergessenen Helden zählen.«

den verschleppten und ermordeten Angehörigen der »Randkulturen« in Posen/Polen oder auf der Krim erfährt man bei seinen Biographen und Kritikern nichts. Scheint ja auch nicht so wichtig, schließlich ist Beuys mit denen nicht »in Berührung« gekommen.

Laszlo Glozer sieht in seinem Nachruf auf Beuys die Beseelung der Objekte und des Materials als eine der wesentlichen künstlerischen Leistungen von Beuys an und betrachtet ihn als den ersten und einzigen Künstler, der die Vergangenheit, die Nazizeit nicht verdrängte.[1]

Glozer verdrängt jedoch seinerseits, daß gerade durch diese geistig-mythische »Aufarbeitung« der Geschichte, die von den Kunsthistorikern kritiklos übernommen wird, subjektivem Erinnern und Erleben eines einzelnen objektive Qualitäten beigemessen werden. Solch zweifelhafte Geschichtsbetrachtung gerät somit zu einer wesentlichen Grundlage für die Legende Beuys. Historische Tatsachen interessieren nicht, Opfer und Täter verschmelzen in der Schicksalsfügung Krieg. Die Ursachen für den Faschismus werden in das weite Feld mystischer Realitätsverklärung verbannt.

1 vgl. Glozer 1986

Beuys' Soldatenzeit wurde zum Bestandteil seiner deutschen Nachkriegsidentität. Wehrmachtsmantel und Fliegerweste gehörten zu seinen bevorzugten Kleidungsstücken. Beuys »ist nicht vergangenheitslos auf den Fortschrittszug der fünziger Jahre aufgesprungen, wie viele seiner Zeitgenossen«, schreibt Glozer.[1] Befaßt man sich näher mit dem Gehalt seiner Erinnerungen und seinen politischen Vorstellungen, so wird man das Gefühl nicht los, Beuys ist in dem Zug sitzengeblieben, in den er 1933 eingestiegen ist, und hat gewartet, bis die Gleise modernisiert wurden.

In einem 1975 erschienenen Buch von Dieter Kühn über den »Luftkrieg als Abenteuer« heißt es: »Von der Kritik kaum bemerkt und kommentiert, überschwemmt seit Jahren eine perfide Sorte Literatur den Buch- und Heftchenmarkt: die Heroisierung von Kriegsabenteuern zu Land, zu Wasser und in der Luft. Besonders die Schilderung von Luftkampferlebnissen treff- und wurfsicherer Jäger-, Stuka- und Bomberpiloten erfreuen sich profitabler Beliebtheit.«[2]

Das ist heute nicht anders. »Die Schlacht um Sewastopol« ist noch immer im Landserheftformat erhältlich, und auch »Die Rettung eines Stuka-Piloten im russischen Hinterland« wird in einem Heft dramatisch aus Wehrmachtsperspektive geschildert.

Die kunsthistorische Diskussion über Faschismus und Krieg im Leben und Werk von Beuys findet auf dem Niveau eines ins Geistige transformierten Landserheftchens statt. Die »Tatarenlegende« hätte ohne Probleme 1944 als Propagandageschichte im »Clever Volksfreund« veröffentlicht werden können, und mit leichten sprachlichen Korrekturen läßt sie sich wahrscheinlich auch als Landserheftgeschichte vermarkten. Ihr Titel wäre gewesen: Fliegerglück auf der Krim – Ein Anruf des Wundersamen – Das abenteuerliche Erlebnis des Unteroffiziers B. Und die Geschichte hätte begonnen, wie ein Kriegsberichterstatter eine ähnliche Geschichte bereits 1943 erzählt hat: »Das Unwägbare, wir wissen es, ist ein Wesensmerkmal des Krieges, das gilt nicht nur für die Peripethie der Schlacht, sondern gleichermaßen für das Los des einzelnen. Es gibt Erlebnisse, die so sehr das Wunder streifen, daß man sie eher einer dichterischen Phantasie, als der Realität des Lebens zuschreiben möchte.«[3]

Mag die Sprache der Beuysforscher auch anders sein, die Funktion ihrer philosophischen Diskurse ist die gleiche wie in den Landserheften: Verharmlosung und Verfälschung der historischen Ursachen von Faschismus und Krieg und eine Laudatio auf den deutschen Soldaten, der, wenn er schon nicht anders konnte, seinen Job ordentlich erledigte und im Falle Beuys wenigstens noch mit Kultur anreicherte.

1 Glozer 1986
2 D. Kühn, Vorwort
3 zit. nach BA/MA Freiburg, RL 15/12

DER LANDSER GROSSBAND

Österreich S 24,– Italien L 2300 Spanien Ptas 190,–
Schweiz sfr 3,– Niederlande hfl 2,75

3,– DM

Erlebnisberichte zur Geschichte des Zweiten Weltkrieges

869

ERSTAUSGABE

MIT MAGAZIN UND DOKUMENTARISCHER BILDBEILAGE

Horst Brünig
In der Hölle von Sewastopol
Augenzeugenbericht vom Kampf um die stärkste Seefestung der Welt

Der Stadtmittelpunkt von Düren in Nordrhein-Westfalen 1945

DIE NACHKRIEGSZEIT

Im August 1945 kehrt Joseph Beuys aus britischer Kriegsgefangenschaft heim in die Niederrheinische Tiefebene.[1] Er wohnt zunächst bei seinen Eltern. Kleve ist vom Krieg stark gezeichnet. Zahlreiche Häuser sind zerstört. Das Gymnasium, in den letzten Kriegsjahren von der Wehrmacht als Wehrmachtsmagazin genutzt, war nach Bombenangriffen bereits im Oktober 1944 bis auf die Grundmauern abgebrannt.[2] Auch die Margarinefabrik ist zum Großteil zerstört.

Dem abermaligen Wunsch der Eltern, in der Fettfabrik zu arbeiten, kommt Beuys nicht nach. Er will jetzt endlich Künstler werden.

Bereits während des Krieges hatte er an die Preußische Akademie der Künste in Berlin geschrieben. Als Beuys seinen Eltern Mitte Mai 1943 per Brief aus Italien mitteilte, daß er Bildhauer werden will,[3] konnte er die Kapitulation Deutschlands im Mai 1945 und das damit verbundene Ende seiner Kriegerkarriere natürlich nicht voraussehen. Die neueren Biografien betonen die Bewerbung von 1943, scheint sie doch Ausdruck eines inneren Wandlungsprozesses zu sein, der Beuys bereits während des Krieges vom Soldatenberuf zur Kunst geführt hat.

Aber bei wem hätte Beuys 1943 studieren können? In Kleve hatte er sein Interesse für die Arbeiten Wilhelm Lehmbrucks entdeckt. »Fotos von Skulpturen Wilhelm Lehmbrucks sind das einzige, was in dieser Zeit von außen an Beuys herantritt«, schreiben Adriani, Konnertz und Thomas.[4] Das Lehmbruck-Schlüsselerlebnis ist in verschiedenen, sich teilweise widersprechenden Versionen überliefert, 1943 hatte Beuys es aber bereits hinter sich. Lehmbrucks Kunst galt inzwischen als entartet. Die nationalsozialistischen Kulturdebatten über die Begriffsbestimmung dessen, was entartete Kunst sei, waren abgeschlossen. Hatte es noch in den Anfangsjahren der nationalsozialistischen Herrschaft Stimmen gegeben, die den deutschen Expressionismus zur Staatskunst erklären wollten, so waren diese nach Ausschaltung der nationalsozialistischen Opposition verstummt. Die Verfolgung mißliebiger Künstler begann direkt nach der Machtübergabe. 1937 folgte die Gleichschaltung der Kunstakademien. Die Berliner Akademie wurde von unerwünschten Künstlern »gesäubert«. Bereits 1933 mußten Otto Dix, Käthe Kollwitz, Max Liebermann, Thomas Theodor Heine, Karl

1 Adriani u.a. 1994, S. 18
2 M. Eilers, S. 361
3 vgl. Verspohl
4 Adriani u.a. 1994, S. 13

Breker-Atelier 1943

Schmidt-Rottluff und andere die Akademie verlassen. 1934 Bruno Taut. Es folgten 1937: Ernst Barlach, Rudolf Belling, Ernst Ludwig Kirchner, Ludwig Mies van der Rohe und Max Pechstein. 1938: Karl Hofer und Oskar Kokoschka.

Gerhard Marcks, noch 1937 berufen, wurde 1940 wieder ausgeschlossen. 1943 lehrten in Berlin die »Unersetzlichen Künstler«, darunter die Bildhauer und bekannten Nazigrößen Arno Breker, Albert Speer, Joseph Thorak und Kurt Schmidt-Ehmen. Als »überragendes nationales Kapital« waren sie von allen Kriegsverpflichtungen befreit.[1]

Wieweit Beuys diese Situation bekannt war, läßt sich nicht nachvollziehen. Ebensowenig ist feststellbar, warum er sich 1943 in Berlin bewerben wollte.

Nach Ende des Krieges kann Beuys seinen Wunsch, Bildhauer zu werden, endlich in die Tat umsetzen. Er tritt dem Klever Künstlerbund bei und bereitet sich bei dem Klever Bildhauer Walter Brüx und dem Maler Hanns Lamers auf das Kunststudium vor. Am 1. April 1946 beginnt er seine Ausbildung an der traditionsreichen Düsseldorfer Kunstakademie.[2]

Die Akademie war im letzten Kriegsjahr durch Bombardierung schwer beschädigt worden. Das gesamte Dach war abgebrannt und im östlichen Flügel sämtliche Decken eingestürzt.[3] Die äußeren Bedingungen erschwerten zunächst einen geordneten Lehrbetrieb. Die Ateliers waren wegen der Zerstörungen und der Kälte im Nachkriegswinter 1945 zunächst kaum benutzbar. Die Wiederaufbauarbeiten begannen aber direkt nach Kriegsende. Bereits 1947 findet Beuys bessere äußere Bedingungen vor.

Von der englischen Besatzungsverwaltung wurde Ewald Mataré kommissarisch als erster Akademiedirektor der Nachkriegszeit eingesetzt. Mataré war bereits von 1932 bis 1933 als Professor für Bildhauerei in Düsseldorf tätig gewesen, dann aber zusammen mit Paul Klee und Heinrich Campendonk aus dem Lehrdienst entlassen worden. Als neuer Direktor setzte er sich für eine radikale Entnazifizierung der Akademie ein. Aber seine Reformpläne wurden von den Behörden abgelehnt. 1945 notierte er in sein Tagebuch: »Meine Hoffnung, daß die meisten Lehrkräfte sowieso bald verschwinden würden, weil ihr Abbau unter ein von den Engländern erlassenes Gesetz fiele, nach dem alle der Nazi-Partei angehörenden Lehrpersonen aus leitenden Stellungen ausscheiden müßten, wurde nachher dahin ausgelegt, daß man damit nur die Direktoren gemeint habe. So kommt es, daß nun bisher zehn Lehrkräfte wieder Erlaubnis bekommen haben, zu unterrichten, von denen fünf – also 50 Prozent – der Partei angehörten oder ihr nahestanden! Welch ein Erfolg gegen mich und meine Ab-

1 vgl. Thomae, S. 538
2 Adriani u.a. 1994, S. 19
3 Zur Geschichte der Düsseldorfer Kunstakademie siehe: Eduard Trier (Hg.)

sichten! Da sitzen also nun Existenzen, die mit einer wahren Gier ihre Bilder nach München in die Ausstellungen sandten, also eine Tendenz unterstützten, die gerade in der Kunst das Gegenteil erstrebt, wie nach meiner Meinung würdig.«[1] Am 31. Januar 1946 legte er sein Amt nieder. Sein Nachfolger wurde der Maler Werner Heuser. Zu den Lehrkräften, die aus dem Dritten Reich nahtlos in die Nachkriegszeit übernommen wurden, gehörte auch der Bildhauer Joseph Enseling, Beuys' erster Lehrer. Auch Enseling zählte noch 1944 zum »nationalen Kapital« und war als »Künstler im Kriegseinsatz« vom Wehrdienst und dem Einsatz in Rüstungsbetrieben freigestellt worden.[2] Auch Josef Mages, bereits seit 1938 Lehrstuhlinhaber für monumentale Bildhauerei, konnte seine Lehrtätigkeit ungehindert bis zu seiner Pensionierung 1961 fortsetzen.

Beuys erinnert sich später, seine Entscheidung, nach Düsseldorf zu gehen, sei keiner besonderen Motivation entsprungen. Grund sei die Nähe zu seiner Heimatstadt Kleve gewesen. Auch seine Lehrer Enseling und Mataré habe er sich nicht ausgesucht.[3] Sein Kommilitone und Freund in der Mataré-Klasse Erwin Heerich erinnert sich dagegen, Beuys habe sich vor seinem Wechsel von Enseling zu Mataré zum Wintersemester 1947 ausgiebig über die Person seines neuen Lehrers informiert.[4]

1947 entschließt sich Beuys, von Kleve nach Düsseldorf zu ziehen. Er wohnt zunächst bei Freunden. Während des Studiums assistiert er Mataré gelegentlich bei dessen Auftragsarbeiten, unter anderem bei der Gestaltung des Südportals des Kölner Domes. In den ersten Studienjahren hat Beuys auch erneute Kontakte zu dem Freund aus Posener Zeiten Heinz Sielmann. Zwischen 1947 und 1949 assistiert er Sielmann, der Tierfilmer geworden ist, gelegentlich bei den Drehar-

Die Anklagebank im Nürnberger Kriegsverbrecherprozeß 1945/46

1 Mataré, S. 207
2 Thomae, S. 538
3 Adriani u. a. 1994, S. 19
4 ebd., S. 20

beiten zu zoologischen Filmen.[1] Über Sielmann sollen auch sporadische Kontakte zu dem Verhaltensforscher Konrad Lorenz bestanden haben.[2]

Aktuelle politische und kulturelle Entwicklungen scheinen Beuys in den Studienjahren nur wenig zu beschäftigen.

Die Berichterstattung über die Prozesse gegen die Hauptkriegsverbrecher vor dem internationalen Militärgerichtshof in Nürnberg konfrontierte die Deutschen und die Weltöffentlichkeit ab 1946 mit dem ganzen Ausmaß der deutschen Kriegsverbrechen. Auch das kulturelle Leben wurde bestimmt durch die Auseinandersetzung mit der nationalsozialistischen Vergangenheit. Zahlreiche Emigranten kehrten aus dem Exil nach Deutschland zurück. In Künstler- und Intellektuellenkreisen bestimmte die Rehabilitierung der als »entartet« diffamierten Kunst und Literatur und die Frage nach einem der Zeit angemessenen Stil die Diskussionen. Viele Schriftsteller konnten nach langen Jahren des Exils zum ersten Mal ihre Werke wieder in Deutschland veröffentlichen. Die bildende Kunst knüpfte an ihre demokratischen Weimarer Traditionen an und hielt der nationalsozialistischen »Blut-und-Boden-Kunst« die Vielfalt der Stile entgegen: Expressionismus, Surrealismus, Realismus; neue Ausstellungen zeigten, was lange verboten war. Spätestens mit Beginn der fünfziger Jahre war es aber vor allem die abstrakte Malerei, die im »Keine-Experimente«-Deutschland Konrad Adenauers gefördert wurde und bei den Ausstellungsmachern auf breite Resonanz stieß.

Im Mittelpunkt der philosophischen Debatten stand die Entmythologisierung des Denkens. Radikale theologische Positionen und der atheistische Existentialismus betonten gegenüber den nationalsozialistischen Mythen von Blut, Boden, Volk und Rasse die Unabhängigkeit, die Entscheidungsfreiheit und die Eigenverantwortlichkeit des Individuums.

Diese Aufarbeitung des kulturellen Exils und aktuelle philosophische Positionen spielen im Geistesleben von Beuys in dieser Zeit kaum eine Rolle. Er beschäftigt sich mit Rosenkreuzern und Anthroposophie, befreundet sich mit dem Krefelder Dichter Adam Rainer Lynen und diskutiert mit ihm »oft tagelang über alle möglichen philosophischen, literarischen und auch kunsttheoretischen Fragestellungen. ... So unterhält man sich über romanische Kunst, die Beuys im Gegensatz zu Gotik und Barock begeistert, über Paracelsus, in dessen Naturphilosophie, die den Menschen als mikrokosmischen Mittelpunkt alles Seins definiert, sich Züge aus Mittelalter und Renaissance mit zukunftsweisenden Gedanken treffen, über Alchimie oder über ganz allgemeine Zusammenhänge von Religionsphilosophie, Naturwissenschaften und futurologischen Entwicklungsmomenten.«[3]

1951 beendet Beuys sein Studium als Meisterschüler. Er bleibt bis Anfang 1953 an der Akademie immatrikuliert und bezieht danach Ateliers zuerst in Heerdt und ab 1958 in Kleve.

Beuys' künstlerische Auseinandersetzung mit der Moderne und den aktuellen Kunstströmungen ist zwiespältig. Mit einem eingeschränkten Kunstbegriff großgeworden und kaum interessiert am aktuellen Kunstgeschehen, findet er nur zö-

1 Adriani u.a. 1994, S. 20
2 Stachelhaus, S. 33
3 Adriani u.a. 1994, S. 22

zwei Lehrerinnen betrachten 1947 in einer Ausstellung in Stuttgart Bilder, die von den Nazis als »entartete Kunst« verboten gewesen sind

gernd Anschluß an die Moderne. In den ersten Studienjahren orientiert er sich künstlerisch an den katholischen Wurzeln seiner Kindheit. Er bearbeitet vor allem religiöse Themen. Die zahlreichen Arbeiten dieser Phase bewegen sich stilistisch zwischen den traditionellen Motiven der christlichen Ikonographie und der Formensprache der Moderne. Beuys kann einige private Grabmäler realisieren und entwirft Tauf- und Weihwasserbecken. Zentrale Motive sind das klassische christliche Kreuz und die Gottesmutter mit dem toten Sohn. 1952 erhält er für eine kleine Pieta, die er in Düsseldorf in der Ausstellung »Eisen und Stahl«

zeigt, einen Preis. Noch 1958/59 verwirklicht Beuys ein drei Meter hohes Kreuz aus Eichenholz als Kriegergedächtnisstätte »für die Gefallenen und Opfer beider Weltkriege«[1]. Freischwebend hängt es in einem romanischen Kirchturm in Meerbusch-Büderich. In die Tür des Turms sind die Namen der gefallenen Soldaten Büderichs geschnitzt.

Die meisten Arbeiten dieser Phase kommen über Skizzen und Entwürfe nicht hinaus, und Beuys selber sagt: »Dieses Experiment erschöpft sich schon um 1954 herum. Da ist das eigentlich zu Ende. Und da wird mir klar, daß über diesen abbildenden Weg mit dieser Christusfigur das Christliche selbst nicht zu

1 Beuys in: Kunst im öffentlichen Raum in Meerbusch, S. 24

KZ-Prozeß Sachsenhausen in Bonn

erreichen ist. ... Bei diesen frühen Versuchen kam ich mir eigentlich vor wie ein Mensch, der nur noch versucht, ein Motiv aufzugreifen, das längst besser und gültiger und in angemesseneren geistigen Zusammenhängen gemacht worden war.«[1]

Um 1954 beginnt für Beuys ein Umbruch in der künstlerischen Entwicklung. Entwickelt er abermals Aversionen gegen den »einseitigen Humanismus« der katholischen Theologie? Wie in seiner Jugend, als er die nordischen Heldensagen für sich entdeckte, stellt er die klassische katholische Religion in Frage. Um »das Christliche« zu erreichen, erweitert er seine religiös motivierten Arbeiten um naturwissenschaftliche und naturbezogene Betrachtungsweisen. Mennekes meint: »Das Leben teilte sich Beuys nicht nur im Menschen mit, sondern es umgriff über den Menschen hinaus die gesamte Schöpfung. Sie stellt mit ihm eine Einheit dar, die es als solche zu begreifen und zu gestalten gilt. Das macht die zweite Stufe seiner Suche nach Weitung seiner Kunst aus, daß er das christliche mit den Naturstufen und mit den Naturkräften verbindet.«[2] Kotte/Mildner glauben: »Die Auseinandersetzung mit der Romantik und dem Gedankengut Rudolf Steiners einerseits, mit den objektiven Wissenschaften und ihren Theorien andererseits, mit dem Materialismus eines Karl Marx und dem dazu gegensätzlichen Erlebnis des Schamanismus während des Zweiten Weltkriegs in Rußland ließ das traditionelle christliche Gottesverständnis nicht mehr zu.«[3]

Und Beuys selber sagt zu dieser Phase seines Schaffens: »Aber hier ist dann das Christliche mit Naturkräften in Zusammenhang gebracht, mit planetarischen Bewegungen, mit kosmischen Dimensionen. Es ist eine Mythologie in einer völlig neuen Konstellation.«[4] Diese Erweiterung seiner Arbeit und speziell des Kreuzthemas um Naturbezüge, nordisch-mythologische Elemente, urchristliche Symbolismen und »alte Weisheiten des Ostens, Ägyptens, der Naturvölker, vor allem die der Eskimos«[5], sowie andere denkbare universelle Zusammenhänge soll sich auf die unterschiedlichste Art und Weise in den Arbeiten dieser Phase widerspiegeln. So tauchen in Verbindung mit Kreuzen eine Stoppuhr oder ein Hasenschädel auf.

Diese zweite Werkphase wird in den Jahren 1956 und 1957 von einer depressiven Krise begleitet. Beuys muß öfter ärztlich behandelt werden und hält sich viel auf dem Lande bei der Familie van der Grinten auf. Die Brüder Hans und Franz Joseph van der Grinten, beide auch ehemalige Schüler des Klever Gymnasiums, hatte Beuys nach dem Krieg bei Besuchen seines alten Englischlehrers Dr. Schönzeler in dessen Wohnung kennengelernt. Aus diesem Kontakt entwickelt sich im Laufe der Jahre eine intensive Freundschaft. Die Brüder van der Grinten zählen zu den ersten, die Arbeiten von Beuys kaufen und ihm in ihrem Haus in Kranenburg Ausstellungsmöglichkeiten verschaffen.

Über diese Zeit schreiben Adriani, Konnertz und Thomas, Beuys zitierend: »Bei dieser Krise, die sich zumindest in der Zeichnung deutlich widerspiegelt, ›wirkten zweifellos Kriegsereignisse nach, aber auch aktuelle, denn im Grunde mußte etwas absterben. Ich glaube, diese Phase war für mich eine der wesentlichsten insofern, als ich mich auch konstitutionell völlig umorganisiert habe;

1 Beuys, zit. n. Katalog Kreuz und Zeichen, S. 14
2 Mennekes 1994, S. 71
3 Kotte/Mildner, S. 36
4 Beuys, zit. n. Katalog Kreuz und Zeichen, S. 14
5 Mennekes 1994, S. 74

Bundeskanzler Adenauers erster Besuch bei der Bundeswehr 1956 in Andernach

ich hatte zu lange einen Körper mit mir herumgeschleppt... Die Dinge in mir mußten sich völlig umsetzen, es mußte bis in die Physis hinein eine Umwandlung stattfinden. Krankheiten sind fast immer auch geistige Krisen im Leben, wo alte Erfahrungen und Denkvorgänge abgestoßen beziehungsweise zu durchaus positiven Veränderungen umgeschmolzen werden.«[1] Beuys' Cousine berichtet später, Beuys habe zu dieser Zeit davon geträumt, mit dem Rucksack nach Rußland zurückzukehren, um dort ein einfaches Leben zu führen.[2] Der »Lebenslauf/Werklauf« teilt mit: »1956–57 Beuys arbeitet auf dem Felde.«

Die innere, wohl von romantischen Erinnerungen an die »Feldarbeit« auf der Krim begleitete Auseinandersetzung mit seiner Soldatenvergangenheit und ein stärkeres Interesse am aktuellen Geschehen führen Beuys auf dem Weg aus der Krise in die »innere Mongolei«. Die »Umschmelzung der Denkvorgänge« läßt ihn eine offensive Position gegenüber der eigenen Vergangenheit finden. Die »äußere Mongolei« – seine Stukafliegerzeit – wird zum Bestandteil seiner Identität. Zu dieser Zeit setzt sich Beuys auch mit der deutschen Nazi-Vergangenheit auseinander. Er bleibt nicht unberührt von den Berichten über die zahlreichen NS-Prozesse vor deutschen Gerichten, die immer wieder in der Öffentlichkeit diskutiert werden. Speziell die Mitte der fünfziger Jahre beginnenden Auschwitzprozesse und die Prozesse zu den Verbrechen im KZ Sachsenhausen mögen Beuys bewogen haben, sich 1957 an einem internationalen Wettbewerb für ein Denkmal im ehemaligen Konzentrationslager Auschwitz-Birkenau zu beteiligen. An der Ausschreibung nehmen über 400 Künstler teil. Auch Beuys' Entwurf wird abgelehnt.[3]

Aber Beuys weigert sich, im Zuge der »Wandlung des moralischen Bildes« über seine eigene Rolle, wie klein sie auch immer gewesen sein mag, kritisch zu

1 Adriani u.a. 1994, S. 40
2 ARTE, 13. Sept. 1994
3 Adriani u.a. 1994, S. 42

reflektieren. Sein Bekenntnis zu seiner Soldatenvergangenheit wirkt auf den ersten Blick sympathisch, weil offen und ehrlich. Es war aber auch nicht ungewöhnlich. Den einfachen deutschen Soldaten traf sowieso keine Schuld, darin war sich die Öffentlichkeit einig. Er hatte nur seine soldatische Pflicht fürs Vaterland erfüllt. Die höheren Militärs schienen sich durch den 20. Juli 1944 rehabilitiert zu haben. Die deutsche Wehrmacht war »sauber« geblieben. Sie hatte alle Kriegsverbrecherprozesse einigermaßen heil überstanden. Zwar wurde auch Krimgeneral von Manstein 1949 wegen Kriegsverbrechen angeklagt und zu 18 Jahren Haft verurteilt, nach seiner vorzeitigen Entlassung 1953 war sein militärischer Sachverstand aber wieder gefragt. Und Manstein war kein Einzelfall. Viele alte Militärs fanden bei der Wiederaufrüstung der Bundesrepublik neue Aufgabenbereiche.

In Beuys' »Lebenslauf/Werklauf« findet sich die Eintragung: »1957–60 Erholung von der Feldarbeit«.

Dem inneren Wandlungsprozeß folgen äußere Veränderungen. Anfang 1958 lernt Beuys die angehende Kunsterzieherin Eva Wurmbach kennen. Am 19. September 1959 heiraten sie. Zwei Jahre später kommt Sohn Wenzel zur Welt, 1964 wird die Tochter Jessica geboren.

1958 bewirbt sich Beuys als Professor an der Düsseldorfer Akademie. Die Berufung scheitert am Einspruch von Ewald Mataré. Drei Jahre später klappt es dann. 1961 wird er »an den Lehrstuhl für monumentale Bildhauerei der Staatlichen Kunstakademie Düsseldorf berufen und tritt sein Amt als Nachfolger von Sepp Mages am 1. November 1961 an«.[1] Ende des Jahres 1961 zeigt Beuys in einer Ausstellung des Städtischen Museums Haus Koekoek in Kleve eine Werkauswahl aus der Sammlung der Gebrüder van der Grinten. Zur Ausstellung erscheint eine erste Fassung des »Lebenslauf/Werklauf«. Dort finden sich die Eintragung »Studium im Krieg: Naturwissenschaften, Geisteswissenschaften« und eine Aufzählung der »Orte, die im Krieg berührt wurden«.[2] Beuys hat seine Position gefunden. Seine militärische Karriere wird endgültig Teil seiner Identität als Künstler und nun auch Gegenstand des öffentlichen Interesses.

Um 1960/61 beginnt für Beuys eine dritte künstlerische Phase, in der er sich von allem bisher Gewesenen zu entfernen scheint. 1962 lernt er Nam June Paik und George Maciunas kennen und schließt sich der noch jungen Fluxusbewegung an. Gleichzeitig beginnt eine dritte Phase der Auseinandersetzung mit religiösen Themen. Sie umfaßt einige symbolisch verschlüsselte Aktionen der Fluxuszeit und die Gruppe der Braunkreuzarbeiten.

Als Aktionen mit Christusbezug nennt Mennekes speziell: »Der Chef« (1964), »Wie man dem toten Hasen die Bilder erklärt« (1965), »Eurasia« (1966), »Manresa« (1966), »Celtic« (1971) und »Coyote« (1974).[3] Wichtiger aber werden die Braunkreuze. Sie werden »zu Repräsentanten seiner dritten Werkphase«[4], und »es ist gerade das viereckige Kreuz neben Name und Hut ein Markenzeichen und Kennzeichen von Beuys geworden«.[5] In seiner quadratischen Grundform und in zahlreichen Variationen findet es sich – einfach, häufig doppelt oder mehrfach – auf Zeichnungen, Fotos, Objekten oder in Installationen. Das

1 Adriani u. a. 1994, S. 48
2 ebd., S. 49
3 Mennekes 1994, S. 81
4 Kotte/Mildner, S. 43
5 ebd., S. 45

formalisierte viereckige Kreuz wird zum Zentrum der Beuysschen Stempel für die »Deutsche Studentenpartei«, die »Fluxus Zone West« oder den »Hauptstromstempel«. Außerdem ziert es das Türschild zu seinem Zimmer in der Düsseldorfer Akademie. Das Braunkreuz wird zum nunmehr einzigen gültigen Kreuzzeichen für Beuys.

EXKURS:
DAS KREUZ – ICH WEISS NICHT, WAS SOLL ES BEDEUTEN

Die Arbeiten dieser drei Kreuz-Werkphasen einschließlich zahlreicher verbaler Äußerungen werden von der Beuys-Rezeption als Auseinandersetzung mit dem klassischen Christentum, der katholischen Kirche, verschiedenen anderen Weltreligionen, als Erweiterung der christlichen Lehre um ihre mythischen Ursprünge oder als allgemeine Auseinandersetzung mit Leben und Tod und anderen existentiellen, universellen oder philosophischen Fragen interpretiert.

Die Angebote, die dem Beuys-Kreuz-Rezipienten als Interpretationshilfen gemacht werden, scheinen derartig vielfältig und komplex, daß sie kaum hilfreich sind, etwa eine mit einem Braunkreuz gestempelte Arbeit aus zwei aneinandergefügten Filzplatten in irgendeiner Weise, sei es nun rational, emotional oder intellektuell, zu verstehen.

Das Braunkreuz als einfaches, aus ästhetischen Erwägungen gesetztes Zeichen reicht dem geschulten wie dem ungeschulten Beuysianer als Erklärung nicht. Da muß doch mehr dahinterstecken. Und wer sucht, der findet. Zahlreiche ikonographische und ikonologische Bezüge werden entdeckt, die den philosophischen Laien in ehrfurchtsvolles Erstaunen versetzen. Die beliebte Vorgehensweise der Beuys-Interpreten, diverse Kreuzzüge durch die gesamte Religions-, Philosophie- und sonstige Geschichte der westlichen und östlichen Welt zu veranstalten, wird selbstverständlich auch in bezug auf die Kreuzarbeiten radikal angewendet. Die Fülle der möglichen Bezüge steht dabei im umgekehrten Verhältnis zum visuell Wahrnehmbaren. Je einfacher das Kunstwerk, umso komplexer der Bezugsrahmen.

Eine in der modernen Kunstgeschichtsschreibung gern angewandte Methode, die, konsequent durchgehalten, nach dem Motto funktioniert: Wo nichts mehr zu sehen ist, läßt sich alles hineingeheimnissen.

Nach Hans van der Grinten muß die Silbe »Kreuz« bei Beuys »in der umfassendsten Weise verstanden werden, also in der Spannweite zwischen der einfachen Markierung und dem beladenen Symbol«.[1] Das heißt: Das Kreuz steht für alles und nichts, gleichzeitig aber auch wieder nicht.

Mennekes interpretiert: Das Kreuz ist für Beuys »ein außerordentlich komplexes Zeichen, das weit über die rein christliche Symbolik hinausweist. Es kann als Erinnerungszeichen, als Zauber- und Weihezeichen gesehen werden, es kann aber auch in moderner Verwendung als Schnittpunkt eines Koordinatensystems verstanden werden. Es steht für die Überkreuzung von Antike und Christentum

1 H. v. d. Grinten 1985, S. 4

Das Kruckenkreuz

und ist ein Vermittlungssymbol für die geistige Auseinandersetzung zweier Anschauungen. Es ist eine Markierung für Linien, Wege oder Kraftbahnen.« Dann zitiert Mennekes Beuys: »Das Kreuz ist ja das Zeichen für diese Auseinandersetzung des Menschen mit seiner eigenen Idee. Das Kreuz erscheint seit dem Mysterium von Golgata als das Zeichen für die Erde überhaupt, und es erscheint überall wie eingewachsen in die Bestrebungen des Menschen, in seinem ganzen Suchen nach Erkenntnis allerorten, nicht nur als religiös fixiertes Zeichen, sondern vor allen Dingen als Orientierungssymbol in der Wissenschaft.« Dazu meint Mennekes zusammen mit Franz-Joseph van Grinten: »Das Kreuz ist bei Beuys auch gewissermaßen Kürzel für die Ambivalenz von Empfangen und Senden, für den kondensierenden Kräftegewinn und die fruchtbringende Ausstrahlung.«[1]

Aber wann und wo bedeutet das Kreuz nun was? fragt sich der Laie, und er fragt sich im selben Moment, ob er sich das fragen darf. Bedeutet das Kreuz immer alles gleichzeitig und auch wieder nicht?

Läßt sich ein ganzes Braunkreuz also als Markierung einer beliebigen Stelle auf einer Zeichnung auffassen, so kann ein halbes Kreuz, verwendet in der Aktion »Eurasia«, schon für den »im Grunde unorganischen Prozeß des Auseinanderdividierens der Völker« stehen.[2] So läßt sich vorübergehend festhalten: Die Kreuzbedeutung ist von Fall zu Fall verschieden.

Kann man dann das Kreuz neben dem Symbol für die Leiden Christi auch als Symbol für die Opfer mittelalterlicher Hexenverbrennung und radikaler Missionierung interpretieren? Ist es Bezugspunkt zu aktuell religiös-katholischer Ideologie, vorgeahntes Kruzifixurteil, meint es Zölibat und päpstlich verordnetes Verhütungs- und Abtreibungsverbot?

Aber auch das Andreaskreuz – Francos Zeichen im spanischen Bürgerkrieg, das Kruckenkreuz – Symbol der österreichischen Faschisten, das Malteserkreuz,

1 vgl. Mennekes 1994, S. 80
2 Adriani u. a. 1994, S. 79

das Rote Kreuz, das Eiserne Kreuz erster und zweiter Klasse, das Mutterkreuz, die Kreuzzüge, das Fadenkreuz im Visier des Bordschützen, das Kreuz, das wir alle zu tragen haben und sicher auch die Ampelkreuzung als Symbol für die sich ins unendliche fortsetzende Abfolge von Stillstand und Bewegung könnten angeführt werden.

Aber vielleicht ist auch die einfache Markierung als Kennzeichnung und potentielle Kraftbahn an der Stelle gemeint, wo es für die meisten Deutschen mit ungleich größerer Hoffnung verbunden ist als mit dem Glauben an Gott. Sechs Kreuze als wöchentliche Hoffnungsträger auf Erlösung von Armut und der Mühsal schlecht bezahlter Arbeit, als markierte Vision einer neuen Wohnzimmergarnitur aus Büffelleder, als Traum von Sofortrente und schneller Kreditrückzahlung, als Hoffnung auf Aufstieg in die bequeme warme Welt der Reichen. Meint Beuys nicht auch das Kreuz auf dem Lottoschein und die schwere Entscheidung für oder gegen Spiel 77 und/oder Super Sechs?

Aber möglich sind auch Kreuzblütler, Kreuzdorn, Kreuzspinne, Kreuzotter oder Kreuzschnabel als Bezugsvariabeln zu Biologie, Ökologie und Umweltschutz. Und natürlich Kreuzschmerzen: Krankheit, Medizin, Feldlazarett, Mutter Teresa, Paracelsus, Leben und Tod, Werden und Vergehen. Und Kreuzworträtsel: Sprache, Information, geheimnisvolles Ineinandergreifen magischer Zeichen.

Bei der Fülle der Möglichkeiten scheint es am sinnvollsten, das Problem nochmals ganz von vorne anzugehen.

Ja, es drängt sich unwillkürlich die Frage auf: Müßte man nicht zuerst über den Punkt, als Urpunkt und Endpunkt allen Seins, nachdenken, bevor man sich mit dem Kreuz befaßt?

In ihrer »grundlegenden Arbeit über das Kreuz bei Beuys«[1] kommen Wouter Kotte und Ursula Mildner deshalb zu dem Schluß:

»Versucht man, sich Rechenschaft zu geben über die Kreuzfigur bei Beuys, so muß man von zweierlei ausgehen. Einerseits müssen die drei Bestandteile des Kreuzes, Längsbalken (stipes), Querbalken (patibulum), und Schnittpunkt (intersectio), auf ihren ursprünglichen, d.h. mythischen Gehalt hin untersucht werden – zudem können diese drei Komponenten wie auch die gesamte Kreuzform selbst mit Quadrat und Kreis als den weiteren Primordialzeichen mit Mittelpunkt in Verbindung gebracht werden. Andererseits stellt es sich als notwendig heraus, den Unterschied zwischen mythischem und christlichem Kreuz herauszuarbeiten. Da der Punkt dem Kreis, dem Kreuz und dem Quadrat als Zen-

1 Mennekes 1992, S. 104

trum gemeinsam ist, soll hier mit dem Zeichen begonnen werden, mit dem man sonst meistens endet.«[1]

Also beginnen Kotte/Mildner mit dem Punkt, weil »der Punkt, in dem sich horizontaler und vertikaler Kreuzbalken unter einem Winkel von 90° schneiden, muß als Kern alle Bedeutungsmöglichkeiten in sich tragen«.[2] Und wie nicht anders zu erwarten, tut er das auch: »Der Punkt als Abstraktion scheint ebenso ableitbar vom Stichpunkt, Druckpunkt, durchstochenem Punkt wie vom Sand- oder Weizenkorn, Wassertropfen, Stern, Augapfel oder dem Staubkörnchen. Der Punkt symbolisiert sowohl das Eine, in dem alles mit allem zusammenfällt, wie das Universum, worin Zeit und Raum ewig sind. Indem auf diese Weise die Zeit verabsolutiert wird, erstarrt sie zum Unveränderlichen des reinen Seins. Hierin ist der Punkt Energiepunkt, Omphalos Mundi, Kreuzpunkt und Mittelpunkt des Lebensrades. Als Anfangspunkt kann er der Urknall, der Emanationspunkt sein, aus dem alles Sein zum Vorschein kommt; als Mittelpunkt kann er das Symbol unsere Welt sein und als Endpunkt die ›Endimplosion‹, durch die alles wieder verschwindet.«[3] Kaum zu glauben. Steht also der Punkt schon für alles im umfassendsten Sinne, so fragt man sich, warum Beuys nicht den Punkt als »das universellste Symbol«[4] zur Grundlage seiner Kunst gemacht hat? Die Antwort ist leicht: Alles ist nicht genug!

Läßt sich der Punkt zwar als »Zentrum eines Kreises, in dem der indische Nullpunkt mit dem griechischen Kairos zusammenfällt«, begreifen und somit »als Wendepunkt zwischen Existenz und Nicht-Existenz auffassen«, und läßt sich im Punkt »der konzentrierteste (!) Zustand der Wirklichkeit« suchen, und deutet der Kreis mit einem Mittelpunkt »sowohl auf die Sonne, wie auf Sonntag und das Gold«[5] hin, so ergibt sich für das Kreuz noch ein wesentlich umfangreicherer und vor allem qualitativ brauchbarer Bedeutungsrahmen.

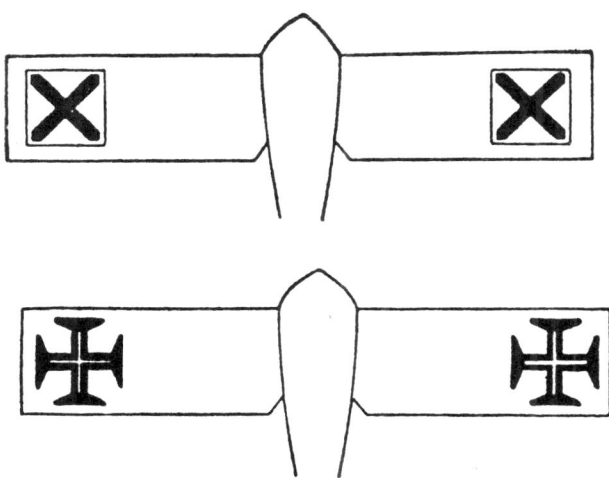

Hoheitsabzeichen für Kriegsflugzeuge: Bulgarien (oben) und Portugal

1 Kotte/Mildner, S. 12
2 ebd.
3 ebd., S. 13
4 ebd.
5 ebd., S. 14

Kotte/Mildner beginnen einfach: »Das Viereck ist statisch, umschließt sein Innen, das Kreuz ist dynamisch und offen. In diesem Sinne können wir das Kreuz als ein umgekehrtes Viereck interpretieren.«[1] So weit so gut. Wurde Jesus also an ein umgekehrtes Viereck genagelt. Auch egal. Aber dann erfährt man: »Das Kreuz schenkt und empfängt, gibt und nimmt.«[2] Und weil dieses »polare Spannungsfeld« das Kreuz »zum universalsten und einfachsten Koordinatensystem, das unser Sprach- und Vorstellungsvermögen besitzt,« macht, läßt sich zum Kreuzproblem zunächst einmal festhalten: »Als kosmisches Ordnungszeichen unterteilt das Kreuz Himmel und Erde in die vier Windrichtungen, den Jahresablauf in die vier Quartale, den Tag in Morgen, Mittag, Abend und Nacht, die Stunde in vier Viertel.«[3]

Außerdem teilt das Kreuz »die Elemente in Luft, Erde, Wasser, Feuer und deren Qualitäten in Warm, Trocken, Feucht, Kalt«. Dann unterviertilen Kotte und Mildner mit ihrem Kreuz noch kurz »das Leben des Menschen in Kindheit, Jugend, Erwachsensein und Alter«. Kindheit, Pubertät, Soldatenzeit und Nachkriegszeit wären natürlich auch denkbar.

Aber was kann man aus diesen Erkenntnissen erkennen?

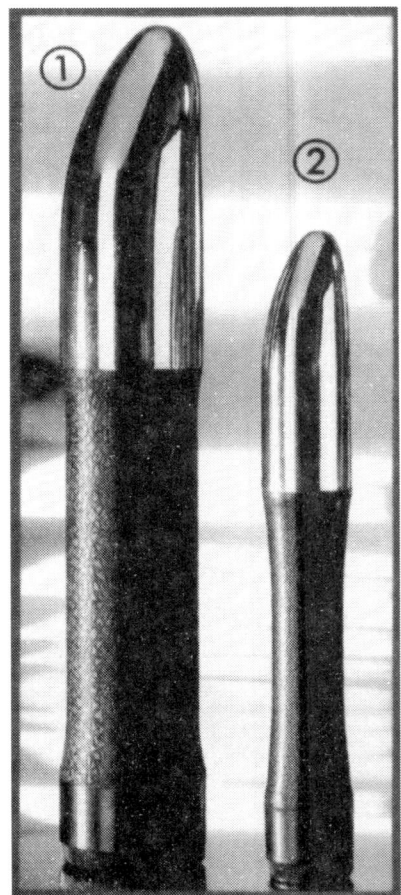

»Hieraus kann man die Verbindung von Mikro- und Makrokosmos erkennen, von Mensch und Universum, von Erde und Himmel. In den Lebensumkreis, in dem sich die Bedeutungen in einer für uns undeutlichen Weise verquickt finden, bringt das Kreuz Ordnung.«[4] Das Kreuz bringt also Ordnung in unser Leben, könnten wir sonst womöglich nicht Tag und Nacht unterscheiden oder Wasser von Schnaps. Das erscheint durchaus sinnvoll.

Aber wie verhält es sich mit dem Längs- und dem Querbalken?

Zeichneten sich Kotte/Mildner in ihrem opulenten Werk zur Kreuzsymbolik bei Joseph Beuys bisher durch kenntnisreiche umfassende Bildung aus, so werden sie in diesem Punkt etwas ungenau. Zwar sehen sie richtig: »Der stehende Kreuzbalken symbolisiert Aufgang und Fortschritt. Als separatem Zeichen (also ohne Querbalken, die Verf.) begegnen wir ihm im endlos stehenden Lichtstrahl, in dem Shiva sich zeigt, im Kristall, im Berg, im Baum, in der Pflanze, im stehenden Pfahl oder Totempfahl, im

1 Kotte/Mildner, S. 15
2 ebd.
3 ebd.
4 ebd.

Hirtenstab, im Schiffsmast, im aufgerichteten Stein, dem Omphalos, dem Lingam, dem Obelisken und in der Pyramide. Auch das Zepter, der Marschallstab, der Zauberstab und die Lanze können damit assoziiert werden.«[1] Außerdem »steht der senkrechte Kreuzbalken für die Zeit, das Ohr, die Transzendenz und das Selbstbewußtsein, d.h. das Bewußtsein des Bewußtseins«.[2]

Aber fehlen in dieser Aufzählung nicht der Kirchturm, der Fabrikschornstein und der Eiffelturm, der Pinsel, der Bleistift, der Kugelschreiber, der Spargel, der Maiskolben und die Banane, die ungarische Salami, die Berliner Currywurst, die Wodkaflasche, der Torpfosten, das Messer, die Kanone, die 500-Kilo-Bombe, die Rakete, der nach oben gereckte rechte Arm und der zum Gruß erhobene Mittelfinger? Na, ist vielleicht auch egal, letztendlich deuten alle diese isolierten Längsbalken hin »auf das Männliche, die schöpfende Potenz, das aktive Element in der Welt, das vom Dunkel der Erde zum Licht emporstrebt«.[3] Wir haben es uns fast schon gedacht.

Da ist es dann nur logisch, daß der isolierte Querbalken für das passive, dienende, weibliche Prinzip steht. »Demgegenüber vergegenwärtigt der Querbalken den Horizont, die Erdoberfläche, das passive Element in der Welt, das darniederliegt. In Indien wird dieser empfangende Aspekt durch die Yonischale versinnbildlicht, worin der Lingam steht.«[4]

Da steht er also, der Lingam in der Yonischale.

Ein Hinweis auf das Kamasutra, dieses uralte indische Meisterwerk der erotischen Literatur, in dem Lingam und Yoni die Geschlechtsorgane von Mann und Frau bezeichnen? Und in dem auf wenig östlich-mystifizierende Art recht plastisch Anleitungen und Tips zu einem befriedigenden Sexualleben erläutert werden? Das Kamasutra ordnet die Männer nach der Größe ihres Lingam drei Klassen zu: Hase, Stier und Hengst. Die Frauen werden nach der Tiefe ihrer Yoni in Gazelle, Stute und Elefantenkuh unterschieden. Das Kamasutra empfiehlt als optimale Kombinationen: Hase – Gazelle, Stier – Stute und Hengst – Elefantenkuh.

Ist – diese indischen Weisheiten zugrundegelegt – der Längsbalken also auch der Hase? Und warum erklärt Beuys dann dem toten Hasen die Bilder und reibt sich dabei den Kopf mit Gold und Honig ein?

Will Beuys durch sein Gold-Honig-Rezept den Geist potenzieren und stellt ihn dadurch über den Trieb in Gestalt des toten Hasen? Beuys betonte in zahlreichen Interviews die Bedeutung, die er dem Geistigen beimaß. Auch soll er gesagt haben: »Ich bin ein ganz scharfer Hase.«[5] Geht es also beim Toten-Hasen-Bildererklären um Triebbeherrschung mittels Geist und Kunst, um den ewigen Kampf zwischen Über-Ich und Es? Für Psychoanalytiker ein interessantes Forschungsthema.

Kotte/Mildner lassen eine weitere Frage offen. Wie verhält es sich mit dem Längs- und dem Querbalken beim quadratischen Kreuz? Im Gegensatz zum klassischen Kreuz sind hier Lingam und Yoni praktisch nicht zu unterscheiden. Der Längsbalken ist genausolang wie der Querbalken, also jeder Längsbalken kann auch Querbalken sein. Und umgekehrt. Werden das männliche und das

1 Kotte/Mildner, S. 15ff.
2 ebd., S. 16
3 ebd.
4 ebd.
5 Stachelhaus, S. 77

weibliche Prinzip als gleichwertig gesehen? Wird mit dem Braunkreuz also auch die Forderung nach der Gleichberechtigung von Mann und Frau versinnbildlicht? Oder handelt es sich bei den quadratischen Kreuzbalken gar um zwei Lingame, als Hinweise auf Männerbünde, Soldatenkameradschaft oder Homosexualität?

Dieser sich aufdrängende Fragenkomplex soll hier unbeantwortet bleiben, der von Kotte/Mildner bereits konstruierte Überbau reicht aus, um dem einfachen Braunkreuz tiefsten Sinn beizumessen. »Die Gruppe der Braunkreuze versteht sich als Hinweis auf das Annehmen der Materie als einer sinnvollen Inkarnation des göttlichen Geistes.«[1]

Warum »be-zeichnet oder be-kreuzt«[2] Beuys also die verschiedensten Dinge mit dem Braunkreuz? »Wenn er Briefe, Zeitungen oder Zeichnungen mit dem Braunkreuz markiert, hebt er diese Dinge in den mythischen Bereich und kennzeichnet sie als diesem zugehörig.«[3] Zwar weiß der geschulte Bordsender und Bordempfänger Beuys auch: »Schon als Dinge an sich besitzen Briefe und Zeitungen den Aspekt von Senden und Empfangen«, aber »als schnell überlebte Informationsträger läßt Beuys sie durch die Verfremdung ihrer Alltäglichkeit über Leid und Tod (unwichtig, denn alte Nachrichten) im mythischen Bereich wieder auferstehen und als Ausdruck für die geistigen Grundlagen der Materie zu neuem Leben kommen«.[4]

Aber das Braunkreuz ist nicht nur Kreuz, sondern auch braun. Zahlreich sind deshalb auch die Spekulationen zum Sinngehalt der Farbe Braun. »Sieht man vom Grün des Chlorophylls ab, so kann Braun als der tragende Farbstoff des Organischen bezeichnet werden. Das gilt weniger für den Bildungsprozeß, als vielmehr für die Verfärbung der Alterung und die Stadien des Zerfalls. Eingetrocknetes Blut und rostiges Eisen kommen dem gewählten Farbton vom Braunkreuz recht nahe«, meint Hans van der Grinten[5] und vermeidet beim Verfallsprozeß klug das Wort »Scheiße«. Aber wahrscheinlich hat er noch nie die dunkel schillernde Farbenvielfalt eines verwesenden Hasen gesehen, und dem Rostbraun des oxydierten Eisens möchte man die grünlich-graue Patina des Kupfers entgegenhalten, zumal Kupfer im Werk von Beuys im Gegensatz zum Eisen ein zentraler Bedeutungsträger ist.

Für Beuys ist Braun »ein sehr stark abgedecktes Rot, der Wille, plastisch zu sein. Braun ist Erde und gestaute Urfarbe Rot, erdige Wärme, eingetrocknetes Blut.«[6]

Kotte/Mildner fügen diesen Braunkomplexen noch einiges hinzu: »Im Übergang von Sommer zum Winter neigt Braun zum Schwarz, zum Tod. Rotbraun, sagt Lamblichos, erzeugt mit dem Schlaf und der Farbe Schwarz die Trägheit. Das Leidenskreuz Christi ist braun oder schwarz.«[7] Außerdem haben Kotte/Mildner noch das Braun des Honigs, das glühende Rembrandt-Braun, Brot (kein Weißbrot!), Tiere – Pferd (hier sei ein Hinweis auf das weiße Schimmelbraun des Pferdes aus der Aktion Iphigenie erlaubt), Bär (das Eisbärbraun der Eskimos, Koalabärbraun und Schwarzbärbraun), Hase, Hirsch, Elch – alle diese Brauntöne »weisen auf Wärme, auf Fruchtbarkeit, auf Zusammenhang, auf

1 Kotte/Mildner, S. 39
2 ebd., S. 44
3 ebd.
4 ebd.
5 H.v.d. Grinten 1985, S. 4
6 Beuys in: Katalog zur Ausstellung in der Stadt. Galerie im Lenbach-Haus München, S. 41
7 Kotte/Mildner, S. 42f.

Sinngebung«[1] hin, im erweiterten Angebot. Da man bei Kotte/Mildner den Eindruck nicht los wird, das Braunkreuz könnte genausogut schwarz sein, möchten wir noch echte Krim-Kurort-Urlaubsbräune, das paprikabraune ungarische Gulasch, das Whiskybraun und das deutsche Nazibraun, das in Italien zum Schwarz tendierte, hinzufügen.

Und dann gibt es im Braunkreuzkomplex ja noch die »sogenannten cruces dissimulatae oder verborgenen Kreuze«, hierzu zählen »der Anker, der Pflug, der Dreizack, die Gabel, der Schiffsmast mit Rahe und das Hakenkreuz (crux gemmata)«[2] und natürlich die Stuka, aber die haben Kotte/Mildner vergessen.

Als Quintessenz dieser Form der Beuys-Rezeption läßt sich zusammenfassen: »Will man Beuys' Kunst verstehen, muß man dem rationalen Denken wieder seinen Platz in einer Art mythischem Denken einräumen, das einen Zusammenhang impliziert von Rationalem, Psychisch-Geistigem und Sinnesdenken; statt Entfremdung Integration.«[3]

Es ist also ein Zeichen von Unsinnlichkeit und Entfremdung, wenn man den rational-psychisch-geistigen Kreuzzügen nicht folgen will. Die Schwierigkeiten der Beuys-Rezeption, eine brauchbare theoretische Grundlage zur Braunkreuz-Interpretation zu entwickeln, wird so in einen Sinnlichkeitsmangel des Betrachters umgedeutet. Fällt es den Rationalmystikern unter den Beuys-Rezipienten schon schwer genug, beim Braunkreuz zwischen einfacher Markierung und symbolgeladenem, von religiöser Allgemeingültigkeit bestimmtem Kreuz zu unterscheiden, so muß die Frage gestellt werden, welche Funktion eine einfache Markierung innerhalb eines wie auch immer gearteten mythischen Denkens haben soll.

Die von Kotte/Mildner und anderen angewandte Kreuzzugmethode zur Kreuzinterpretation bleibt letztendlich beliebig, und nach der Lektüre dieser Ansätze läßt sich zusammenfassen: Alles ist möglich, es kann aber auch umgekehrt sein. Dabei ist Beuys selber sehr deutlich: »Aber immerhin, diese Kreuze assozieren auch sehr vieles andere. Beispielsweise, sie nehmen Bezug in einem politischen Kontext zum Beispiel zum Dritten Reich. Ja? Zur braunen Kunst.«[4]

Verzichten wir bei der Braunkreuzinterpretation also auf den gesamten Mythenmüll und wenden wir uns einem Kreuz zu, das in der Beuys-Literatur bisher nicht diskutiert worden ist, obwohl es doch Beuys in einem nach eigener Aussage auch für sein späteres künstlerisches Schaffen wichtigem Lebensabschnitt, dem Zweiten Weltkrieg, tagtäglich, und auch beim legendären Absturz am 16. März 1944, begleitet hat, das womöglich träumerisch-traumatischer Teil seiner Krimsehnsüchte in Krisenzeiten war und das »zur braunen Kunst« zählt.

Es ist das Balkenkreuz auf den Flügeln der JU 87 – das Hoheitsabzeichen der deutschen Luftwaffe.

[1] Kotte/Mildner, S. 43
[2] ebd., S. 16
[3] ebd., S. 44f.
[4] Beuys in: Bodenmann-Ritter, S. 65

Hans van der Grinten sieht als Ausgangsform für die unterschiedlichen Braunkreuzvariationen das »frontal symmetrische Kreuz mit gleichen kurzen Armen«.[1] Das Braunkreuz als in seiner Grundform quadratisch findet sich auch als Ausgangspunkt der Überlegungen von Wouter Kotte und Andrea Mildner.[2] Dieser Grundtypus entspricht in seinen Proportionen dem Hoheitsabzeichen der deutschen Luftwaffe, wie es nach Beginn des Zweiten Weltkriegs gebräuchlich war.

Dieser sich schon optisch aufdrängende ikonografische Bezug – man beachte speziell die zahlreichen doppelt gekreuzten Arbeiten und analog dazu die Hoheitsabzeichen auf den Flugzeugflügeln – ist recht eindeutig. Vor dem Hintergrund der Bedeutung, die der Beuysschen Weltkriegsteilnahme in bezug auf seine spätere Kunst und Künstlerlaufbahn beigemessen wird, muß er als wesentlicher Bezugspunkt gelten. Die Balkenkreuze waren auf und unter den Außenflügeln und an den Rumpfseitenwänden der Militärmaschinen angebracht.

Das Hoheitsabzeichen veränderte seine Form mit der Entwicklung der deutschen Luftwaffe. Im Ersten Weltkrieg hatte es die Form vom »Eisernen Kreuz« der deutschen Reichskriegsflagge – schwarzes Kreuz in weißem Feld. Über verschiedene Stadien entwickelte sich seine Form zum während des Zweiten Weltkrieges gültigen Balkenkreuz – schwarz mit dicker weißer Umrandung.

Die Luftwaffen-Hoheitsabzeichen der einzelnen Länder unterschieden sich stark. Kennzeichen der japanischen Luftwaffe war ein großer roter Punkt, die schwedische Luftwaffe trug einen Kreis, der drei Kronen umschloß.

Auch die Farbe Braun läßt sich in diesem Zusammenhang leicht aus dem

1 H. v. d. Grinten 1985, S. 6
2 Kotte/Mildner, S. 43

Beuysschen Soldatenalltag herleiten. War Gelb die Farbe der Fliegertruppe und Rot die Farbe der Flakartillerie, so war Braun die Farbe der Luftnachrichtentruppe, also auch der Bordfunker. Die Soldaten trugen diese Waffenfarben als Zuordnung zu den verschiedenen Truppenteilen an den Kragenspiegeln ihrer Mäntel und als äußere Umrandung der Schulterklappen.

Nimmt man diese beiden klaren ikonografischen Bezüge, Form des Braunkreuzes als Adaption des Balkenkreuzes und Farbe als Adaption der Truppenkennzeichnung, so läßt sich das Braunkreuz auch als Transformation des physischen Balkenkreuzes in das geistige Braunkreuz interpretieren.

Vor diesem Hintergrund läßt sich feststellen: Die auch in der Kunstgeschichte diskutierten drei Werkphasen der Entwicklung des »Kreuzzeichens« bei Beuys weisen eine interessante Parallele zu den drei Entwicklungsphasen seiner Persönlichkeit, Kindheit – Jugend – Soldatenzeit, auf.

1. Traditionelle Kreuzform – katholische Erziehung

Die traumatische Erfahrung der Kriegsniederlage, die ihre Ursachen in der durch Judenmord und Kriegsverbrechen diskreditierten Werte findet, für die Beuys in den Krieg gezogen ist und sein Leben einsetzte, läßt ihn nach dem Krieg künstlerisch auf ein Wertesystem zurückgreifen, das ihm schon in seiner Kindheit Halt gab. Traditionelle christliche Themen prägen die erste Werkphase. Der Krieg bleibt ausgeblendet.

2. Erweiterung der traditionellen Kreuzform um philosophisch-mythisch-naturwissenschaftliche Bezüge – Erweiterung des katholischen Weltbildes der Kindheit durch pubertätsbedingten inneren Antrieb und ideologisch sortiertes äußeres Angebot.

In seiner zweiten Werkphase entwickelt Beuys abermals Aversionen gegen die ihm zu einseitige Lehre des Katholizismus. Wie in seiner Pubertät beschäftigt er sich mit diversen anderen Weltbildern und integriert sie in seine Ideologie. Beuys holt sich die Jugend zurück, in der er sich frei und unabhängig fühlte.

3. Nationalsozialismus und Soldatenzeit – Adaption des Hoheitsabzeichens der Luftwaffe als Braunkreuz

Wie aus zahlreichen Äußerungen von Beuys hervorgeht, weigerte er sich nicht nur, seine Soldatenzeit zu nivellieren, auch seine Reflexionen über den Nationalsozialismus können nur als Weigerung interpretiert werden, sich mit der Entstehungsgeschichte des deutschen Faschismus und der eigenen Rolle als Rädchen im Getriebe kritisch zu befassen.

Seine psychische Krise in den Jahren 1956/57 kann als Ausdruck der (unbewußten) Auseinandersetzung mit dem Faschismus interpretiert werden, deren reale Auswirkungen Beuys verurteilt, und den national-völkischen Ideen, die Beuys zumindest partiell wieder in seine Weltanschauung integriert. »Beuys arbeitet auf dem Felde« läßt sich als Auseinandersetzung mit der »Arbeit« auf dem Schlachtfeld vergleichen, und »Erholung von der Feldarbeit« meint Verurteilen der physischen Konsequenzen des Krieges und Verurteilung der Kriegsverbrechen einerseits und Integration national-völkischer Ideen in das Weltbild andererseits.

So gesehen muß Stüttgens These, Beuys habe sein Kriegerdasein ins Geistige transformiert, zugestimmt werden. Beuys lehnt die nationalsozialistischen Methoden ab, wesentliche Bausteine der Ideologie integriert er aber in sein Weltbild und stellt so eine Kontinuität seiner Gedanken her, die durch die Kriegsniederlage nur physisch unterbrochen wird. Franz Joseph van der Grinten meint zum künstlerischen Werdegang von Beuys: »Als Beuys zu Mataré kam, hatte er schon einen nicht unbeträchtlichen künstlerischen Weg hinter sich, der sich, im Rückblick, als früh schon tragfähig und im ganzen schlüssig erweisen will. Arbeiten des heranwachsenden Jungen und Arbeiten aus der Kriegszeit erscheinen nicht als vor dem eigentlichen Oeuvre liegend, sondern können als Teil davon empfunden werden.«[1] Was Franz Joseph van der Grinten hier für das künstlerische Werk formuliert, gilt auch für die Kontinuität von Beuys' Gedanken. Die Wurzeln seiner Weltsicht lassen sich bis an das Klever Gymnasium zurückverfolgen. Es ist ein konsequenter Weg mit den Stationen: Wohlfühlen in der HJ, freiwillige Meldung zur Luftwaffe, Wissenschaftsmethoden-Kritik der NS-Uni Posen, Weigerung, die eigene Soldatenvergangenheit kritisch zu hinterfragen, und als Konsequenz daraus der »Lebenslauf/Werklauf« mit Landserteil und die Uniformkleidung in den sechziger Jahren. Es folgen 1967 die Grün-

[1] F. J. v. d. Grinten in: Katalog, Mataré und seine Schüler, S. 100

dung der »Deutschen Studentenpartei«, der Beuys einen religiösen Auftrag gibt, 1976 die Bundestagskandidatur für die nationalneutralistische, antigewerkschaftliche AUD und 1982 die Veröffentlichung seines »Aufrufs zur Alternative« in der rechtsradikalen Zeitschrift »wir selbst«. Letzte Station ist 1985 die »Rede über Deutschland«, in der Beuys die Frage nach der Aufgabe der Deutschen in der Welt stellte, den Ausgangspunkt seiner Frage auf 1941 datierte und dann eine völkische Antwort fand.

Die Brüche in dieser Kontinuität sind nur scheinbar. Während Beuys sich nach 1945 mit Rosenkreuzern beschäftigt und die Anthroposophie als neues Weltbild entdeckt, rauscht der vergangenheitslose »Fortschrittszug der 50er Jahre« mit den Kriegsverbrecherprozessen gegen Otto Ohlendorf 1946, General von Manstein 1949 und die anderen Naziverbrecher, mit dem Synagogenprozeß zur Reichspogromnacht in Kleve 1947, mit Remilitarisierungswiderstand und KPD-Verbot an ihm vorbei. Beuys verarbeitet den Nationalsozialismus, den Zweiten Weltkrieg und seine eigene Vergangenheit als Hitlerjunge und Soldat anders. Er bringt in Wort und Werk »Gegrübeltes« zu Papier, und nachdem er zu Ende gegrübelt hat, die »Erholung von der Feldarbeit« beendet und der Weg in die »innere Mongolei« gefunden ist, entschließt er sich Mitte der sechziger Jahre, aktiv ins politische Leben einzugreifen. Beuys setzt auf »Sztuka« – die Kunst als »einzige evolutionäre Kraft« zur Veränderung der Gesellschaft.

Margarete und Alexander Mitscherlich führen in ihrem Buch »Die Unfähigkeit zu trauern« den Verfall von Geschichtswissen im Nachkriegsdeutschland – speziell in den Vorstellungen und Phantasien zum Dritten Reich – auf die »chaotische Geschichtsrezeption« durch mündliche Überlieferung der kriegsteilnehmenden Generationen zurück: »Die Teilhaber und Mitwirkenden, die mittel- und unmittelbaren Beobachter des ›Dritten Reiches‹ sind es, die eine solche Wirrnis zustande gebracht und an die Nachkommen übermittelt haben.«[1] Und weiter heißt es dort: »Die Vorstellungen, die über Hitler kursieren, wären gar nicht anders zu erklären, als aus der Tatsache, daß offenbar die Auseinandersetzung mit verdrängten Inhalten der Nazizeit keineswegs abgeschlossen ist, weder auf bewußter noch unbewußter Ebene.«[2] Und auch bezogen auf die Beuysschen Erinnerungen läßt sich sagen: »Soweit Erinnerungen preisgegeben werden, sind sie nicht nach Gesetzen der Logik wie bei einem rationalen Geschehen zusammengefügt, sondern eher in einer Art und Weise, wie wir träumen und mit den Traumstücken der äußeren und bedrohlichen inneren Realität umgehen.«[3]

In seiner Geschichtsbearbeitung ist Beuys eben nur ein typischer Deutscher, wie ihn die Mitscherlichs beschreiben. Mit den Ursachen der Entstehung des (deutschen) Faschismus hat er sich nie befaßt. Seine Erinnerungen zeigen dies eindeutig. Die NSDAP ist für ihn die »Arbeiterpartei Adolf Hitlers«[4] und Hitler »ein Künstler, ein großer Aktionist. Der hat nur seine schöpferische Fähigkeit negativ gebraucht.«[5] Die Entstehung des Faschismus führt er auf die »Ohnmacht des Geisteslebens« zurück. Hatte bereits Steiner 1919 in seinem »Aufruf an das deutsche Volk und die Kulturvölker« die Ursachen für die Entstehung des Ersten Weltkriegs in der Ohnmacht des Geisteslebens lokalisiert, fällt dem

1 Mitscherlich, Vorwort, S. II
2 ebd.
3 ebd.
4 Beuys in: Herzogenrath, S. 46
5 Beuys in: Stern, 19/1981, S. 82

Steiner-Leser Beuys nichts besseres ein, als diese fragwürdige These trotz seiner Erfahrungen mit dem NS-Regime in bezug auf die Entstehung des deutschen Faschismus zu wiederholen: »... daß wir Hitler gehabt haben, liegt an der Ohnmacht unserer Universitätsprofessoren! Nicht der Hitler war schuld, es waren die Intellektuellen, die Universitätsprofessoren, nicht nur in Deutschland, sondern auch in den anderen Ländern. Die haben sich das ganz schön angesehen und den Mund zugemacht. ... Der Hitler war ein pathologischer kranker Mann, und die anderen waren Feiglinge, d.h. sie waren ohnmächtig.«[1] Ist es wirklich notwendig, daran zu erinnern, wie viele Intellektuelle ins Exil getrieben wurden oder in den Konzentrationslagern ermordet worden sind und wie viele Universitätsprofessoren sich nur zu gerne auf die Seite der Nazis geschlagen haben? Was 1919 schon recht fragwürdig war, wird 1975 nicht besser. Es verwundert deshalb auch nicht, daß Beuys meint: »Daß in einer Volksabstimmung auch Menschen erscheinen werden, die faschistische Ideen haben, ist doch selbstverständlich. Denn Faschisten gibt es nun einmal in der Welt.« Und weiter: »Nehmen wir mal an, es gäbe so viele Faschisten, daß sie die Mehrheit bilden. Dann würde die faschistische Bewegung das Recht bestimmen, aber doch nur für eine Periode.«[2] Beuys weiß also, wie man den Faschismus bekämpft: Man wählt ihn einfach ab!

[1] Beuys in: Rappmann 1993, S. 27
[2] Beuys in: Herzogenrath, S. 45

»SO KANN DIE PARTEIENDIKTATUR ÜBERWUNDEN WERDEN«, 1971 (KUNSTHALLE HAMBURG)

Die Arbeit »So kann die Parteiendiktatur überwunden werden« besteht aus zwei rechteckigen grauen Filzplatten, die jeweils oben rechts mit einer Einkerbung versehen sind. Die Filzplatten sind im Hochformat nebeneinander gefügt und bilden so ein Querformat mit senkrechter Fuge zwischen den Platten. Auf die Fuge im Bildmittelpunkt ist ein Braunkreuz gestempelt. Die Filzplatten sind durch einen verglasten Holzkasten geschützt. Das Objekt ist 67 mal 97 Zentimeter groß. Ein ästhetisch durchaus reizvolles Kunstwerk. Aber der Titel gibt der Arbeit eine zusätzliche politische Dimension. Man könnte meinen, Beuys habe hier Anfang der siebziger Jahre diskutierte Begriffe wie Basisdemokratie oder Diktatur des Proletariats versus Parteiendiktatur bearbeitet. Doch nicht jugendlicher Überschwang oder linkes Interesse gab den Titel, sondern die Erfahrung und Entscheidung eines Fünfzigjährigen, der unter der im Oktober 1969 entstandenen SPD/FDP-Regierung leben mußte. Die Schule würde bolschewisiert werden, die Schulbücher schlechter und die Situation für die Jugendlichen auch. Im März und Mai 1970 hatte die westdeutsche Regierung mit der ostdeutschen Regierung Verhandlungen in Erfurt und Kassel begonnen. Dann hatte Willi Brandt im August 1970 mit dem Moskauer Vertrag die BRD-DDR- und die Oder-Neiße-Grenze als unverletzlich bestätigt und letztere im Warschauer Vertrag im Dezember 1970 als polnische Westgrenze anerkannt.

Begreift man das Braunkreuz als Zeichen für die sich aus der »Unfähigkeit zu trauern« entwickelnde Rückkehr zu völkisch-nationalen Ideen, so läßt es sich in dieser Arbeit durchaus nachvollziehbar interpretieren. Das Objekt »So kann die Parteiendiktatur überwunden werden« ist eine völkisch geprägte Stellungnahme zur Teilung Deutschlands.

Die Filzplatten symbolisieren das »Wärmeprinzip« des »sozialen Organismus« Gesamtdeutschland. Das braune Kreuz verbindet das geteilte Volk. Der völkische Nationalismus überwindet die Parteiendiktatur.

KLEINE FETTGESCHICHTE

In der Klever Zeit soll so manche ikonografische Quelle liegen. Beuys' Vater hätte seinen Sohn am liebsten als Lehrling in der Klever Margarinefabrik untergebracht. Stachelhaus merkt hierzu an: »Es ist schon eine leichte Ironie des Schicksals, daß für Beuys später das Produkt Margarine auf ganz andere Weise eine wichtige Rolle spielen sollte.«[1] Zahlreich sind die Fettarbeiten von Beuys und sollen deshalb nicht im einzelnen aufgezählt werden. Berühmt ist der »Fettstuhl« von 1964. Eine Fettecke im ehemaligen Beuys-Atelier der Düsseldorfer Akademie, vom Reinigungspersonal als Dreck identifiziert und beseitigt, wurde zum Gegenstand eines langwierigen Gerichtsverfahrens. Johannes Stüttgen, der geltend machte, die Fettecke sei ihm von Beuys geschenkt worden, klagte auf Schadenersatz und erhielt 1988 40 000 Mark zugesprochen.

Von Beuys wissen wir, daß Fett bei Wärmeeinwirkung schmilzt und bei Kälte wieder erstarrt. Fett wird ihm zum Symbolträger seiner sozialen Plastik. Mit Fett, Wachs und Filz führte Beuys die Kategorie »Wärme« ins Bedeutungsarsenal der Kunst der Avantgarde ein.

Aber auch das Fett wird von Beuys und der Beuys-Forschung in abstrahierender Manier zum geschichtslosen Stoff verarbeitet und angereichert mit tatarischer Magie zu einem bekömmlichen Brotaufstrich für die Seele. Margarine und Fett sind aber gerade vor dem Hintergrund einer Jugend im Dritten Reich keine geschichtslosen Stoffe, sondern die Beschäftigung mit ihnen und ihrer Beschaffung war alltäglich, zwangsläufig und lebensnotwendig, und das Fett begleitete Beuys nicht nur als Kommißbrotaufstrich bis auf die Krim.

Die Margarine wurde 1869 von dem Franzosen Hypolite Mège-Mouriès erfunden. 1870 kaufte der Holländer Jan Jurgens das Herstellungsverfahren und eröffnete in den Niederlanden eine Margarinefabrik für den Export nach England und Deutschland. Zur Umgehung der Bismarckschen Zollgesetze, die die Einfuhr von Margarine mit einem hohen Zoll belegten, eröffneten 1888 die Firmen van den Bergh und Jurgens in Kleve und im benachbarten Goch Marga-rinefabriken, die bis 1927 um die Hauptmarktanteile auf dem deutschen Margarinemarkt konkurrierten.[2] Zahlreiche Klever, aber auch Arbeiter aus den Niederlanden fanden hier Arbeit.

Anfang 1923, auf dem Höhepunkt der Inflation, kostete ein Pfund Margarine in Deutschland mehrere Milliarden Mark.

[1] Stachelhaus, S. 11
[2] zur Geschichte der Margarinewerke in Kleve und Goch s.: »Union-Rundschau«, Werkzeitung der Union Deutsche Lebensmittelwerke GmbH, Sonderausgabe zum 50. Jubiläum

Die Inflation führte auch zu einer Inflation der Margarinehersteller. Hunderte kleiner Betriebe stellten mit der Hoffnung auf schnellen Reichtum mehrere tausend Margarinesorten her. In den Fabriken in Kleve und Goch wurden, wie überall in Deutschland, mehrmals täglich die Löhne ausgezahlt. Die Arbeiter mußten ihren Lohn sofort ausgeben, da er bereits wenige Stunden später so gut wie wertlos sein konnte. Die Währungsreform 1924 beendete die Inflation und führte zum Bankrott der kleinen Herstellungsbetriebe.

Ende 1924 brachten die Margarinewerke in Kleve und Goch neue Margarinesorten auf den Markt. Begleitet von einem aufwendigen Werbefeldzug, wurden die Marken »Blauband« aus Kleve und »Rahma« (noch mit h!) aus Goch auf dem deutschen Markt eingeführt. In Kleve wurde schon seit Anfang des Jahrhunderts, unter strenger Beachtung der jüdischen Speisegesetze, auch die koschere Sorte »Tomor« produziert und landesweit vertrieben.

Es war die Zeit der Zugabe-Reklame. Für die Erwachsenen gab es zu jedem Würfel Margarine einen Gutschein. Für 100 Gutscheine erhielt man eine Kaffeekanne, für 1 000 ein ganzes Service, und ein Motorrad war für 10 000 Gutscheine zu haben. Anknüpfend an eine erfolgreiche Werbestrategie vor dem Weltkrieg, gab es außerdem zu jedem Pfund Margarine eine Kinderzeitung. Zur Klever »Blauband« wurde die »Blauband-Woche« herausgegeben. Zu »Rahma« gab es für die sechs- bis zehnjährigen Kinder »Die Rahma-Post vom lustigen Fips« und für die zehn- bis vierzehnjährigen »Die Rahma-Post vom kleinen Coco«, mit acht Millionen durchgehend vierfarbig gedruckten Exemplaren die auflagenstärkste Zeitung der Welt.

Titelheld dieser Zeitung war der kleine Coco, ein Negerjunge aus der Missionsschule Usambara in Deutsch-Ostafrika, der als Chefredakteur nach Deutschland gekommen war. Er und sein Bruder Jim wurden von unzähligen Kindern geliebt und verehrt. So manches Kind fragte damals seine Mutter: »Wann kaufst du wieder Rahma?«, weil es schon ungeduldig auf die nächste Ausgabe der Zeitung wartete. So waren es vor allem die Kinder, die den Margarinemarkt regulierten. Die Kinderzeitungen erschienen wöchentlich, und die Distribution wurde auf diesen Termin umgestellt.

Im »kleinen Coco« zeigte sich die Abhängigkeit der Margarineherstellung von Rohstoffimporten. Vor dem Ersten Weltkrieg war die Margarineproduktion vor allem auf die billigen Kokosölimporte aus den deutschen Kolonien angewiesen. Der »kleine Coco« war Ausdruck eines allgemeinen Interesses für alles,

was mit Kolonien zu tun hatte, und Spiegelbild eines von missionarisch-kolonialistischem und rassistischem Denken bestimmten Afrikabildes.

In Beuys' »Lebenslauf/Werklauf« wird sich später die Eintragung finden: »1924 Kleve öffentliche Ausstellung von Heidenkindern«.

Ein Pfund guter Margarine kostete zu dieser Zeit eine Mark, eine einträgliche Sache. Aber der wirtschaftliche Boom hielt nicht lange an. Am 25. Oktober 1929 rückte der »Schwarze Freitag«, der Zusammenbruch der New Yorker Börse, die schon vielfach spürbar gewesenen wirtschaftlichen Krisensymptome in das allgemeine Bewußtsein. Investitionsrückgang, Produktionsstillegungen, Einkommenskürzungen und Massenarbeitslosigkeit hinterließen auch in Kleve deutliche Spuren.

Als Folge wurden die Unternehmen der Familien van den Bergh und Jurgens, die mittlerweile Zweigwerke in Berlin, Hamburg, Holland und England betrieben, zusammengelegt. Es entstand die Jurgens und van den Bergh Margarine-Verkaufs Union GmbH. Aus den beiden erfolgreichen Margarinemarken wurde »Rama im Blauband«. Auch die Einführung dieser neuen Sorte wurde von einer großen Werbekampagne begleitet. In 2 000 Zeitungen wurde inseriert. Plakatsäulen und Anschlagtafeln im gesamten Reich warben für die neue Marke. Noch im Jahr 1929 erfolgte dann der Zusammenschluß der Margarine-Union mit der englischen Firma Lever Brothers zur Unilever Ltd. Dieser Konzern hielt 75 Prozent der Weltmarktanteile am Margarinegeschäft. Zumindest als Margarinekonsumenten waren die Deutschen einsame internationale Spitze. In Deutschland wurden 1932 525 000 Tonnen Margarine verzehrt, das waren stolze 37 Prozent des Weltverbrauchs.

Die Versorgung mit pflanzlichen und tierischen Fetten war eines der größten Rohstoffgebiete, auf dem das deutsche Reich weitgehend vom Ausland abhängig war. Deshalb schränkten die Nationalsozialisten nach der Machtübergabe die Margarineproduktion ein und versuchten, den Margarinekonsum zu senken, um eine für den Krieg erwünschte Autarkie des Landes von allen Rohstoffimporten zu erreichen. Außerdem ging es um »die Rettung des deutschen Bauerntums«. Erste Maßnahme war am 1. Mai 1933 die Einführung der Fettsteuer. Sie betrug 50 Pfennig pro Kilo.

In Kleve und Goch riefen die Nazis zum Boykott gegen die ausländischen Besitzer der Margarinefabrik auf. »Deutsche, kauft deutsche Butter« hieß die Parole. Die van den Berghsche Margarinegesellschaft Kleve als Teil der Margarine-Union wurde arisiert und in »Margarinewerke Kleve« umbenannt. Das Gocher Margarinewerk wurde geschlossen und später zur Aufbewahrung von Möbeln der vertriebenen und verschleppten Juden zweckentfremdet.[1] Fettsteuer, Produktionsbeschränkungen, Bezugsscheine und Werbeverbot senkten den Margarineverbrauch kontinuierlich. Entlassungen im Klever Margarinewerk waren die Folge. Die eingeschränkte Margarineproduktion konnte allerdings nicht durch eine erhöhte Produktion von Butter aufgefangen werden. Das Reich hat seine Fettkrise, und Göring appellierte an das deutsche Volk: »Wir sind bereit, auch künftig – wenn notwendig – mal etwas weniger Fett, etwas weniger Schweinefleisch, ein paar Eier weniger zu verzehren, weil wir wissen, daß dieses kleine Opfer auf dem Altar der Freiheit unseres Volkes bedeutet. Wir wissen, daß die

[1] Schminnes, S. 63

Deutscher denke bitte!

Wer „Sanella" kauft und verkauft versündigt sich am deutschen Volk; denn Sanella wird von dem größten **holländisch - englischen Weltkonzern hergestellt.** Das Geld kommt daher ins **Ausland.**

Unterstützt die deutsche Industrie! Kauft und verkauft deutsche Margarine!

Deutscher Verkäufer! Kläre Dein kaufendes Publikum auf, nicht daß in Deutschland noch **mehr Arbeiter und Angestellte auf die Straße geworfen werden!**

Devisen, die wir dadurch sparen, der Aufrüstung zugute kommen. Auch heute gilt die Parole: Kanonen statt Butter!«

Der Mangel an Fett, Margarine, Öl usw. führte zu Rationierungen. Die Wochenration für einen Normalverbraucher betrug 1940: 30. Oktober bis 12. November 93,75 Gramm, vom 27. November bis 3. Dezember 62,5 Gramm.[1] Die Reichsfettkarte berechtigte zum Bezug von Butter, Margarine, Schmalz, Speck, Kunstfett, Speiseöl, Käse in abgestuften Kombinationen. Die Zeitschrift der Deutschen Arbeitsfront »Die Frau am Werk« gab Tips, wie Hausfrauen mit sehr wenig Fett auskommen konnten. Ein allwöchentlich verbreiteter Küchenzettel lenkte die Verbrauchsgewohnheiten. Per Seifenkarte wurden RIF-Seife, RIF-Rasierseife, RIF-Waschpulver zugeteilt. RIF hieß Reichsstelle für industrielle Fettversorgung.[2]

Am Klever Gymansium beschäftigten sich die Schüler im Erdkundeunterricht mit der Frage: »Welche Förderung erhält unsere niederrheinische Fettindustrie im Rahmen des Vierjahresplanes, und wie gestaltet sich die Versorgung in der jetzigen Kriegszeit?«[3]

Um die Versorgungskrise zu mindern, wurden verschiedene Maßnahmen eingeleitet. Der SS-Gruppenführer und Leiter der Zentralstelle für die wirtschaftspolitische Organisation der NSDAP und spätere Reichsbeauftragte für Österreich Wilhelm Keppler forschte an der synthetischen Herstellung von Fett aus Kohle. Am 12. Dezember 1939 berichtet er stolz dem Reichsführer SS Himmler:

»Lieber Himmler!

Ich berichtete Dir schon früher von meinen langjährigen Bemühungen, auf synthetischem Wege aus Kohle ein für die Ernährung geeignetes Fett zu erzeugen. Wenn ich auch wegen dieser Bemühungen lange Jahre als Utopist bezeichnet wurde, so hat diese Arbeit doch Erfolg gehabt, so daß dieses Fett, von dem ich Dir anbei eine Probe sende, vom Reichsgesundheitsamt nach fast dreijähriger gewissenhaftester Prüfung als Speisefett zugelassen wurde. Ein Teil der Ernährungsversuche wurde in dem Konzentrationslager in Sachsenhausen vorgenommen; es haben sich hierbei keinerlei Beanstandungen ergeben. Bei der anliegenden Probe handelt es sich um ein Fett, das für Koch- und Bratzwecke vorgesehen ist.

Es ist hiermit zum erstenmal gelungen, mit der Synthese in die Ernährung einzudringen. Sowohl das Oberkommando der Wehrmacht wie auch das Reichsernährungsministerium wünschen den Bau sehr ausgedehnter Anlagen, um damit die Fettlücke für den Fall eines langjährigen Krieges zu schließen.«[4]

Nach Kriegsbeginn wurden tonnenweise Lebensmittel aus den besetzten Ostgebieten ins Reich transportiert, darunter auch Tonnen von tierischen und pflanzlichen Fetten. Alles, was an Butter und Margarine nicht für die Versorgung der Front und der rückwärtigen Kriegsgebiete gebraucht wurde, schafften die Nazis mit Sonderzügen ins Reich. Während die einheimische Bevölkerung hungerte, füllten sich die Kühlhäuser in Bayern und Ostpreußen. Natürlich wurde genau Buch geführt.

1 SPD-Berichte 1940, S. 49
2 ebd., S. 53ff.
3 Jahresbericht 1939/40
4 zit. nach: BA/MA Berlin Zehlendorf, NS 19/809

Vorratslager für Butter

Auf der Krim war die Fettversorgungslage ab Mitte 1942 relativ gut. In den Berichten über die Auswirkungen der »Bandentätigkeit« auf die Ernährung und Landwirtschaft wurde statistisch festgehalten, wie viele Lebensmittel die Partisanen erbeuteten. So finden sich Eintragungen, wie: »1 487 kg Butter geraubt«.[1]

Für die Verpackung und den Transport des Fettes fehlte es allerdings permanent an Behältnissen. Verpackungsmaterial – zumeist Holzfässer – mußte aus dem Reich eingeführt werden oder wurde in eigens errichteten Betrieben vor Ort produziert.[2] Im Generalkommissariat Krim war es Alfred E. Frauenfeld, der eine unkonventionelle Lösung für das Problem der Butterschmalz-Lagerung fand.

Frauenfeld, ein Mann, der seine Freizeit mit dem Malen der schönen Panoramen nördlich der Krim verbrachte und seine Bilder stolz seinen Besuchern zeigte,[3] erweiterte seinen Kunstbegriff um Badewannen und Fett. Da es genug Fett gab, Gefäße zur Lagerung aber fehlten, ließ Frauenfeld »alles, was es an Badewannen gab, es war nicht übermäßig viel, beschlagnahmen und ließ sie randvoll mit Butterschmalz füllen, bis eine Abtransportmöglichkeit bestand«.[4]

Ein Beuys-Objekt wie es im Geiste kaum besser vorstellbar ist!

In der Kunsthalle Hamburg befindet sich ein Objekt von Beuys aus dem Jahre 1962 mit dem Titel: Jason II. Zu sehen ist eine Zinkbadewanne, die senkrecht an der Wand hängt. Der Titel bezieht sich auf den griechischen Sagenhelden Jason, der mit dem Schiff durch die Ägäis und das Schwarze Meer segelt, um für seinen Onkel das Goldene Vlies zu holen. Seine Begleiter sind die Argonauten, eine Großgruppe griechischer Helden, die ihm hilft, alle Gefahren auf der schweren Fahrt heil zu überstehen. Jason und die Argonauten landen in Kolchis, einer Landschaft an der Ostküste des Schwarzen Meeres. Dort verliebt sich Jason in die Königstochter Medea, die ihn bei der Suche nach dem Vlies mit

1 BA/MA Freiburg, RH 23/94
2 ebd.
3 Luther, S. 43
4 Frauenfeld 1978, S. 232f.

»Wir wollen uns endlich einmal als Volk an den Fettnapf der Welt setzen. Bisher haben wir nur um blasse Ideale gekämpft, um die Frage Proletariat oder Bürgertum oder Sozialismus oder Nationalsozialismus oder Preußen oder Bayern, oder ob man das Abendmahl in einfacher oder in zweifacher Gestalt reichen soll. Diesmal geht es um wichtigere Dinge, und zwar um Dinge, die uns alle angehen, um Kohle, Eisen, Öl und vor allem um Weizen, damit wir das tägliche Brot auf dem Tisch haben. Wenn wir über kurz oder lang den Stoß in den Kaukasus fortsetzen, dann haben wir die reichsten Ölgebiete Europas in unserer Hand. Wer das Öl, das Eisen und die Kohle besitzt, der wird den Krieg gewinnen.«

Joseph Goebbels, Rede vom 18. Oktober 1942, Auszug, zitiert nach Heinz Bergschicker, Deutsche Chronik 1933 – 1945, 5. Aufl. 1990. S. 410.

Zauberei gegen ihren eigenen Vater unterstützt. Jason und Medea bekommen das Vlies und segeln heim nach Griechenland. Das Vlies wird ihnen dann aber von den Söhnen des Onkels entwendet. Jason und Medea verlassen die Gegend und leben glücklich mit zwei Kindern in Korinth, bis Jason fremdgeht, Medea die Kinder umbringt und Jason sich in sein Schwert stürzt und stirbt. So die Kurzfassung der Geschichte.

In Beuys' Jason-Wannenobjekt ist kein Fett, es würde auch herauslaufen. Der Betrachter schaut in die Wanne hinein. Ihr oberer Fuß hängt an einem alten Fensterladenhaken. Der Haken zeigt, wie es früher an Fensterläden oft zu sehen war, eine behelmte kleine Figur. Diese Figur ist an einer senkrechten, weiß gestrichenen Holzlatte befestigt. Ein dünner Draht und ein Nagel halten das ganze Objekt an der Wand. Leppien interpretiert metaphorisch: Im behelmten Haken erkennt er einen Krieger. Der trägt die Wanne. Und der Titel deutet es schon an: »Es ist Jason, der griechische Held. Die lange Schiffsreise auf der Argo ist zu Ende. Nach langem Umherirren sind die Argonauten mit dem Goldenen Vlies an Bord aus Kolchis in die griechische Heimat zurückgekehrt.«[1] Für Leppien wird die Wanne zum Schiff, zum Zeichen für die Lebensreise. »Aber die Seefahrt ist zu Ende, Helden sind nicht mehr nötig.«[2] Und da ist der Draht, er wird zur Antenne, die Signale auffangen und aussenden kann. Aber was macht Jason mit einer Antenne? Ist die Antenne nicht eher Hinweis auf Bordfunkertätigkeiten? Könnte man über den Fensterladenhaken deshalb nicht besser sagen: Es ist Beuys, der griechische Held?

Der biografische Bezug der Jason-Geschichte zu Beuys ist kaum zu übersehen. Wie Jason verschlägt es den Krieger Beuys ans Schwarze Meer, und nachdem er zahlreiche Gefahren überstanden hat und auf der Suche nach dem Goldenen Vlies nur auf butterraubende sowjetische Partisanen gestoßen ist, kehrt er als ordensdekorierter Held in die Heimat zurück. Leppien meint: »Beuys wird gewußt haben, daß Jason im Griechischen Heiland heißt.«[3] Aber Jason bedeutet nicht unbedingt Heiland. Iaso heißt im Griechischen: Ich heile, und iason: heilend (Partizip). Die Deutung »Heiler« in Richtung »Heiland« ist für die Zeit der Jason-Geschichte völlig an den Haaren herbeigezogen. Aus der Jason-Zeit um 1200 vor Christus läßt sie sich nicht ableiten. Dort gab es keinen Heilandbedarf.

Vergleicht Beuys in seinem Objekt seine eigene Lebensreise mit der Reise Jasons? Und sieht er sich dann vom Signale aussendenden Krieger zum falschen Heiland mutiert? Und warum zeigt er das? Ist die Wanne nicht auch Symbol für einen inneren Reinigungsprozeß? Und warum hatte Beuys ihn nötig? Und wenn ja, wie hat der Reinigungsprozeß ausgesehen?

Oder steht der Fensterladenhaken für den Krimkünstler Frauenfeld, der seine Butterschmalz-Wannen auf die Reise ins Reich schicken wollte, um dem deutschen Volkskörper Wärme zuzuführen?

---

1 Leppien, S. 18
2 ebd.
3 ebd.

DER POLITISCHE BEUYS – STATIONEN, ORGANISATIONEN, PERSONEN, POSITIONEN

1964 ERSTE STATION:
WOLLT IHR DAS TOTALE LEBEN?

Am 20. Juli 1964 fand an der Rheinisch-Westfälischen Technischen Hochschule Aachen ein von dem Kulturreferenten des AStA Valdis Abolins und Tomas Schmit organisiertes Fluxusfestival statt. An diesem »Actions/Agit-Pop/De-Collage/Happening/Events/Antiart/L`autrisme/Art total/Refluxus«-Festival nahmen teil: Eric Andersen, Bazon Brock, Stanley Brouwn, Henning Christiansen, Robert Filliou, Ludwig Gosewitz, Arthur Koepcke, Tomas Schmit, Ben Vautier, Wolf Vostell, Emmett Williams und Joseph Beuys. Beuys titelte im Programm: »kukei«, »akopee-Nein!«, »braunkreuz«, »fettecken«, »modellfettecken« und veröffentlichte hier zum erstenmal seinen »Lebenslauf/Werklauf« als Ausstellungsverzeichnis.[1]

Beuys wollte in seinem Festivalbeitrag biografische Angaben bildhaft werden lassen und verdeutlichen, »daß Leben und Werk sowie deren Erklärung und Deutung als Einheit zu sehen sind«.[2]

Die Veranstaltung wurde am 18. Juli von der Universitätsleitung mit der Begründung untersagt, die Veranstalter seien in ihrem Antrag auf Nutzung des Audimax nicht ausdrücklich auf die Verbindung mit dem historischen Datum des 20. Juli eingegangen. Nach Rücksprache mit Bazon Brock und Beuys wurde das Festival am 19. Juli um 21 Uhr unter der Bedingung genehmigt, die Ankündigungsplakate mit einer Erklärung zu überkleben, die darauf hinwies, daß es sich um eine Gedenkfeier internationaler Künstler zum 20. Juli (1944) handele und der AStA die volle Verantwortung trage. Ferner wünschte der Rektor zu Festivalbeginn einen einführenden Vortrag.[3]

Den Vortrag hält Bazon Brock. Auf dem Kopf stehend, stellt er dem ständig vom Tonband wiederholten Goebbels-Ausruf: »Wollt ihr den totalen Krieg?« die Frage »Wollt ihr das totale Leben?« gegenüber. Seine Rede wird zunehmend vom Publikum gestört, das der Goebbels-Frage immer lauter »Ja, ja, ja« entgegenbrüllt, und geht in Tumulten unter. Es kommt zu handgreiflichen Auseinan-

1 vgl. Oellers/Spiegel
2 Adriani u. a. 1994, S. 62
3 vgl. Oellers/Spiegel, S. 76

```
ACTIONS/AGIT-POP/DE-COLLAGE/HAPPENING/EVENTS/
ANTIART/L'AUTRISME/ART TOTAL/REFLUXUS
festival der neuen kunst
20.Juli 1964 aachen th
ausgeführt von ERIC ANDERSEN,JOSEPH BEUYS,BAZON BROCK,
STANLEY BROUWN,HENNING CHRISTIANSEN,ROBERT FILLIOU,
LUDWIG GOSEWITZ,ARTHUR KOEPCKE,TOMAS SCHMIT,BEN VAUTIER,
WOLF VOSTELL,EMMETT WILLIAMS,u.a.
organisiert von VALDIS ABOLINS und TOMAS SCHMIT
diese programm&dokumentations-publikation herausgegeben
von TOMAS SCHMIT und WOLF VOSTELL
juli 1964
some copyrights / some copies left :
at: t.schmit,5 k.-mülheim,rüdesheimerstr.14,germany
```

dersetzungen zwischen Publikum und Künstlern. Ein Ergebnis dieser Aktionen ist eines der bekanntesten Beuys-Portraits überhaupt: Der nach einem studentischen Schlag ins Gesicht naseblutende Hutträger Beuys hat den rechten Arm erhoben. In der linken Hand hält er ein Kreuz mit Christusfigur, das in einem nicht zu identifizierenden Behälter steckt. Die Szene, die zu dem Foto führte, wird wie folgt geschildert: »Laut Bericht des Studenten hat Beuys zunächst zurückgeschlagen, erst dann folgt die geistesgegenwärtige Szene, in der Beuys das ›pneumatische Kreuz‹ hervorholt, mit der Rechten den Kreuzbalken mittels der darunter montierten Spiralfeder nach unten drückt, dann die Hand in deklamatorischer Geste emporhebt, während sich das Kreuz wieder aufrichtet. Anschließend wirft Beuys Schokoladentäfelchen ins Publikum.«[1]

Beuys war angeblich auf heftige Reaktionen vorbereitet und hatte sich vorher Kreuz und Schokolade in die Tasche gesteckt. Es war für ihn eine christliche Geste, »aber doch sicherlich keine christliche Geste im Sinne des tradierten Christentums. So was wird man da nicht so leicht finden.«[2]

Die Veranstaltung wird nach einem Drittel des Programms abgebrochen. Beuys erinnert sich einige Monate später: »Wie Sie wissen, wurde ich nach einer gezielten Geraden auf meine Nase während einer simultanen Action auf der Bühne angegriffen. Jedoch war das nur der blutige Akzent in einem tobenden Auditorium, das fast zur Hälfte aus Menschen bestand, die mit der Absicht zu sabotieren gekommen waren. Für uns war das kein Grund aufzuhören. Aber der AStA-Vorsitzende Gotschlich sah sich nach der Entwicklung der Lage im Audience, und nach der von Presseleuten und Publikum zerstörten Spielmöglichkeit auf der Bühne, wohl zu recht verpflichtet, das Publikum zum Verlassen des Audimax aufzufordern und damit die Veranstaltung abzubrechen.«[3] Nach dem ungewollten Ende der Veranstaltung diskutiert Beuys vor dem Audimax bis tief in die Nacht mit Studenten.

Am 8. Oktober 1964 erstattet der Arbeitskreis 20. Juli 1944 bei der Staatsanwaltschaft am Landgericht Aachen Anzeige gegen den AStA-Vorsitzenden Gotschlich, gegen die Mitglieder der »Internationalen Künstlergruppe« und gegen Professor Joseph Beuys: »Die Mitglieder des Arbeitskreises 20. Juli 1944, also die in Berlin ansässigen Überlebenden der Widerstandsbewegung 20. Juli 1944 und die Hinterbliebenen der Opfer des 20. Juli 1944, fühlen sich durch die Art der Veranstaltung in gröblicher Weise belästigt und verletzt. Im Namen dieser Überlebenden und Hinterbliebenen bitte ich Sie, die Bestrafung der Schuldigen herbeizuführen.«[4] Der leitende Staatsanwalt weist nach eingehender Prüfung des Sachverhalts die Vorwürfe des Arbeitskreises zurück, die Anzeige wird abgewiesen.

Das Festival war für Beuys, neben der documenta-3-Teilnahme 1964, »die zweite wesentliche Konfrontation mit einer breiten Öffentlichkeit«[5]. Innerhalb der Fluxusbewegung markierte es einen wichtigen Ausgangspunkt für zahlreiche weitere Aktionen speziell in den Jahren von 1964 bis 1968. Beuys löste sich in dieser Zeit von der Fluxusbewegung ab. Sie war ihm zu dadahaft, oberflächlich und unzusammenhängend. Er entwickelte einen eigenen aktionistischen Weg.

1 Oellers/Spiegel, S. 34
2 Beuys in: Stern 19/1981, S. 81
3 Beuys in: Kunst Nr. 4, 10/11 1964, S. 95
4 Oellers/Spiegel, S. 82
5 Adriani u. a. 1994, S. 62

AACHEN 2o.JULI 1964/AUDITORIUM MAXIMUM DER TH.,2o UHR/
eric ANDERSEN /joseph BEUYS /bazon BROCK/stanley BROUWN/
h.CHRISTIANSEN/robert FILLIOU/l.GOSEWITZ/arthur KOEPCKE/
tomas SCHMIT/ ben VAUTIER/ wolf VOSTELL/emmett WILLIAMS/
unkostenbeitrag 4 DM/studenten 2 DM/ASTA kulturreferat

Seine Aktionen »lebten aus einer bewußt gestalteten Einheit von Körper und Geist, Sinnlichkeit und Spekulation, Erfahrung und Vision«.[1]

Für Beuys war das Aachener Festival »Auslöser eines Bewußtwerdungsprozesses, der immer mehr zu einer sehr bewußten politischen Haltung führte«.[2]

1967 ZWEITE STATION: DIE DEUTSCHE STUDENTENPARTEI – DSP

Dieser Bewußtwerdungsprozeß bricht sich Bahn am 30. März 1967. Johannes Stüttgen beschreibt dramatisch: »Der Lehrer Joseph Beuys stößt die Türen seiner Klassenräume auf und verkündet, er sehe sich außerstande, weiterhin seiner Verpflichtung als Professor für Bildhauerei nachzukommen, wenn er diese nicht und gerade auf die Form der Akademie, ja das gesamten Schul- und Bildungswesens bezöge. Es widerspreche der Kunst selbst, wenn ihr Begriff nicht zur Gestaltungsmaxime der ganzen Gesellschaft erhoben werde. Ausgangspunkt sei die Idee der Plastik und mit ihr der Mensch als freies, sich selbst bestimmendes Individuum. Jene Stätten aber, wo seine Freiheitsfähigkeiten entwickelt werden, seien als erste unter dieses Freiheitsprinzip zu stellen. Autonomie und Selbstverwaltung, also Entstaatlichung des Schul- und Hochschulwesens seien daraus die logische Konsequenz.«[3]

Beuys' folgende politische Aktivitäten sorgen an der Akademie und in der Presse für Aufruhr und Diskussionstoff. In einem offenen Brief an den Direktor der Akademie Dr. Eduard Trier vom 28. Oktober 1968 wenden sich die Professoren Karl Bobek, Walter Breker, Günter Grote, Gerhard Hoehme, Karl Robaschik, Rolf Sackenheim und Gert Weber gegen Beuys: »Die unterzeichnenden Professoren sind der Auffassung, daß die Kunstakademie einer sie in ihrer Existenz bedrohenden Krise entgegengeht. Urheber dieser die innere wie äußere Ordnung der Hochschule gefährdenden und die Arbeitsfähigkeit ihrer Mitglieder in Frage stellenden Entwicklung ist ein Ungeist, der im wesentlichen aus dem Ideenkreis und dem Einfluß von Herrn Beuys stammt. Anmaßender politischer Diletantismus, Sucht nach weltanschaulicher Bevormundung, demagogische Praktik und – in ihrem Gefolge – Intoleranz, Diffamierung und Unkollegialität zielen auf die Auflösung gegenwärtiger Ordnungen, greifen störend in künstlerische und pädagogische Bereiche ein...«[4] Diese Kritik liest sich wie eine der zahlreichen Kritiken an der politischen Arbeit der APO, in deren Umfeld Beuys' Aktivitäten gestellt werden. Aber Beuys' Standpunkt hatte wenig zu tun mit den durchaus unterschiedlichen Zielen der einzelnen APO-Fraktionen.

Professor Norbert Kricke interpretiert 1968 die künstlerische und politische Position von Beuys als konservativ und rückwärtsgewandt. Er nimmt gesondert zum Akademiestreit Stellung: »Es ist gar nicht verwunderlich, wenn sich Künstler, die im selben Hause lehren, belästigt und geelendet fühlen durch Beuys, der mit telepathischen Aktionen und metaphysischem Fanatismus die Akademie benutzt, um sich zu zelebrieren, um sich zu verwirklichen, um Stimmen zu

1 Mennekes 1992, Vorwort
2 Adriani u. a. 1994, S. 62
3 zit. n. Krenkers, S. 43
4 zit. n. Die Zeit, 20. 12. 1968

sammeln für seine Zwecke. ... Fanatisierte Jünger des Meisters durchlaufen die Akademie wie ferngelenkte Medien, tuscheln und rascheln und zeigen eine insektenhafte Aktivität, sind clever, eifrig und emsig wie Maos kleine Chinesen. ... Nicht ohne Spaß zu sehen, wie Pförtner und Bedienstete mit sogenanntem gesunden Menschenverstand dieser Sache begegnen. Finger an die Schläfe legen, Augen hoch zum Himmel... Er spannt sie alle für sich ein, Galeristen, Kirchenfürsten, Presse, Rundfunk, Fernsehschau fordern seine Verbeamtung. Angst scheint seine Triebkraft zu sein, sie sitzt tief und überall bei ihm: Technik ist böse, Heute ist böse, Autos sind schrecklich, Computer unmenschlich, Fernseher auch, Raketen sind furchtbar, Atome gespalten zerrütten die Welt. Flucht in das Gestern, Besserung der Menschen, Sehnsucht nach rückwärts: altes Gerät, Kordeln mit Gebündeltem, Staub und Filz, Befettetes, Wachs und Holz, mürbes Gewebe, Trockenes und Geschmolzenes, alles serviert er grau, braun und schwarz wie dunkel gewordene alte Gemälde, Museumsstaub, Museumsgeruch an allen Objekten schon bei der Entstehung, dämmrig und wenig belüftet die Welt seiner Dinge; dauerndes Spiel, Versteck im Versteck, Wachs auf der Kiste, Fett im Eck, in den Teppichrollen qualvoll lange drinnen bleiben; er nimmt es auf sich für uns alle. Das ist sein Anspruch: Vertreter im Leiden, er spielt den Messias, er will uns bekehren, er will die Akademie die Rolle der Kirchen übernehmen lassen – das ist für mich sein Jesu-Kitsch...«[1] Der Kunstmarktexperte und Kunstkompaß-Erfinder der Zeitschrift »Capital« Willi Bongard sieht Krickes Kritik als Ausdruck von Neid und Eifersucht.[2]

Die Motivation zur Gründung der DSP und ihr »Parteiprogramm« zeigen jedoch, daß Kricke so falsch nicht lag.

Die »Deutsche Studentenpartei« wurde am 22. Juni 1967 gegründet. Den Vorsitz übernimmt Beuys – »Ich habe eine Studentenpartei gegründet«[3] –, weitere Gründungsmitglieder sind AStA-Sprecher Johannes Stüttgen und Fluxus-Mitkämpfer Bazon Brock. Auslöser ist die Erschießung Benno Ohnesorgs am 2. Juni 1967 während der Demonstration gegen den Besuch des Schahs von Persien in Berlin. Der Tod von Benno Ohnesorg löst an zahlreichen Universitäten in der gesamten Bundesrepublik Empörung und Proteste aus. So auch an der Düsseldorfer Akademie. Beuys will sich zum Sprecher der Studenten machen, »da sie ja häufig das, was ihr Unbehagen erregt, nicht richtig vorbringen können«[4]. Dieses Unbehagen habe sich »in Demonstrationen, Protesten und revolutionären Aktionen mit negativen Äußerungen begnügt«. Die Kritik an den Zuständen sei zwar begrüßenswert, zeige aber eine »Ratlosigkeit bezüglich deren Verbesserung«. Darum, so Beuys, übernehme die DSP »gleichsam die Anwaltschaft für die richtigen Gefühle der Studenten und sehe ihre wesentliche Aufgabe darin, diese vernünftig zu formulieren und ihnen zu positiver Wirksamkeit zu verhelfen«[5]. Beuys hält also nichts von den vermeintlich destruktiven Aktivitäten der APO, er kennt die »richtigen Gefühle« der Studenten.

In ihrem Gründungsprotokoll gibt sich die DSP einen »religiösen Auftrag«, will »die Beantwortung der Frage nach dem Leben nach dem Tod übernehmen« und »arbeitet für die Realisierung einer wirklich christlichen Welt«.[6] Die »eigent-

1 zit. n. Die Zeit, 20. 12. 1968
2 ebd.
3 Beuys in: Bayernkurier, 13. Juli 1968
4 Beuys, zit. n. Adriani u. a. 1994, S. 89
5 DSP, Münster
6 Gründungsprotokoll und DSP, Münster

liche Substanz« des Christentums soll für die Gesellschaft nutzbar gemacht werden. »Jetzt muß aus dem Christentum das eigentlich Spirituelle hervorkommen.«[1]

Die DSP »bekennt« sich zum »Grundgesetz in seiner reinen Form«. Sie tritt für die Menschenrechte ein, deren »Voraussetzung sie in der uneingeschränkten Bereitschaft der Menschen zu der Verwirklichung ihrer Pflichten sieht ...« Menschenrechte müßten als Menschenpflichten begriffen werden.[2] Absicht der Partei ist die Umwandlung des Politikbegriffs und die Änderung des Staatsbegriffs. Beuys will aber »zunächst den Parlamentarismus anerkennen«[3]. Die DSP versteht sich als Metapartei ohne das übliche politische Programm. Sie will »alle guten Kräfte wirksam zusammen« führen und »positive, organisch-evolutionäre Veränderung« einleiten. Ziele sind: absolute Waffenlosigkeit, geeinigtes Europa, Auflösung der Abhängigkeit von Ost und West, Erarbeitung neuer Gesichtspunkte zur Erziehung, Lehre und Forschung und, nach Steiners Dreigliederungsmodell, die Selbstverwaltung der autonomen Glieder Recht, Kultur, Wirtschaft. Konkret erarbeitet soll dies werden im »allesumfassenden Zusammenhang«, der »im Prinzip klar ist«. Weitere Schlagworte sind: »geistige Mündigkeit«, »notwendige Erweiterung des Bewußtseins« und »grundlegende Erneuerung aller herkömmlichen Formen im Leben und Denken der Menschen«.[4] Denn: »utilitaristische, bloß wirtschaftlich bestimmte Ziele« (umschriebener Anti-Marxismus) und »jeglicher Egoismus« (umschriebener Anti-Liberalismus) hätten »hinter den künstlerischen Forderungen des Augenblicks, somit der Geschichte, prinzipiell zurückzustehen und müßten letztlich völlig abgebaut werden. Nur die Spitze sei der Maßstab für menschenwürdiges Handeln. Dies sei das Interesse aller Menschen im eigentlichen Sinne.«[5] »Spitze« meint hier »qua-

1 Beuys in: Bayernkurier, 13. Juli 1968
2 Gründungsprotokoll und DSP, Münster
3 Beuys in: Bayernkurier, 13. Juli 1968
4 DSP-Gründungsprotokoll
5 ebd.

SDS-Demonstration in München 1967

lifizierte, diesen Zusammenhang überschauende Fachleute«. Deren Zusammenarbeit und Wirkung »könne keineswegs von quantitativen Entscheidungen – beispielsweise einer Mehrheitswahl – abhängig gemacht werden«[1].

Ein halbes Jahr später vertrat Beuys, eine Universität könne man »von Lehrern befreien«, weil sich die Studenten selbst unterrichten könnten. Aber: »Das würde natürlich eine ungeheure Disziplin erfordern und müßte dann auch mehr haben als das, was der SDS macht. Es müßte auch viel mehr Moral beinhalten.«[2] Welche Moral und Disziplin Beuys beim SDS vermißte, wird aus den Dokumenten der DSP deutlich. Die Partei verstand sich offensichtlich als Gegenentwurf zum SDS, denn von 1982 gesehen war die DSP für Beuys »der Versuch, eine richtige Auseinandersetzung mit dem Marxismus durchzuführen, das ganze marxistische Gedankengut ins Laboratorium zu nehmen und auf seinen Wahrheitsgehalt zu überprüfen«[3]. Das Ergebnis stand offensichtlich schon fest, denn ihre Legitimation sah die DSP in der »akuten Bedrohung durch die am Materialismus orientierte, ideenlose Politik«. Dem Materialismus, wie die DSP ihn verstand, stellte sie »Geist«, »richtige Gefühle« und »Bewußtseinserweiterung« durch »spirituelles Christentum« gegenüber.

Die Partei trat zwar für den »Abbau nationalistischer Interessen« ein, Beuys betonte aber auf einer Versammlung der DSP die Wichtigkeit des Zusammenhangs »westlicher und östlicher geistiger Strahlungen, Wärme- und Kälteprinzipien ... diesen Zusammenstrom (Hauptstrom) zu erzielen, sei gerade Deutschland – auch seiner geografischen Lage nach, die ja nicht zufällig oder außerhalb des geistigen Zusammenhangs zu denken sei, sondern ihre Gründe habe – der geeignete Ausgangspunkt«[4]. Dem Parteiprogramm der DSP liegt ein antimarxistisches, esoterisches Weltbild zugrunde, aus dem bereits 1968 Überlegungen zur spezifischen Aufgabe der Deutschen in der Welt abgeleitet wurden, wie sie Stüttgen und Beuys auch später immer wieder gern formulierten.

Die konservative Position von Beuys und der DSP spiegelt sich wider in den in dieser Zeit bekanntgewordenen runden Stempeln mit den außen umlaufenden Schriftzügen »Deutsche Studentenpartei«, »Fluxuszone West« und »Hauptstrom«. Innen befinden sich zwei Kreuzformen. Rechts das quadratische Kreuz, analog dem Braunkreuzzeichen, links daneben eine Mischung der geografischen Zeichen »Kirche« und »Ruine« – ein Kreis mit einem Punkt in der Mitte und darauf stehend ein Kreuz. Die Bedeutung der Zeichen erschließt sich aus dem religiösen Auftrag der DSP: Links (im Westen) die dogmatische, in Formen gebundene Kirche, die den Glauben ruiniert habe, das tradierte Christentum und rechts (im Osten) das fette Kreuz, der wahre Glaube. Diese Aufteilung und Bedeutung taucht auch in den »eurasischen Visionen« von Beuys auf, und sie entspricht den Zuordnungen, wie wir sie bei den Ideologen der Konservativen Revolution, den Nationalrevolutionären und den Nationalbolschewisten der Weimarer Republik finden. Deren Diskussionen basierten auf der Gegenüberstellung von kapitalistischem, materialistischem, rationalistischem Westen einerseits und bäuerlichem, innerlichem, gläubigem Osten andererseits. In der Mitte sahen sie Deutschland zwischen Moderne und Asien mit besonderer Aufgabe.

1 DSP, Münster
2 Beuys in: Bayernkurier, 13. Juli 1968
3 Beuys in: Brüll, S. 85
4 DSP, Münster

Ging es Beuys um die Rettung des christlichen Abendlandes gegen die im »Lebenslauf/Werklauf« 1964 angekündigten Hunnen und Türken vor Wien, wobei nationalistische Interessen kleinlich und hinderlich wären?

Die Aktivitäten der Deutschen Studentenpartei blieben auf die Akademie beschränkt. Innerhalb der außerparlamentarischen Bewegung Ende der sechziger Jahre hatten Beuys und seine Partei mit ihren kaum 300 Mitgliedern keine Bedeutung. Der internationale Vietnam-Kongreß in Berlin, die Anschläge gegen Springer-Einrichtungen als Reaktion auf das Attentat auf Rudi Dutschke am 11. April 1968 und die weiteren Demonstrationen, Aktionen und Veranstaltungen der APO kamen gut ohne die Religion der DSP zurecht. Von Sozialismus ist bezeichnenderweise bei der DSP nie die Rede. Dieser Begriff wird erst später von Beuys benutzt. Beuys bezeichnete die Deutsche Studentenpartei als »mein größtes Kunstwerk«.

Auf die Bezeichnung »Fluxus Zone West« für die DSP folgt am 2. März 1970 die Umbenennung in »Organisation der Nichtwähler – Freie Volksabstimmung«. Die Organisation ruft zum Wahlboykott auf, um den Herrschenden die Legitimation zu entziehen, und erarbeitet ein Volksabstimmungmodell, in dem nur grundlegende Probleme dem Volk zur Abstimmung vorgelegt werden sollen. Qualifizierte Fachleute, die »Spitze«, sollen über die Probleme entscheiden, die sich der Beurteilung der breiten Masse entziehen.

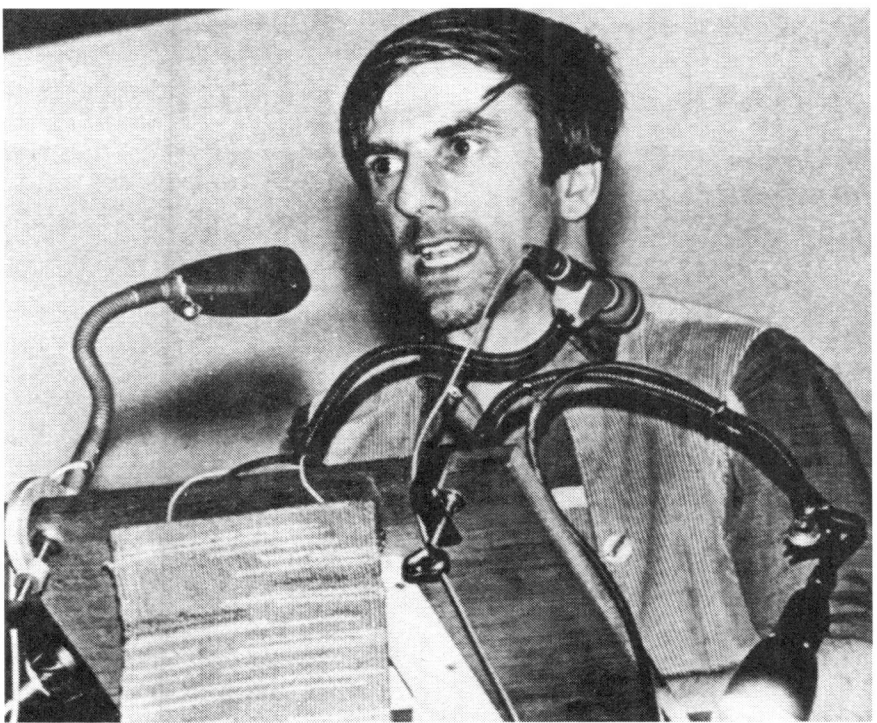

SDS-Sprecher Rudi Dutschke auf der Kanzel der Neu-Westend-Kirche in Berlin

1971/72 DRITTE STATION:
DIE »ORGANISATION FÜR DIREKTE DEMOKRATIE DURCH VOLKSABSTIMMUNG« UND DIE DOCUMENTA 5

Am 1. Juni 1971 gründen Beuys und seine Mitstreiter die »Organisation für direkte Demokratie durch Volksabstimmung« und richten in Düsseldorf das »Informations- und Organisationsbüro für direkte Demokratie« ein. Das Büro ist, modellhaft als Anfang einer freien Schule gedacht, wie eine öffentliche Bibliothek für jedermann zugänglich und soll Anlaufpunkt und Diskussionsraum für unzensierten Informationsfluß der unterschiedlichsten Gruppierungen sein. Dieses Büro verlagert Beuys vom 30. Juni bis 8. Oktober 1972 in das Museum Fridericianum auf die documenta 5 nach Kassel.

Hundert Tage lang diskutiert er permanent mit den Besuchern über diverse Themen. Das Büro, durch die documenta medienwirksam in Szene gesetzt, zum Kunstwerk erhoben und international beachtet, bietet Beuys erstmals die Möglichkeit, seine Weltanschauung und sein Bild der Gesellschaft als »sozialer Plastik« in einer breiteren Öffentlichkeit zu diskutieren. Diese Diskussionen sind auszugsweise in dem Buch von Clara Bodenmann-Ritter »Jeder Mensch ein Künstler« für die Nachwelt erhalten geblieben. Hier erfährt man einiges über »das Wesen der Frau«, über die »spezifischen Fähigkeiten der Holländer« und über die »blutsmäßigen« Grundlagen des Rassismus. Auf die Frage, ob er auch am »Rassenproblem« arbeite, antwortet Beuys: »Ja natürlich. Das gibt's hier bei uns ja auch, nur haben wir ein anderes Rassenproblem... Wenn schwarze Studenten beispielsweise Wohnungen suchen, meinen Sie, die kriegen leicht ein Zimmer? Auch nicht Franzosen. Ausländer sind in Deutschland gar nicht besonders gefragt... Das ist durchaus nicht überwunden bei uns.«[1] Und er findet eine Erklärung für die Ausländerfeindlichkeit in biologischen Dispositionen der Deutschen: »Ich führe es darauf zurück, daß das in den Menschen noch nicht sehr weit entwickelt ist, diese Überwindung von altem Blut. Daß das Blutsmäßige durchaus noch nicht überwunden ist. Es ist eine innere Unfreiheit.«[2] »Überwindung der inneren Unfreiheit« hört sich gut an. Beuys erklärt sie aber 1972 mit der biologischen Kategorie »Blut«. Diese falsche Voraussetzung führt auch mit gutgemeinter Absicht zu falschen

1 Bodenmann-Ritter, S. 59
2 ebd.

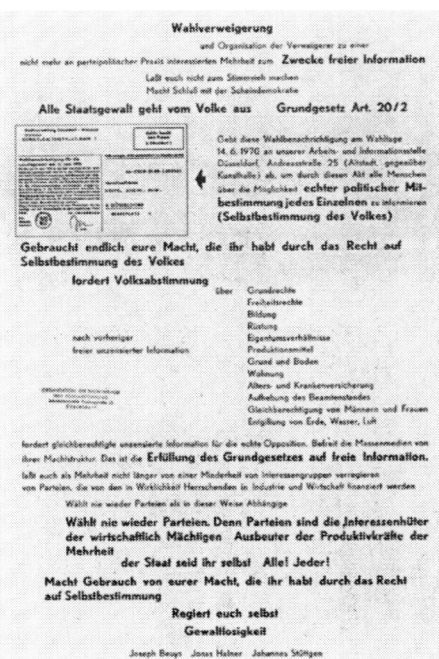

»Antidocumenta« 1972 vor dem Fridericianum

Schlüssen, die rechte Anthroposophen wie Günther Bartsch zu »Deutschland den Deutschen« bringt oder die Republikaner zu »Europa der Vaterländer«.

1971/72 VIERTE STATION:
AKADEMIEREFORM UND ENTLASSUNG

In die Jahre 1971/72 fällt auch Beuys' hochschulpolitisches Engagement für eine grundlegende Reform an der Düsseldorfer Akademie und gegen die universitären Zulassungsbeschränkungen durch den Numerus Clausus. Im Juli/August 1971 nimmt er 142 abgewiesene Studienbewerber in seine Klasse auf. Beuys wendet sich gegen die Auswahl der Bewerber durch Mappenvorlage und erarbeitet ein modifiziertes Aufnahmeverfahren, das im Februar 1972 durch Konferenzbeschluß gebilligt wird. Statt Mappenvorlage soll nach zwei Probesemestern anhand der erzielten Arbeitsergebnisse beurteilt werden, ob der Bewerber für das Studium geeignet ist. Als trotzdem 127 Studienbewerbern abgelehnt werden, entschließt sich Beuys abermals trotz Aufforderung des Wissenschaftsministeriums, nicht auf unbegrenzte Zulassung zu bestehen, alle abgelehnten Bewerber in seiner Klasse zu unterrichten. Seine unnachgiebige Haltung und der Streit mit dem Wissenschaftministerium führen zu seiner fristlosen Entlassung zwei Tage nach Ende der documenta, am 10. Oktober 1972, durch den damaligen Wissenschaftsminister des Landes Nordrhein-Westfalen Johannes Rau, SPD.[1]

Zahlreiche Künstler aus dem In- und Ausland forderten öffentlich die Rücknahme der Entlassung. Ein langwieriger Prozeß um Wiedereinstellung endete am 7. April 1978 vor dem Bundesarbeitsgericht in Kassel mit einem klaren Sieg für Beuys.

1 vgl. Adriani u.a. 1994

AUCH HEINE TRÄGT HUT,
AUCH BEUYS WIRD
RAUSGESCHMISSEN!

WARUM REHABILITIERT IHR HEINE,
WÄHREND IHR ZULASST,
DASS BEUYS RAUSGESCHMISSEN
WIRD?

Flugblatt

1971/72 FÜNFTE STATION:
DAS INTERNATIONALE KULTURZENTRUM ACHBERG – INKA

Ebenfalls 1971 wurde das Internationale Kulturzentrum Achberg von dem anthroposophischen »Denghooger Kreis« um Wilfried Heidt, Peter Schilinski und Ursula Weber aufgebaut. Beuys war Mitbegründer des Achberger Kreises.[1] Die Mitglieder des »Denghooger Kreises« wirkten als anthroposophisch orientierte Gruppe in den sogenannten »Republikanischen Clubs«. 1969 schlossen sie sich der neu gegründeten Demokratischen Union (DU) an, einem Zusammenschluß zahlreicher politisch heterogener Gruppierungen im Umfeld der APO. Ein DU-Kongress versammelte 1969 Vertreter der AUD, des SDS, der ADF/DKP und Republikanischer Clubs. Letztere hielten die Vorstellungen der DU für »Primitivdemokratismus, mit dem es schon einmal angefangen hat,« und reisten vorzeitig ab. Andere Teilnehmer konstatierten »Antikommunismus, Intellektuellenhaß und Anthroposophenschule, gemischt mit den Parolen der AUD«, die sich kaum »von denen der NPD unterscheiden«. Unter dem Mantel der »verschwommenen national-neutralistischen Freiheits- und Sozialismusvorstellungen« würden »unterschwellig tendenziell faschistische Inhalte verbreitet«.[2]

Beuys hält im Laufe der Jahre in Achberg zahlreiche Vorträge, die, laut FIU Verlag, »Zentralaspekte der sozialen Skulptur« beinhalten. Ziel des INKA ist ein »Dritter Weg« zwischen Kapitalismus und Kommunismus zu Freiheit, Demokratie und Sozialismus nach den Ideen des anthroposophisch orientierten Flügels des »Prager Frühlings«. Im August 1973 gründet Beuys in Achberg mit Heidt, Schilinski, dem Anthroposophen und Nationalrevolutionär Günther Bartsch, Ossip K. Flechtheim, dem tschechischen Wirtschaftswissenschaftler Ota Sik und zahlreichen anderen das »Freie Institut für Sozialforschung und Entwicklungslehre«. Das Institut organisiert Kongresse und Vorträge unter anderem mit »Vertretern von Bürgerrechtsbewegungen aus kapitalistischen und staatskommunistischen Ländern«.[3]

1974 SECHSTE STATION:
DIE FREIE INTERNATIONALE HOCHSCHULE – FIU

Am 20. Februar 1974 tritt die »Freie Internationale Hochschule für Kreativität und interdisziplinäre Forschung« mit ihrem Gründungsmanifest an die Öffentlichkeit. Das Modell der FIU hatte Beuys zusammen mit Klaus Staeck, Gerhard Richter, Erwin Heerich, Heinrich Böll und anderen entwickelt. Die FIU plant eine »freie Akademie«, ein »ökologisches Institut« und ein »Institut für Entwicklungslehre/Evolutionswissenschaft«. Beuys und seine Mitstreiter wollen in den Forschungsinstituten neue Formen der Produktivität suchen, um das Problem der Entfremdung zu lösen. Der kulturelle Bereich soll darum organisch im Wirtschaftsbereich angesiedelt werden. Die Produktion von Waren soll »höhere Aufgaben erfüllen als biologische Bedürfnisbefriedigung und Hebung des Lebens-

1 vgl. Beuys in: Spiegel 23/1984, S. 179
2 Frankfurter Rundschau, 22. April 1969
3 vgl. Loers/Witzmann, S. 185

standards«. Erst der organische Kreislauf zwischen Wirtschaft und Kultur schaffe den Kapitalismus ab und hebe Entfremdung auf, die durch »Mangel an geistiger Ernährung« entstehe. Betriebe würden zu Kulturstätten, weil Arbeiter den Sinn ihrer Tätigkeit erkennen würden. Dann könne jeder seine Tätigkeit sinnvoll in den sozialen Gesamtorganismus eingliedern.[1] Im Gründungsmanifest heißt es: »Kreativität ist nicht auf jene beschränkt, die eine der herkömmlichen Künste ausüben, und selbst bei diesen ist sie nicht auf die Ausübung der Kunst beschränkt. Es gibt bei allen ein Kreativitätspotential, das durch Konkurrenz- und Erfolgsaggression verdeckt wird. Dieses Potential zu entdecken, zu erforschen und zu entwickeln, soll Aufgabe der Schule sein.«[2]

Kreativität ist nicht auf die »herkömmlichen« Künste beschränkt, das hören wir gerne, und in uns allen schlummert ein kreatives Potential, das hören wir auch gerne, denn kreativ sein heißt gut sein. Der idealisierte Kunst- und Kreativitätsbegriff der FIU basiert auf der These: Kunst ist gut, deshalb ist Kreativität gut, und Gutes produziert Gutes. Sind also die Menschen kreativ, sind sie gut, und sind die Menschen gut, wird die Welt gut.

1 vgl. Adriani u. a. 1981, S. 318ff.
2 zit. n. Adriani u. a. 1994, S. 139

Anders gesagt: nicht die Arbeitsbedingungen, sondern das Bewußtsein der Arbeitenden ist danach das Problem der Entfremdung. Wer einen höheren Sinn im Akkord entdeckt, fühlt sich »geistig ernährt« und arbeitet kreativ und glücklich für den »Gesamtorganismus«. Nicht das Sein bestimmt also das Bewußtsein, sondern das Bewußtsein das Sein.

Dieser erweiterterte Kunstbegriff fragt nicht nach Inhalten und Zielen, also nach der Funktion von Kunst innerhalb der Gesellschaft. Geht man mit der FIU davon aus, daß Fremdbestimmung im Widerspruch zur Kreativität steht, was durchaus fraglich ist, so muß geschlossen werden, daß künstlerische Produkte nicht notwendig dem Kreativitätspotential entspringen, denn selbstverständlich sind auch Künstler nicht frei von Konkurrenz- und Erfolgsaggression. Das Kunstwerk unterliegt den Bedingungen des kapitalistischen Marktes. Börsenbewegung heißt Kunstmarktbewegung. Der Kunstmarkt fordert den wiedererkennbaren künstlerischen Stil. Fett und Filz sind auch Markenzeichen für Beuys-Produkte. Angebot und Nachfrage bestimmen die Politik der Galerien mit. Der Preis des Kunstwerks wird zum Qualitätsmerkmal.

Die FIU mit der »Honigpumpe am Arbeitsplatz« ist 1977, abermals für 100 Tage, auf der documenta 6 vertreten. Mit zahlreichen Gästen aus dem In- und Ausland wird wiederum rund um die Uhr »freies Geistesleben« praktiziert. »Das Problem der Fremdarbeiter, Nordirland, Medien und Manipulation, Soziale Weltprobleme, Atomenergie und alternative Energieformen« und andere Themen stehen auf dem Programm.[1]

Eng organisatorisch verbunden ist die FIU mit den Achberger Anthroposophen. Seit Ende der siebziger Jahre leitet Wilfried Heidt die FIU. Vorträge halten dort unter anderem auch: der völkische Anthroposoph Georg Werner Haverbeck vom Weltbund zum Schutz des Lebens (WSL) und der AUD-Vorsitzende August Haußleiter.

Rainer Rappmanns Achberger FIU-Verlag vertreibt Schriften von Bartsch, Steiner, Beuys und anderen. Der Vortrag, den Beuys 1985 innerhalb der Reihe »Reden über das eigene Land« hielt, wird zum zehnten Todestag von Beuys im Januar 1996 als Extra-Ausgabe herausgegeben. Die Rede erscheint nun unter dem Titel »Sprechen über Deutschland« und wird besonders angepriesen, denn man »empfindet bei der Lektüre, daß hier, gerade auch für unsere ideenlose Zeit und die Zukunft, eine ganz entscheidende, wichtige Perspektive entwickelt wird«.[2] »Ein Vortrag, den man immer wieder besinnen kann!«[3]

1976 SIEBTE STATION:
BUNDESTAGSKANDIDATUR FÜR DIE AUD

1976 kandidiert Beuys als Parteiloser für die Aktionsgemeinschaft Unabhängiger Deutscher (AUD) zum Bundestag. Über den »Denghooger Kreis«, das INKA und die Demokratische Union bestanden Kontakte zur AUD und ihrem Vorsitzenden August Haußleiter schon ab 1969. Beuys' auf der documenta 1972

[1] vgl. Loers / Witzmann, S. 186
[2] FIU-Gesamtverzeichnis 1995/96, o. S.
[3] FIU-Info, Herbst 1995

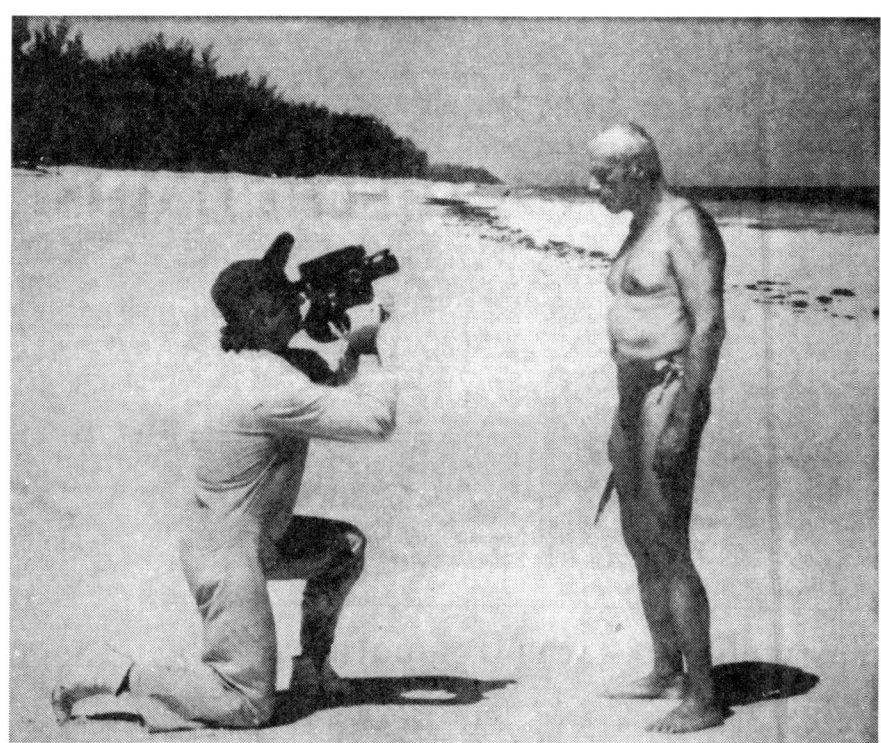

Charles Wilp lichtet Joseph Beuys ab, 1976

geäußerte Befürchtung, »wenn Europa keine eigene politische Idee entwickelt wird es sehr bald eine Kolonie sein«,[1] findet sich im AUD-Parteiprogramm so wieder: »Wir sind als Deutsche geboren und wollen nicht als amerikanische oder als russische Kolonialvölker sterben.«[2]

Zu seiner Kandidatur sagt Beuys: »Ich will nicht Kunst in die Politik hineintragen, sondern die Politik zur Kunst machen. Mein Kunstbegriff bezieht sich auf alle Fragen des Sozialkörpers. Kunst ist das Gestaltungsprinzip für alle Organisationsfragen und Tätigkeiten der weltweiten Menschheit.« Zum Widerspruch zwischen dem Eintreten für direkte Demokratie und Wahlboykott und seiner Kandidatur, antwortet Beuys im Anti-Weimarer Stil: Es sei ein »Zwischentrick«. »Wir arbeiten nach einem Parteistatus des alten, langweiligen, verkommenen Systems.« Im Parlament sieht er »immer diese langweiligen, stieseligen Streitereien«. Er betrachtet seine Kandidatur als Experiment in Richtung direkte Demokratie, denn »es wäre schon pervertiert, wenn ich diesen Parteistatus zu lange durchexerzieren würde«.[3]

Die 1965 aus verschiedenen Gruppen des national-neutalistischen Spektrums gegründete AUD bezeichnete sich als »nationale Mitte« und »deutsche Opposition«. Ihre Vorläuferpartei Deutsche Gemeinschaft (DG) – verstand sich nach ihrem Vorsitzender August Haußleiter als »legale Rechtaußen«.[4] Schon bevor

[1] Beuys in: Bodenmann-Ritter, S. 107
[2] zit. n. Frankfurter Rundschau, 22. April 1967
[3] Beuys in: Kölner Stadtanzeiger, 7./8. August 1976
[4] zur Geschichte d. AUD vgl. Stöss

Umweltschutz gesellschaftliches Thema wurde, hatte die DG in den fünfziger Jahren Ökologie als »Lebensschutz« im Programm.

Die DG/AUD war eine anti-gewerkschaftliche Partei des rechten Spektrums, die mit schein-sozialistischen Parolen auf Wählerfang ging. Sie bekannte sich »konkret als sozialistische Partei« und bestritt, gleichzeitig eine »Linkspartei« zu sein. Ein Kritiker der Frankfurter Rundschau fand im Jahr der Beuyskandidatur nicht zu Unrecht eine »Geistesverwandtschaft zu dem nationalistisch geprägten Sozialismus eines Herrn Strasser«.[1]

Die Partei forderte: Eine »neue Ordnung« zwischen Kapitalismus und Kommunismus und einen modernen deutschen Sozialismus als gemeinschaftliches Handeln in Betrieb und Wirtschaft durch Mitunternehmertum und Betriebspartnerschaft. Deshalb polemisierte die DG/AUD anti-gewerkschaftlich gegen Gewerkschaftsbürokratie.

Mit ihrem »Mittelstands-Antikapitalismus« wetterte sie gegen Monopole und multinationale Konzerne als Ursache für Teilung, Westintegration, NATO, EG und Strukturkrisen von Mittelstand und Bergbau. Deren politische Macht und ökonomische Freiheit sei einzuschränken. Sie forderte zwar die Vergesellschaftung der Produktionsmittel, aber das Privateigentum sollte nicht generell aufgehoben werden. Staatliche Planung sollte für den Mittelstand intervenieren.

Auf dem AUD-Parteitag 1967 griff ein Freund des damaligen Vorsitzenden Schwann, Hjalmar Schacht, Hitlers erster Reichsbankpräsident und bis 1937 Reichswirtschaftsminister, linksintellektuelles Schrifttum an, wo die »finanz- und wirtschaftspolitischen Erfolge der ersten Hitlerjahre entweder ganz unterschlagen oder entstellt und verfälscht dargestellt werden«.[2]

Auf dem AUD-Parteitag 1973 sprach als Hauptgastredner der rechte Anthroposoph Georg Werner Haverbeck vom Weltbund zum Schutz des Lebens gegen den »American way of life«.

Ihren Hauptgegner sah die AUD in der »Spalterpartei West«, der CDU, weil der »rheinische Separatist« Adenauer durch den Beitritt zur NATO die deutsche Teilung zementiert habe. Die Dreierkonföderation Bonn-Wien-Pankow sollte zur »Neubildung der europäischen Mitte«, zu einem blockfreien Europa führen. Wien war für ihren Dauer-Vorsitzenden Haußleiter die deutsche Hauptstadt. Die Vereinigung des »besetzten« Deutschlands blieb stets Hauptanliegen der AUD in ihren Bemühungen um Bürgerbewegungen. Darum griff sie die Monopolmacht und den Imperialismus der USA und der UdSSR an und wandte sich gegen den autoritären westdeutschen Staat.

Die DG/AUD »versuchte im Verlauf ihrer 30jährigen Bemühungen, eine konservativ-populistische Bewegung gegen das bestehende ›System‹ zu etablieren«.[3] Die Entwicklung von einer nationalistischen Partei in den fünfziger Jahren zu einer Umweltschutzpartei in den siebziger Jahren bewertet Stöss als einen nur oberflächlichen Wandlungsprozess: »In den fünfziger Jahren drängte sich die ›nationale Frage‹ als Hebel auf, heute (i.d. siebziger Jahren, d. Verf.) ist es der ›Lebensschutz‹. Stets aber beschwor sie den Mythos vom ganzheitlichen, aber verführten, betrogenen, gespaltenen oder unterjochten Volk, stets präsentierte

1 Frankfurter Rundschau, 17. September 1976
2 Frankfurter Rundschau, 11. Mai 1967
3 Stöss 1980, S. 300

sie ihre dämonisierten Feindbilder als Übeltäter, Verführer und Betrüger. ... Die verschwörungstheoretische Interpretation von in Wirklichkeit strukturellen Herrschafts- und Gewaltverhältnissen der bürgerlichen Gesellschaft basiert darauf, daß die Partei ihre subjektiven Entfremdungsgefühle zum alleinigen Interpretationsschema, zum ersten und letzten Begründungspunkt ihres Wollens erhebt. Theorielos interpretiert sie die westdeutsche Gesellschaft als fast ausschließlich vom Gegensatz von Volk und entfremdeter (›losgelöster‹) Herrschaft geprägt, deren Existenz folglich nur noch als das Produkt von Manipulation und Verführung erklärt werden kann. Die Komplexität ideologischer, ökonomischer und politischer Herrschaftsverhältnisse in einer Industriegesellschaft auf den Gegensatz von Volk und Herrschaft zu reduzieren, drückt ihren Wunsch aus, zu sozialkooperativen, überschaubaren, leicht kontrollierbaren und individuell beeinflußbaren Herrschaftsverhältnissen zurückzukehren.«[1]

Ende der siebziger Jahre gehörte die AUD zu den Gründungsparteien der Grünen. Innerhalb der Grünen gab es zu Beginn bekanntlich des öfteren vor allem vom Kommunistischen Bund forcierte berechtigte Debatten um die braunen Grünen (Lebensschützer). Haverbeck, Springmann, Gruhl und Haußleiter gehörten zu dieser Gruppe. Während eines Grünen-Parteitages nimmt Beuys deutlich Stellung dazu: »Wenn eine neue menschliche, revolutionäre Bewegung, evolutionär auf Gesamtökologie eingestellte Bewegung in der Menschheit überhaupt möglich werden soll, dann kann es sich nur um Begegnungen handeln, und zwar um Begegnungen ganz heterogener Herkünfte in dieser Gesellschaft. Jede Abgrenzung gegenüber einer existierenden Heimat, die es irgendwo in der Vergangenheit mal politisch gegeben hat, halte ich aus diesem Grunde für verderblich.«[2] Beuys wird über die AUD Mitglied der Grünen und kandidiert 1979 für das Europaparlament. 1980 ist er Spitzenkandidat auf der Landesliste Nordrhein-Westfalen für die Bundestagswahl. Beuys wird nicht gewählt.

1 Stöss 1980, S. 300
2 Beuys in: Busman, Arte, 13. Sept. 1994

Joseph Beuys, Petra Kelly und Herbert Gruhl im Wahlkampf

1979/1982 ACHTE STATION:
DER »AUFRUF ZUR ALTERNATIVE«

Im Frühjahr 1982 ziert ein Portrait von Beuys das Titelblatt der rechtsradikalen »Zeitschrift für nationale Identität«, »wir selbst«. Titelstory ist Beuys' »Aufruf zur Alternative«. Dieser Aufruf war bereits mit gleichem Wortlaut am 23. Dezember 1979 medienwirksam zur Vorweihnachtsstimmung in die Frankfurter Rundschau plaziert. Die FR-Zeitungsseite war 1981, drucktechnisch vergrößert und spärlich überzeichnet, in mehrfacher Auflage auch Teil der »Polentransport« betitelten Installation, die Beuys zur Hochzeit der Solidarność-Bewegung dem Museum Sztuki in Lodz schenkte.

Die Veröffentlichung des Aufrufs 1979 in der Frankfurter Rundschau findet große Beachtung. Der Abdruck 1982 in »wir selbst« bleibt auch in den neueren Beuys-Biografien unerwähnt.

Ungefähr zeitgleich mit dem Nachdruck des »Aufrufs« berichtet der Stern im März 1982 über »Rote Nazis«. Der Stern stellt »wir selbst« als Medium für die Ansichten des Nationalrevolutionärs Henning Eichberg dar, der mit linkem Vokabular neuen Nationalismus und deutsche Identität gegen Wodka-Cola-Imperialismus propagiere.[1]

Die zahlreichen Beiträge in »wir selbst« zum regionalistischen und nationalen »Befreiungskampf« Deutschlands werden begleitet von Artikeln zum Freiheitskampf der bedrohten indianischen Völker Südamerikas. Es gibt Berichte über Befreiungsnationalismus in Nicaragua,[2] über eine Untergrundzeitung der Krimtataren[3], über »Zigeuner-Roma in Auschwitz vergast, bis heute verfolgt«, über den Kampf für ein freies Korsika[4], über das Selbstbestimmungsrecht der Palästinenser[5] und zahlreiche Beiträge zum lybischen Parteichef Mohammar el Ghaddaffi.

Ihr Selbstverständnis formuliert die Zeitschrift folgendermaßen: »Die Existenz einer sozialistischen Zeitschrift mit nationalrevolutionärem Anspruch, die sich wie keine andere der ungelösten nationalen Frage der Deutschen annimmt, die die Hoffnung auf ein unabhängiges geeintes und sozialistisches Deutschland nicht aufgeben will und nicht aufgeben wird, die sich darüber hinaus der basisdemokratischen und ökologischen Revolutionierung unsere Gesellschaftsordnung verpflichtet weiß und sich zudem mit dem internationalen Kampf aller unterdrückten Völker für Freiheit und Unabhängigkeit gegen jede Art von Chauvinismus und Imperialismus solidarisiert, ist heute wichtiger denn je zuvor.«[6] »wir selbst« sah viele Bündnispartner für ihre Bestrebungen: »Die Alternativbewegung, ob Grüne, Alternative, Achbergianer, Solidaristen und Nationalrevolutionäre, muß beweisen, daß Demokratie und Sozialismus unmittelbar verknüpft sind.«[7] Die Zeitschrift wendete sich gegen eine »Verabsolutierung von Klassikern unterschiedlicher Herkunft, seien es Marx, Bakunin, Strasser, Mahraum etc.« und versuchte rechten Nationalismus und linken Internationalismus zugunsten des »Ethnopluralismus« ideologisch zu vermischen.

Das ethnopluralistische Konzept behauptet, daß die Völker grundsätzlich ver-

1 Stern, 10/1982, S. 98–106
2 wir selbst, 1/1980
3 ebd., 2/1980
4 ebd., 5/1982
5 ebd., 3/4/1982
6 ebd., 5/6/1983
7 ebd., 2/1980

schiedene Veranlagungen haben, die sich nicht nur in äußeren Merkmalen wie Hautfarbe oder Sprache, sondern auch in unterschiedlichen geistigen und psychischen, geografisch und genetisch/blutsmäßig bedingten Strukturen niederschlagen. Hieraus sollen sich dann auch eine unterschiedliche Wahrnehmung der Realität und ein unterschiedliches Verhalten gegenüber dieser ergeben. Aus der für jedes Volk unterschiedlichen Wahrnehmung der Realität ergäben sich deshalb auch unterschiedliche Kulturformen und Traditionen, die, wenn man dem Volk Gelegenheit gebe, sie unbeeinflußt zu entwickeln, die nationale Identität dieses Volkes bildeten. Im Widerspruch dazu stünden die »universalistischen Ideologien« (Christentum, Kapitalismus und Kommunismus), die sich in Gestalt von Kolonialismus, Mission, Entwicklungshilfe, Expansion der multinationalen Konzerne und dem »internationalen Gastarbeitertransfer« zu »unmittelbarer universalistischer Kulturbedrohung« entwickelt hätten.

Als Strategien gegen die durch Kapitalismus und Kommunismus hervorgerufenen gesellschaftlichen Fehlentwicklungen wird deshalb der Befreiungsnationalismus propagiert. Dieser bezieht sich sowohl auf den nationalrevolutionären Freiheitskampf gegen den Einfluß fremder Staaten als auch auf das kulturrevolutionäre Ringen für die Freiheit der nationalen Volkskulturen und die innenpolitische Umwälzung zugunsten einer organischen Gesellschaft.[1] Der europäische Ethnopluralismus hat als theoretische Grundlage die Vorstellung von der nationalen Identität der Völker Europas und weist die Wege zur Verwirklichung eines Europas der Nationalstaaten oder eines (grenzenlosen) Europas der Völker, der Vaterländer, der Stämme. Der europäische »Befreiungsnationalismus« fordert die Besinnung auf die kulturellen Wurzeln Europas, wo immer sie auch liegen, ob im vorchristlichen Irland, in den bäuerlichen Regionen Italiens oder sonstwo.

Der Ethnopluralismus ist ein rassistisches Konzept, in dem der hierarchische NS-Rassebegriff mit seiner Kategorie »Blut« durch einen differentiellen Rassebegriff mit den Kategorien Kultur oder Sprache als primärem Unterscheidungsmerkmal der Völker ersetzt wird. Die einzelnen Völker werden als gleichwertige Kulturen, »deren Eigensinn wie eine Vogelart zu schützen ist«,[2] betrachtet. Der differentielle Rassismus leitet aus dem Recht auf Differenz dann auch die Pflicht zum Schutz der Unterschiedlichkeit ab. Die Frage, wer den Schutz der verschiedenen »Vogelarten« übernehmen soll, bleibt zumeist unbeantwortet. Die neurechten Ideologen versuchen diese Ideen als antikapitalistisch und humanistisch zu verkaufen. Die häufig verwendeten Begriffe Emanzipation, Menschenrecht und Autonomie werden aber nicht im gebräuchlichen Kontext verwendet, sondern sie verdecken, was im Klartext meint: »Ausländer raus«. Fremde Kulturen werden zwar propagandistisch verteidigt, nach innen aber werden diese Kulturen ausgegrenzt, und das eben noch verteidigte Fremde, die Differenz und das Andere, wird innerhalb einer identischen Kultur dann zum teuflischen Element der Zersetzung. Die kulturelle, ethnische Homogenität einer Nation meint nichts anderes als die Vision eines rassisch reinen Deutschlands.

Im Kampf gegen die Wodka-Cola-Connection und für regionale, nationa-

---

1 vgl. Venner, S. 32
2 Ursula Wetzel-Haverbeck in: Junges Forum 3/4/1984

le und europäische Identität bietet »wir selbst« die Orientierung an »germanischen, indianischen oder regionalistischen« Werten an.

Der Leserkreis der in einer Auflage um 5 000 erscheinenden Zeitung reichte Anfang der achtziger Jahre bis in die Ökologie- und Friedensbewegung hinein. Wegen ihres auch im linken und alternativen Spektrum verbreiteten Vokabulars konnten neben den Standardideologen der »Neuen Rechten« und Konservativen auch Autoren, die dem linken Spektrum zugerechnet werden, für die Zeitung gewonnen werden. Aus dem erweiterten Beuys-Umfeld finden sich in »wir selbst« als AutorInnen oder InterviewpartnerInnen: August Haußleiter, Ökobauer und AUD-Landesvorsitzender Baldur Springmann, Herbert Gruhl, Günther Bartsch, Werner Haverbeck, die Anthroposophin und Beuys-Anhängerin Rhea Thönges-Stringaris. Ferner der langjährige Beuys-Mitarbeiter Johannes Stüttgen, der im Namen der FIU über »Deutsche Identität«[1] oder »Denkübungen zum Begriff ›national‹ für Grüne und Nationalrevolutionäre«[2] schreibt. In letzterem Artikel rechtfertigt Stüttgen seine Verteidigung des von den NRW-Grünen ausgeschlossenen Armin Krebs vor dem Parteischiedsgericht. Krebs war Sprecher des »Nationalrevolutionären Koordinierungsausschuß« (NRKA). Der NRKA schloß sich später über die Zwischenstation »Politische Offensive« den Republikanern an.

Das »freie Geistesleben« des langjährigen Beuys-Freundes entfaltet sich in diesem Heft neben einem erlesenen Teil nationalrevolutionärer Autoren: Herbert

1 wir selbst, 2/1984
2 ebd., 3/1984

— Beuys in der Kaserne — Beuys in der Kaserne — Beuys in der Kaserne — Beuys in der Kaserne —

JOSEPH BEUYS spricht mit Soldaten

am Mittwoch, den 26. 3. 1980, um 14 Uhr in der Kaserne der 4. Stabskompanie des Bundesministeriums der Verteidigung, Hardthöhe, Block A (Zufahrt Pascalstraße zur Ostwache).

Dazu laden ein die Stabsdienstsoldaten der 4. Kompanie.
Mitveranstalter ist das Städtische Kunstmuseum Bonn.

——————— Diese Einladung bitte an der Ostwache vorzeigen! ———————

Ammon – »Politische Kultur und nationale Identität in Deutschland«, Wolfgang Venohr über Stauffenberg, Henning Eichberg – »Sinne, Mythen und völkische Identität« und Werner Olles – »Staatsschutzmentalität der Antifa-Linken«.

Der »Aufruf zur Alternative« faßt Beuys' Weltsicht erstmals für eine breite Öffentlichkeit zusammen. Er konstatiert darin eine weltweite Krise und beschreibt apokalyptisch ihre Symptome, wie sie allgemeingültiger kaum besser zu formulieren sind.

Zu militärischer Bedrohung, der Gefahr der atomaren Vernichtung, dem riesenhaften Verschleiß von Energie und Rohstoffen, dem gestörten Verhältnis des Menschen zur Natur und der daraus resultierenden ökologischen Krise, zu Weltwirtschaftkrise und weltweiter Arbeitslosigkeit, zur Vernichtung riesenhafter Mengen von Nahrungsmitteln gesellt Beuys die Macht der multinationalen Konzerne und der kommunistischen Staatsmonopole und die beliebte allgemeine Bewußtseins- und Sinnkrise: »Die meisten Menschen fühlen sich den Verhältnissen, die sie umgeben, hilflos ausgeliefert. Das führt zur Vernichtung auch ihrer Innerlichkeit. Sie können in den Destruktionsprozessen, denen sie unterworfen sind, in dem undurchschaubaren Knäuel staatlicher und ökonomischer Macht, in den Ablenkungs- und Zerstreuungsmanövern einer billigen Vergnügungsindustrie keinen Lebenssinn mehr erkennen.«[1]

Alkoholsucht, Drogensucht, Selbstmorde, religiöser Fanatismus und Weltflucht oder das rücksichtslose Ausleben des Lustprinzips sind die schlimmen Folgen. Wer möchte da nicht zustimmen.

Die Ursachen für die weltweite, blockübergreifende Krise sieht er in dem pervertierten Freiheits- und Geldbegriff des Kapitalismus und in dem totalisierten Staatsbegriff des Kommunismus.

Beide Systeme stünden der »wahren Natur« des Menschen entgegen und hätten ihn deshalb in eine Sackgasse geführt. Während der Westen das Freiheits-

[1] Beuys in: Aufruf zur Alternative

prinzip – Liberalismus und Individualismus – zu sehr betone und dadurch das Soziale vernachlässige, würde in der kommunistischen Ideologie durch die Überbetonung der sozialen Komponente die Freiheit des Individuums eingeschränkt.

Beuys fordert, Sozialismus, Demokratie und Liberalismus müßten als historische Forderungen der Menschheitsentwicklung in einer kommenden Gesellschaft gleichwertig nebeneinander gesehen werden. Als Ausweg aus der großen Krise zeichnet er die Vision des »sozialen Organismus« und die politische Alternative des »Dritten Weges«. Er folgert: Der Mensch »ist der Bildner der sozialen Plastik und nach seinem Wollen muß der soziale Organismus eingerichtet werden«.[1]

1985 NEUNTE STATION:
»REDEN ÜBER DAS EIGENE LAND: DEUTSCHLAND«

Im November 1985 beteiligt sich Beuys mit einem Vortrag an der Reihe »Reden über das eigene Land: Deutschland«. In seinem Beitrag erinnert er sich, während seiner Soldaten- und Studentenzeit zu einer Erkenntnis gekommen zu sein, »die mir sagte: vielleicht liegt deine Möglichkeit auf dem Felde, das etwas ganz anderes fordert als die Fähigkeit, ein guter Spezialist in irgendeinem Zweige zu werden, deine Fähigkeit ist, umfassend einen Anstoß zu geben für die Aufgabe, die das Volk hätte.«[2] Diese Erkenntnis von 1941 führt wie bereits 1967 auch 1985 wieder zu der Frage nach der »Aufgabe der Deutschen in der Welt«, die immer noch »ein hohes Ziel« ist. Denn im deutschen Volk »steckt die Auferstehungskraft, die selbstverständlich auch in anderen Völkern steckt«.

Grundlage für die Heilung der Welt und die Auferstehung des deutschen Volkes ist bei Beuys die Selbsterfahrung durch die Sprache, denn: »Der Begriff des Volkes ist auf eine elementare Weise verknüpft mit seiner Sprache.« Im Sprechen, im Zeigen unserer Fähigkeiten und Unfähigkeiten und im Versuch, das Ziel der Frage nach der Aufgabe der Deutschen in der Welt anzustreben, liege die Möglichkeit, »an uns selbst zu erfahren, was denn eigentlich die Eigenschaften des deutschen Genius, der deutschen Fähigkeit, wären«. »Im Gehen zu diesem Born«, im gemeinsamen Benutzen der Sprache würde sich dann »nicht nur die leibliche Gesundheit wieder einstellen« sondern »auch ein elementares, tiefes Fühlen … für das, was auf dem Boden geschieht, auf dem wir leben, für das, was auf dem Acker, was auch im Walde, auf der Wiese, was im Gebirge gestorben ist. Wir würden durch unser eigenes Sich-Verlebendigtwerden durch Sprache den Boden mitnehmen, das heißt, wir würden einen Heilungsprozeß an diesem Boden vollziehen können, auf dem wir alle geboren sind.« Im Formen der Sprache würde man erkennen, daß sich durch ihren bewußten Gebrauch »wesensmäßige« Begriffe ergäben, »Verschüttetes« würde freigelegt. Die Sprache mache den Menschen tiefer erlebbar und bilde das menschliche Bewußtsein und Selbst-bewußtsein. Durch die Wechselbeziehung von Sprechen, Fühlen,

1 Beuys in: Aufruf zur Alternative
2 alle Beuys-Zitate aus: Reden über das eigene Land: Deutschland, 1985

Denken und Wille soll dann ein »scharfes Ich-Bewußtsein, ein Selbstbehauptungswille« entstehen. Dann erst werde der bewußt Sprechende fähig zur Selbstbestimmung und Selbstverwaltung. Der »organische Ausgangspunkt«, Träger der spezifischen »Genialität« oder Kultur und somit Grundlage für das »deutsche Wesen« oder die »deutsche Identität« ist also bei Beuys, wie bei Eichberg und anderen rechten Ideologen, die deutsche Sprache. Das zu bildende gesamtdeutsche Selbstbewußtsein – in welchen Grenzen auch immer, Beuys redet über Deutschland, nicht über die BRD – leitet er aus der gemeinsamen deutschen Sprache ab.

Auch Steiner betrachtete die Muttersprache als gemeinschaftsbildendes Element: »Wenn eine Menschengruppe, welche die gleiche Sprache spricht, nun während des Beisammenseins eben in dem durch die Sprache herbeigeführten Verständnis der Seelen sich zusammenfindet, so ist dieses Zusammenfinden doch etwas verhältnismäßig Oberflächliches gegenüber dem anderen, das eintritt, wenn man tief innen im Seelenzentrum dadurch gepackt wird, daß man in gemeinsamen Erinnerungen lebt.«[1]

Sprache wird in diesen Modellen nicht als Ausdruck sozialer Schicht und Bedingung für Privilegien, sondern als kulturelles volkliches Gut begriffen. Die materiellen Bedingungen von Spracherwerb und -entfaltung werden weder bedacht noch hinterfragt. Konstituierend für das Selbstbewußtsein sind nicht sexuelle oder soziale Erfahrungen, sondern einfach die Sprache. Sprache und Kultur, in denen die Menschen ihr Selbstbewußtsein und ihre Konflikte austragen, sind nicht Ausdruck eines ideologischen Bewußtseins oder Ausdruck der Alltagswirklichkeit der Menschen, die Qualität des Spracherwerbs hängt nicht von Bildung und sozialen Zugangsbedingungen zur Bildung ab, sondern die Sprache wird zu einer geografisch gebundene Eigenschaft. Sie dient zum »leiblichen und elementaren tiefen Fühlen«, ist »organisch« und hat was mit Gesundheit zu tun. Sie bestimmt die Mentalität, Genialität oder Fähigkeit der Völker. Als Ausdruck der Volksseele macht sie alle Deutschen im »sozialen Organismus« Deutschland gleich: Unternehmer und Arbeiter, Reiche und Arme, Faschisten und Antifaschisten. Soziale Konflikte, Klassen- oder Standesgegensätze heben sich auf in der gemeinsamen »Muttersprache«, in der gemeinsamen Volksseele. Diese Homogenität nach innen beinhaltet aber gleichzeitig die Differenz zu »fremder« Sprache. Arme Deutsche und arme Holländer haben nicht ein gemeinsames politisches Interesse, sondern sie haben, da sie Angehörige verschiedener Sprach- und Kulturgemeinschaften sind, verschiedene Interessen und auch verschiedene Fähigkeiten.

Bereits 1972 auf der documenta 5 erklärte Beuys auf dieser Grundlage einem holländischen Gesprächspartner, warum ein holländisches Kind ein Haus anders zeichnet als ein deutsches: »Das kann ich Ihnen sagen. Warum gibt es denn überhaupt Holländer? Warum sagt man das? Die haben doch ihre eigene Sprache... Das heißt, so wie Sie die Sprache formen, so formen sich natürlich die Kinder ihre Bilder dementsprechend. Das ist eben die Fähigkeit der Holländer, ... die Fähigkeit der Holländer unterscheidet sich von der Fähigkeit der Fran-

[1] Steiner 1979, 8. Vortrag

zosen. Das ist eine ganz andere Volksseele, sagen wir mal so. Eine ganz andere Gruppenseele. Ein anderer Ausdruckscharakter, also eine andere Genialität, nicht? Sie unterscheidet sich.«[1]

Und Beuys weiß weiter: »Denn die unterschiedliche Fähigkeit, die wird bleiben«, und er unterstreicht seine These mit einer Expedition ins Tierreich: »Sie werden es doch nicht für ideal halten können, daß es keine Elefanten, Wölfe und Fliegen mehr gibt. Das es nur noch Hasen gibt. Daß also die Fähigkeit der Tiere, die Genialität – ein Löwe stellt eine andere Mentalität dar als ein Wolf – man kann ja kein Interesse daran haben, daß man die holländische Mentalität in der Welt vernichtet. Im Gegenteil. Man soll sie ganz zur Entfaltung bringen, damit die Völker miteinander arbeiten können, daß sie sich gegenseitig ergänzen in der Begabung. Das ist der europäische Gedanke.«[2] Die »Trennung« der Völker, wie Beuys sie für natürlich, also richtig und im Sinne des europäischen Gedankens für wünschenswert hält, ist auch die Grundlage des ethnopluralistischen Konzepts der »wir selbst«. Die »Rede über Deutschland« setzt diese Kontinuität von Beuys' ideologischer Position konsequent fort.

Bereits 1923 heißt es bei dem in neurechten Kreisen viel diskutierten Nazi-ideologen Carl Schmitt: »Sprache, Tradition, Bewußtsein gemeinsamer Kultur, Bewußtsein einer Schicksalsgemeinschaft, eine Empfindlichkeit für das Verschiedensein an sich – alles das bewegt sich heute eher in der Richtung zu nationalen als zu Klassengegensätzen.«[3] Mit »Volk meint nicht Rasse«[4] grenzt sich Beuys vom biologischen »Bluts-Rassismus« der Nationalsozialisten ab. Er benutzt den Begriff »Rasse« zwar nicht, aber er ersetzt ihn durch den Kulturbegriff.

1 Beuys in: Bodenmann-Ritter, S. 57f.
2 ebd.
3 zit. n. J. Müller, S. 23
4 Beuys in: Reden über das eigene Land, S. 38

EXKURS: TATARENLEGENDE II

Als Beuys 1964 zum ersten Mal seinen »Lebenslauf/Werklauf« als »Ausstellungsverzeichnis« veröffentlichte, erwähnte er die für ihn doch angeblich so zentrale Geschichte seines Absturzes mit keinem Wort. Die »Tatarenlegende« wird erst Anfang der siebziger Jahre zum Gegenstand der öffentlichen und kunsthistorischen Diskussionen. Warum jetzt erst?

Als 1968 die Niederschlagung des Prager Frühlings durch den Einmarsch der Truppen des Warschauer Paktes das öffentliche Bewußtsein für oppositionelle Bewegungen im Machtbereich der Sowjetunion verschärfte, begann auch die »Neue Rechte« die nationalen Befreiungsbewegungen des Ostblocks neu zu entdecken. Unter anderem der Kampf der Krimtataren für mehr Selbstbestimmung fand die Aufmerksamkeit der rechten Ideologen.

Günther Bartsch stellte bereits 1971[1] in der Urfassung seines Buches »Wende in Osteuropa?« die Frage: Machen die Krimtataren nur den Anfang? Wolfgang Strauss, der »Osteuropaexperte« der »Neuen Rechten« und »wir selbst«-Autor schrieb 1969 »Trotz alledem – wir werden siegen«. Dieses Werk erschien Ende der siebziger Jahre in überarbeiteter Fassung unter dem Titel »Nation oder Klasse, 60 Jahre Kampf gegen die Oktoberrevolution«. Darin auch ein Abschnitt über den Freiheitskampf der Tataren 1941 bis 1945 gegen Hitler und Stalin und über ihren nationalen Befreiungskampf ab Mitte der sechziger Jahre in der Sowjetunion. Michael Braga berichtet in »Völker zur Freiheit« sogar von der »Befreiung der Krim durch die Deutschen bis April 1944«.

Unzweifelhaft ist, daß auf Befehl Stalins im Mai 1944 die Tataren aufgrund ihrer Kollaboration mit den Deutschen von der Krim deportiert wurden und Tausende dem Stalinismus zum Opfer fielen.

»Es entsprach dem nationalen Denken Stalins, dafür die Nation als Ganzes wegen Kollaboration zu bestrafen. Am 18. Mai 1944, gleich nach der Rückeroberung der Halbinsel, wurde die gesamte krimtatarische Bevölkerung innerhalb weniger Stunden aus ihren Häusern getrieben und in Viehwagen nach Sibirien und Zentralasien deportiert. 18 Prozent starben schon auf dem Transport.«[2]

In ihren neuen Siedlungen wurden die Krimtataren unter ständiger Bewachung gehalten. Das Bildungswesen war darauf angelegt, historisch-kulturelle Erinnerungen zu zerstören. Die von den Tataren geräumten Gebiete der Krim wurden mir russischen und ukrainischen Einwohnern neu besiedelt. Nach der Machtübernahme durch Chruschtschow erschien ab 1957 wieder eine krimtatarische Presse. Die Krimtataren begannen sich zu organisieren und für ihre Rechte zu kämpfen. Zwischen 1957 und 1966 richteten ihre politischen Vertreter sechs Petitionen an die sowjetische Führung. Antwort bekamen sie nicht.

Im Januar 1966 kam es zu einer großen Demonstration auf dem Roten Platz in Moskau, die aufgelöst wurde. Am 5. September 1967 erhielten die Krimtataren ihre Bürgerrechte zurück und galten nicht mehr allein wegen ihrer Volkszugehörigkeit als kriminell. Die Rückkehr auf die Krim wurde ihnen allerdings

1 vgl. Junges Forum 3/1978
2 Stölting, S. 159f.

weiterhin untersagt. Erst im Zuge von Glasnost und Perestroika dürfen die Krimtataren seit Mitte 1988 wieder in ihre alte Heimat.

In den Publikationen der rechten Ideologen wird der berechtigte Kampf der Krimtataren gegen die kollektive Verurteilung und für mehr Selbstbestimmung benutzt, um mit revisionistischer Geschichtsschreibung einen allgemeinen Nationalismus als dem Wesen der Völker gemäß zu begründen. Letztendlich ist die Denkrichtung klar: Wenn die Krimtataren ein Recht auf nationale Eigenständigkeit haben, haben wir Deutschen dieses Recht allemal. Der berechtigte Kampf unterdrückter Völker wird propagandistisch genutzt, um einen neuen deutschen Nationalismus zu etablieren.

EINE AUSSTELLUNG DER KESTNER-GESELLSCHAFT IN ST. PETERSBURG

JOSEPH BEUYS

Eine innere Mongolei

Dschingis Khan   Schamanen   Aktricen

Staatliches Russisches Museum
St. Petersburg

Eröffnung: 25. Juni 1992

Katalog der Kestner-Gesellschaft in russisch

»WER NICHT DENKEN WILL, FLIEGT RAUS« – DIE POLITISCHE THEORIE IN DER KÜNSTLERISCHEN PRAXIS

»EURASIA« – EINE AKTION IM TEST

Die Aktionen »Eurasia – 34. Satz der Sibirischen Symphonie« und »Eurasia – 32. Satz der Sibirischen Symphonie 1963« wurden am 15. Oktober 1966 in Kopenhagen und am 31. Oktober 1966 in der Galerie René Block in Berlin aufgeführt. Der erste Teil der Kopenhagener Version ist »Division the Cross«, die Kreuzteilung betitelt. Auf den Knien rutschend schiebt Beuys zwei kleine, auf dem Boden liegende Kreuze vor sich her. Die Kreuze bleiben vor einer Schiefertafel liegen. Auf jedes Kreuz legt Beuys eine Uhr mit eingestelltem Klingelmechanismus. Auf die Tafel zeichnet er ein Kreuz, das er danach zur Hälfte wieder auswischt. Darunter schreibt er das Wort »Eurasia«. Im zweiten Teil der Aktion trägt Beuys einen toten Hasen längs einer eingezeichneten Linie durch den Raum. Die Beine und Ohren des Hasen sind mit langen dünnen schwarzen Holzstäben verlängert. Beuys trägt den Hasen auf seinen Schultern, die Stangen berühren dabei den Fußboden. An der Tafel angekommen, legt er den Hasen nieder, streut ihm weißes Pulver zwischen die Beine, steckt ihm ein Thermometer in den Mund und bläst in eine Röhre. Beuys läßt den Hasen mit den Ohren an der Tafel wittern. Er selbst tritt mit seinem linken Fuß, an dem eine Eisenplatte festgebunden ist, ab und zu auf eine ebensolche Platte, die auf dem Boden liegt. In der Berliner Fassung verzichtet Beuys auf den »Division the Cross«-Teil. Der restliche Ablauf ist mit der Kopenhagener Version identisch.

Für Adriani, Konnertz und Thomas sind die Symbole vollkommen klar: »Das halbe Kreuz: Das wiedervereinigte Europa und Asien, wohin der Hase unterwegs ist. Die Eisenplatte auf dem Boden ist eine Metapher – es ist schwer zu gehen und die Erde ist gefroren.«[1] Der Weg mit dem Hasen wird dreimal unterbrochen. »Die drei Unterbrechungen auf dem Rückweg bedeuten die Elemente: Schnee, Kälte und Wind.«[2] Adriani, Konnertz und Thomas meinen weiter: »Es ist kein kulturphilosophischer Sketch, den Beuys vorführt. Das geht aus der Konzentration hervor, mit der er auftritt. Es ist klar, daß ein Mensch, der sich so vor einem verausgabt, das nicht nur innerhalb einiger Regeln tut, die er bloß für diese Gelegenheit aufgestellt hat. Seine Handlungen bekommen Perspektive und dringen so ein, weil sie Teil eines mehrumfassenden Zusammenhanges sind.«[3]

Der Begriff »Eurasia« bezeichnet die Utopie eines imaginären Reiches, das aus der Vereinigung von Europa und Asien entstehen soll. »Eurasia ist sein Synonym für Ausgewogenheit, Einheit, Umfassung allen Lebens«.[4] Die Gebrüder van der Grinten prägten den Begriff der »inneren Mongolei«. Sie meint den Traum vom eurasischen Riesenreich als Vereinigung des Reiches Karls des Großen mit dem Reich Dschingis Khans. Dschingis Khan war für Beuys »gewissermaßen das östliche Spiegelbild Karls des Großen, des heimischen Herrschers, der nur wenig entfernt von Beuys' eigener Kindheitswelt sich eine seiner Pfalzen errichtet hatte. Reiche: vom Osten her hat der Khan das erstrebt, was der Kaiser im Westen sich schuf… Ihre beiden Reiche, wenn man deren Grenzen verwischen und weiten könnte, würden offenlegen, was das Reich der Zukunft sein

1 Adriani u. a. 1994, S. 77
2 ebd.
3 ebd., S. 79
4 ebd.

mag: Eurasia.«¹ Darüberhinaus gehe es Beuys mit seiner Metapher, um die »grundsätzliche Ost-West-Polarität« und um deren Aufhebung. »Der Gegensatz zwischen dem rationalen ›Westmenschen‹ und dem mehr in lebensphilosophischen Kategorien denkenden ›Ostmenschen‹ soll um einer größeren Einheit willen durch gegenseitige geistige Durchdringung überwunden werden.«² Für seine eurasischen Visionen bildet Beuys »das Symbol des halbierten Kreuzes« aus, »der Halbheit, die der Ergänzung bedarf… Die Rationalität des Abendlandes verlangt nach Austausch mit der Irrationalität des Orients.«³ Adriani, Konnertz und Thomas interpretieren die Verwendung des Kreuz-Zeichens in der Aktion »Eurasia« als Zeichen für die Revision eines historischen Prozesses: »In der Aktion gibt Beuys mit der Kreuzesteilung den Hinweis auf den historischen, ›im Grunde unorganischen Prozeß des Auseinanderdividierens der Völker‹, der in der endgültigen Teilung des Römischen Reiches begründet war und jetzt wieder aufgehoben werden soll.«⁴ Beuys geht es also um organische Prozesse im Zusammensein der Völker. Er sieht sie als Gegenpol zu historischen Prozessen. »Westmensch« und »Ostmensch« stehen als Synonyme für Rationalität und Irrationalität. Beuys will die hier von ihm diagnostizierte Grenze überschreiten, die Grenze »zwischen einer Welt, die ganz vom Verstand und vom Erfahr- und Erkennbaren her und aus Schlüssen, wie das eine sein muß, wenn das andere so ist, sich organisiert, und einer anderen, in der, was wirkt, sich der Erkenntnis des Verstandes entzieht und die Errungenschaften des real Erfahrbaren und Machbaren allseits hinter sich läßt.«⁵ Dieses Ost-West-Schema taucht außer in »Eurasia« in der Tataren-Rettungs-Legende, den Schamanen- und Dschingis-Khan-Bildern, dem Steppenmythos mit dem dort plazierten Hirten und den »Hunnen und Türken vor Wien« seines »Lebenslauf/Werklauf« auf. Bekannt ist auch der »Eurasienstab«, ein in der Form normaler, im Material oftmals aus Kupfer gefertigter Spazierstock, den Beuys häufig mit der Krümmung nach unten trägt.

1 F. J. v. d. Grinten 1990, S. 14
2 Adriani u. a. 1994, S. 79
3 F. J. v. d. Grinten 1990, S. 16
4 Adriani u. a. 1994, S. 79
5 F. J. v. d. Grinten 1990, S. 12

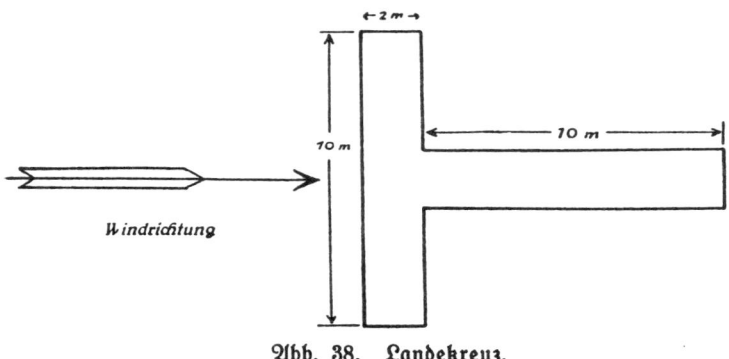

Abb. 38. Landekreuz.

liegenden X-förmigen Zeichen von je zwei 10 Meter langen und 2 Meter breiten weißen — bei Schnee roten — Leinwandstreifen.
    Wird ein Rollfeld plötzlich unbenutzbar, so ist durch die Fl. Horstkdtr. das Auslegen des Sperrzeichens anzuordnen und hierüber sofort an das zuständige Luftgaukommando zu melden. Dieses entscheidet, wie lange der Fliegerhorst für den allgemeinen Flugbetrieb gesperrt werden soll.

Auf die Krümmung wies Beuys oft in Aktionen und Zeichnungen hin. In der »Arena«-Sammlung gibt es eine Zeichnung, in der sich eine solche Stabform über ganz Europa legt.

Die von Beuys und der Beuysforschung diagnostizierte Ost-West-Polarität hält einer historischen Überprüfung allerdings nicht stand. Zwar standen und stehen, speziell in der Hippiebewegung der sechziger Jahre – die Beatles besuchen den Maharishi Yogi – und aktuell in der Esoterik-Bewegung, östliche Weisheiten im Mittelpunkt des Interesses auf der Suche nach tieferem Lebenssinn,

historisch betrachtet muß die angebliche östliche Irrationalität allerdings als (west)europäische Projektion angesehen werden.

Weder läßt sich die Kriegsbegeisterung der Deutschen 1939 mit Rationalität erklären, noch sind die enormen Leistungen beim Bau der Pyramiden Ergebnis eines irrationalen Pharaonenkults. Die magisch-mythische Rettung von Beuys durch die Tataren erwies sich bei Überprüfung der historischen Tatsachen und bei nüchterner Betrachtung der geschilderten Behandlungsmethoden als gewöhnliches Soldatenschicksal. Und selbst im »östlichen Gelände« Indiens 2000 v. Chr. war die Ausbildung der Mediziner rational ausgerichtet. Der Medizinhistoriker Gerhard Venzmer schreibt: »Die nach dem Zweiten Weltkrieg ausgegrabenen Städte jener Epoche zeugen von einer erstaunlich hohen Entwicklung der Hygiene, die das, was an ähnlichen Einrichtungen in Ägypten und Mesopotamien ans Licht gefördert wurde, bei weitem übertrifft. Abflußkanäle aus Ziegeln gemauert, sowie Abflußrohre sorgten für den Abtransport von Abwässern und Unrat, großartige Badeanlagen, deren Schwimmbecken vier Jahrtausende unversehrt überstanden, Dampfbäder, Umkleide- und Ruheräume erzählen von dem hohen zivilisatorischen Niveau jener längst verrauschten Zeiten. Sicherlich geht man nicht fehl in der Annahme, daß in jener Epoche auch eine hochentwickelte Medizin existiert hat; denn ein hoher hygienischer Standard geht – wie es die übrigen alten Kulturen lehren – immer mit einem gehobenen Stand der

Heilkunde Hand in Hand.« Der Autor beschreibt diesen Stand der Heilkunde und bezieht sich auf altindische Quellen: »Die Weden-Bücher liefern – wenn auch durchsetzt von Götter und Dämonenglauben – Zeugnisse einer hochentwickelten altindischen Heilkunde. Die Ärzte der wedischen Zeit kannten viele heilkräftige Kräuter, sie verstanden Wunden und Schlangenbisse auszubrennen, sie verwendeten ein kathederähnliches Instrument bei Harnverhaltungen, und sie stellten sogar Prothesen und künstliche Augen her... Am meisten aber hat die Medizinhistorie immer wieder die Tatsache überrascht, daß die altindischen Ärzte – trotz bescheidenster anatomischer Kenntnisse – der Chirurgie sehr großes Interesse entgegenbrachten.« Und er kommt zu dem Schluß, »daß der Heilberuf vorwiegend rational ausgerichtet war«.[1] Also auch im Osten schon 2000 Jahre vor Christus Rationalität und Irrationalität friedlich nebeneinander.

Beuys bezieht die Ost-West-Polarität auch auf die historische Situation des »Kalten Krieges« – auf die Konfrontation der Blöcke. Die »eurasischen Visionen« werden Teil seiner politischen Ideologie. Zur Überwindung der Blöcke beruft er sich auf das in vielfachen Variationen diskutierte Modell des »Dritten Weges«. Aus der Freiheitsthese des Kapitalismus und seiner Antithese, dem Kommunismus, entwickelt Beuys sein Modell des »freien demokratischen Sozialismus«. Eine Grundlage dieses Modells ist die Überwindung der »Ost-West-Polarität« durch die organisch gestaltete Gesellschaft. Europa und speziell Deutschland sollte sich von den »utilitaristischen Ideologien« befreien und zu seinen spirituellen Wurzeln finden. Gegen die natürliche Ordnung gerichtet waren der vom US-Kapitalismus beherrschte Westen und der von »bolschewistischen Machtinstinkten« regierte Osten. In der Überwindung von Kapitalismus und Kommunismus sah Beuys die Chance für eine bessere Gesellschaft.

Außer bei den Nationalsozialisten findet sich in fast allen jungkonservativen und nationalrevolutionären Kreisen der zwanziger Jahre eine Sympathie für die russische Seele minus Bolschewismus, für die Kraft aus dem Osten. Rußland wurde als natürlicher Bündnispartner Deutschlands gegen den verfallenden, liberalen, kapitalistischen Westen gesehen. Armin Mohler beschreibt das als ideologische Geografie. Die Prägung des politischen Willens durch urtümliche Kräfte wie den Raum liest sich im Nationalbolschewismus der zwanziger Jahre so: gegen den zivilisatorisch-kapitalistischen Westen, gegen den römisch-katholischen Süden, für und mit dem germanisch-bäuerlichen Norden und dem barbarisch-bolschewistischen Osten.[2] Neben der Geistesverwandtschaft von Beuys' »eurasischen Visionen« mit Vorstellungen der Konservativen Revolution ist der biografische Zusammenhang von »Eurasien« mit der NS-Ideologie und der Beuysschen NS-Bildung von Bedeutung. Der nationalsozialistische »Steppenmythos« spiegelt sich wider in der Vorstellung von der Weite Rußlands als Siedlungsgebiet für das »Volk ohne Raum«. Er war eine ideologische Grundlage für die totale Kriegsbegeisterung der Deutschen, und diese »eurasischen Visionen« vom Lebensraum im Osten waren es, die auch Beuys offensiv und begeistert für die Kriegsziele des Deutschen Reiches eintreten ließen.

In einem Buch von 1935 über »Das gelbe Weltreich« liest sich die Charakteri-

1 Venzmer, S. 48f
2 vgl. Mohler, S. 102

sierung Dschingis Khans wie die Geschichte eines jungen Österreichers, der in den zwanziger Jahren mit nichts als einer Vision auszog, um ein tausendjähriges Reich zu schaffen: »Irgendwo auf den weiten Steppen Asiens faßt der junge Führer einer kleinen Nomadenhorde, während er Tag für Tag wie ein Verzweifelter um das nackte Leben kämpfen muß, den Entschluß, für sich und sein Volk die Welt zu erobern... Als Dschingis Khan sein Werk beginnt, ist noch nicht einmal das Volk vorhanden, dem er die Welt gewinnen will. Verwaist, verfemt, noch ein halbes Kind, hat er nichts auf seiner Seite als den zähen Willen, die Kraft seiner Jugend und den unerschütterlichen Glauben an seine Mission.« Und weiter heißt es: »Der Realpolitiker Dschingis Khan hat die Kraft gehabt, inmitten eines zerfallenden und sich zerfleischenden Volkes den Traum von der Einigkeit und Allmacht seiner Nation nicht nur zu träumen, sondern ihn auch Schritt um Schritt zu verwirklichen. Er, in dessen Blut allein der Glaube an die Berufung seiner Rasse noch brannte, hat diese Rasse erst mit Feuer und Schwert zu ihrer eigenen Größe zwingen müssen.«[1] Und ebenso wie die Rassenlehre des Dritten Reiches die Vermischung des Blutes und die Berrschung der Kultur durch den »jüdischen Geist« für den »Niedergang Deutschlands« in der Weimarer Republik verantwortlich machte, sah Barckhausen in der Durchmischung mit biologisch und kulturell Fremdrassigem die Gründe für den Niedergang des Mongolenreiches: »Im Mongolenreich, das ein Eroberertstaat ist, schwindet allmählich die nationale Geschlossenheit des Herrenvolkes. Die von Dschingis Khan geforderte und durch die Yassa (die Yassa war ein von Dschingis Khan im Jahre 1206 verkündeter Kodex von Vorschriften, Befehlen und Lehrsprüchen, zur Herrschaftstabilisierung, d. Verf.) geförderte freiwillige Isolierung der Rasse gegen die Umwelt wird aufgegeben. Immer stärker durchsetzen die Angehörigen unterworfener Völker den Reichsorganismus, ständig wächst, bei zunehmender Passivität der Mongolen, der Anteil der Fremdrassigen an der Verwaltung. Die Eroberer sind nicht mehr das Staatsvolk, wie zu Anfang. Herrschen bedeutet für sie bald nur noch sich bedienen zu lassen. Individuelle Leidenschaften und Wünsche treten an die Stelle des Kollektivgefühls… Das Blut Dschingis Khans ist in den Adern seiner Nachkommen dünn und müde geworden. Verschwendungssucht, Größenwahn, Charakterverfall und ein Übermaß an kultureller Verfeinerung sind schon in der dritten Generation bedrohliche Zeichen von Dekadenz.«[2]

Auch der Hase, als Sinnbild für die Polarität zwischen Ost und West, gehört in den Beuysschen Steppenmythos. »Eurasia ist für Beuys das Gleichnis für die Überwindung der Polaritäten. Es ist das Feld, auf dem sein Hase läuft.«[3]

Im eurasischen Weltbild von Beuys hüpft also der vom Igel auf dem Feld gefoppte Hase »als nomadisches Element«[4] durch die Weite der Steppe. Die Charakterisierung des (Feld-) Hasen als »Steppentier«[5] findet sich aber nicht etwa in den Lexika oder Biologiebüchern der sechziger Jahre, sondern unter anderem in den Sammelbildchenalben der Beuysschen Jugend.

Das »Steppentier« Hase und »Dschingis Khan« waren im Dritten Reich Transportmittel der Ideologie vom »Lebensraum im Osten«. Sie sollen hier stellvertretend für einen Komplex der Beuysschen Ideologie und ihre Verwurzelung in seiner NS-Bildung stehen, der sich in dem Begriff »Eurasia« widerspiegelt. Das Beuyssche »Eurasien« meint natürlich nicht eine Wiederherstellung Deutschlands in den Grenzen von 1942. Beuys beruft sich nach dem Krieg bei seinen Gesellschaftentwürfen auf die Theorien Rudolf Steiners. Seine Weltsicht ist nicht mehr durch rassistisch-ökonomisch-machtpolitische Grundlagen geprägt, die sich aus einer historisch-wissenschaftlichen Weltsicht ableiten ließen. Beuys

[1] Barckhausen, S. 13
[2] ebd., S. 269f.
[3] Joachimides, S. 10
[4] ebd.
[5] Stachelhaus, S. 78

entdeckt in Steiners Anthroposophie ein Weltbild, das den Traum von »Eurasien« auf eine spirituell-mystische Ebene hebt. Natürliche Grundlagen und spirituell-mystische Richtkräfte sollen das neue tausendjährige Reich bilden.

DER NS-MINISTER FÜR DIE BESETZTEN OSTGEBIETE ALFRED ROSENBERG

Rosenberg vertrat in seinem Buch »Mythus des zwanzigsten Jahrhunderts« von 1930 die These: »Rassengeschichte ist sowohl natürliche Geschichte als auch spirituelle Mystik.«[1] Rosenberg sah im untergegangenen Atlantis die Heimat der Arier. »Für Rosenberg hat Atlantis im Norden gelegen. Das Sonnenrad, das als religiöses Symbol in den nah- und fernöstlichen Religionen auftaucht, sei eine rassische Erinnerung der arktischen Sonne. Andere Rassen seien als Mischrassen durch Blutsvermischung mit bereits vorhandenen primitiven Völkern entstanden.«[2]

Auch Steiner beruft sich in seiner Wurzelrassentheorie, die er in dem erstmals 1910 veröffentlichten »Die Geheimwissenschaft im Umriss« entwickelt, auf das untergegangene Atlantis. Rosenberg und Steiner beziehen sich wahrscheinlich beide auf die als »Geheimlehre« bezeichnete Atlantis-Theorie der Helena Petrovna Blavatzki. Blavatzki war Mitbegründerin der Theosophischen Gesellschaft, in der auch Steiner Miglied war. Blavatzki, Rosenberg, Steiner und Beuys behaupten, ihre Schau der Geschichte nicht aus einer historisch-wissenschaftlichen Sicht, sondern als Intuition und Eingebung empfangen zu haben.

Steiner, der das alte Indien als »nachatlantische Erdenperiode«[3] ansah, mag deshalb auch die altindischen Wedenbücher als historische Quellen nicht anerkennen: »Was in den Weisheitsbüchern der Inder (in den Weden) enthalten ist, gibt nicht die ursprüngliche Gestalt der hohen Weistümer, welche in der ältesten Zeit durch die großen Lehrer gepflegt worden sind, sondern nur einen schwachen Nachklang. Nur der rückwärts gewendete übersinnliche Blick kann eine ungeschriebene Urweisheit hinter der geschriebenen finden.«[4]

Rosenbergs realpolitische Konsequenzen aus seinem durch Intuition und Eingebung gewonnenen atlantisch-mythischen Weltbild schlug sich nieder in seinen Plänen für die Neuordnung Europas nach dem »Endsieg«. Seinem bereits vor Beginn des Krieges ausgearbeiteten Plan zufolge sollten an Deutschlands Ostgrenzen eine Reihe von abhängigen Nationalstaaten entstehen: Großrußland mit Moskau als Hauptstadt, Weißrußland mit Minsk oder Smolensk als Zentrum, Estland, Lettland und Litauen als unabhängige Republiken, die Ukraine zusammen mit der Krim mit Kiew als Hauptstadt, das Donezbecken mit dem Zentrum Rostow und schließlich der Kaukasus und Turkestan.[5] Beuys war mit seinen politischen Forderungen nicht so weit von Rosenbergs Position entfernt, wie es scheint. Auf dem Weg in sein mythisches »Eurasien« forderte er einerseits ein vereintes Europa, andererseits hoffte er auf die nationalen Befreiungsbewegungen des Ostblocks, als Bündnispartner gegen den Bolschewismus.

1 vgl. Orzechowski, o. J., S. 54
2 ebd.
3 Steiner 1985, S. 275
4 ebd., S. 274
5 vgl. Luther, S. 36

FILZANZUG, MULTIPLE, KUNSTHALLE HAMBURG, 1970

Die Verwendung von Fett und Filz als wichtige Werkmaterialien von Beuys wird oft auf seinen Absturz und die Rettung auf der Krim zurückgeführt.

Beuys: »Ja, aber das wissen wir ja nun alle. Das hängt mir nun schon allmählich zum Hals raus. Ja, also bin abgestürzt, schwer verletzt, gut…«

Stern: »Immerhin war das der Anfang von Filz und Fett.«

Beuys: »Ja, das sagen viele Leute.«

Stern: »Dann sagen Sie, wie's wirklich war.«

Beuys: »Also, wir haben beim Angriff auf eine Flakstellung einen Treffer bekommen. … Aber was jetzt die Leute sagen, daß ich deswegen Filz und Fett genommen habe, weil ich bei den Tataren zum erstenmal Filz und Fett gesehen habe, das ist übertrieben. Vielleicht ist ein kleiner Akzent richtig und wahr – daß dieses Erlebnis von der ranzigen Butter und von dem Filz, in den sie mich eingewickelt haben, in mein Seelenleben eingeschlagen ist.«[1]

Waren der »konstruktivistische Anzug« von Alexander Rodschenko oder die von Wladimir Tatlin in den zwanziger Jahren der jungen Sowjetunion entworfenen Kleidungsstücke zur Verwendung gedacht, verfolgt Beuys andere Ziele. Sein Anzug hat weder Knöpfe noch Knopflöcher, dafür aber verlängerte Arme und Beine. Entsprechend dem Bezug des »Erweiterten Kunstbegriffs« auf das Leben aller Menschen betrug die Auflage des Multiples 110 Exemplare.

GEISTIGES GRAU

Auf die Frage, ob der graue Filzanzug an Strafgefangenenkleidung erinnern solle, antwortet Beuys, er habe daran gedacht, aber es sei kein direkter Bezug dazu. »Die Leute sind sehr kurzsichtig, wenn sie sagen: Der Beuys macht alles so mit Filz, und dann will er was aussagen von KZ.« Grau solle, so Beuys, auf die Netzhaut wirken und wie nach dem Schließen der Augen im Gegenbildprozeß als Nachbild eine farbige, lichte, eine »übersinnliche geistige Welt« provozieren. Er sei nicht am Grau und auch nicht am Schmutz interessiert: »Ich bin an einem Prozeß interessiert, der viel weiter reicht.«[2]

Stern: »Gibt es eine Erklärung für Filz, gibt es eine ›Übersetzung‹ für Fett?«

1 Stern 19/1981, S. 82
2 vgl. Schellmann/ Klüser, o. S.

Beuys: »Ja, aber nicht im Sinne von Bedeutung. Das würde ja heißen, daß hinter der Idee eines Kunstwerkes das Eigentliche steht. Damit käme man ja wieder in diesen verkommenen Ästhetik-Begriff, daß das Kunstwerk selbst nicht die ganze Sache ist, sondern nur, was als Idee dahintersteht. ... Man kann Bildbeschreibungen machen, kann den begrifflichen Zusammenhang schildern, der dahin geführt hat, daß solche Materialien benutzt werden. Das kann man. Aber nicht in dem Sinne, das und das soll das bedeuten.«[1]

Ebenso wie Fett und Filz keine unhistorischen Materialien sind, ist auch die Farbe Grau aus Beuys' Jugend nicht wegzudenken – sie war Teil des Bildungsangebots, des begrifflichen Zusammenhangs.

In den Liedern, Gedichten und Texten der Schulbücher wimmelte es von den »Feldgrauen« des Ersten Weltkriegs. »Während die marxistischen Massen ... feierten, kehrten die feldgrauen Regimenter über den Rhein zurück: abgerissen ..., abgemagert ..., hager und grau die Gesichter, ... unbesiegt«, schrieb Beuys' Schuldirektor Schiefer 1939 in einem seiner Geschichtsbücher.[2]

Auch die Schriften für die HJ verehrten die Feldgrauen, deren Werk weitergeführt werden solle. Ihr »Geist von Langemarck« wurde beschworen als »feldgraue Frontkameradschaft« oder »Erbschaft der gefallenen grauen Soldaten«. Jugendchöre besangen 1936 »Millionen grauer Sturmsoldaten, die in dem Bersten der Granaten als Opferflamme sind verloht«.[3]

Die gläubigsten Soldaten unter der Fahne Adolf Hitlers seien die Jüngsten, hieß es 1938: »Wenn der Marschtritt der Kolonnen durch die roten Viertel dröhnte, ... vorn ... junge Menschen in grauen Windjacken ...«[4]

Pfarrer Bullmann aus Kleve-Kellen stellte 1944 im Gottesdienst durch die einquartierten Soldaten der nahenden Westfront eine »militante graue Note« fest.[5] Bei der bündischen Jugend der Weimarer Republik gab es ein »Graues Corps« und einen »Grauer Orden«. Bei den Einheiten der Legion Condor war das »Büro Grau« die Dienststelle des Luftattaches.[6] Die südafrikanischen Nationalsozialisten der dreißiger Jahre wurden »Grauhemden« genannt.[7] Entsprechend dieser Tradition trugen einige rechtsextreme Gruppierungen der Nachkriegszeit Grauhemden.

In der »Ersten internationalen DADA-Messe« 1920 in Berlin hing an der Decke eine ausgestopfte feldgraue Uniform mit Offiziersabzeichen und Schweinsmaske. Diese wahrscheinlich von Rudolf Schlichter gefertigte Plastik führte zu einer Anklage wegen »Beleidigung der Reichswehr«. Solche »Wehrsabotage« gegen graue Tradition wollte Beuys offensichtlich nicht betreiben.

Gerade in Anbetracht der von Beuys propagierten Einheit von Leben und Werk ist Grau als Farbe begrifflich besetzt. Im sogenannten Gegenbildprozeß bleibt diese Besetzung erhalten und wird auf die geistige Ebene geschoben. Denn, wenn Grau überhaupt eine Komplementärfarbe hat, ist sie – Grau. Da Beuys eine Bedeutung »hinter« dem Werk verneint und zur Beschreibung mit der Frage nach begrifflichen Zusammenhängen auffordert, kann der graue Filzanzug gesehen werden als ziviler Feldanzug, als Ausgehrock ins Geistige.

1 Stern 19/1981, S. 250
2 Hohmann / Schiefer in: Platner, S. 260
3 vgl. Hafeneger / Fritz, S. 66
4 ebd., S. 47
5 vgl. Bullmann, Dez. 1944
6 vgl. Brieden u.a., S. 46
7 vgl. Enzyklopädie des Holocaust, S. 556

BEUYS, SEGANTINI UND NIETZSCHE ... UND DIE REVOLUTION

»Voglio vedere i miei montagne (sic) (1950)–1971«, Installation im Stedelijk van Abbe Museum, Eindhoven, 1971.

Mit diesem Titel bezieht sich Beuys auf den letzten Satz des italienischen Malers Segantini kurz vor dessen Tod 1899. »Auf einmal erwachte Segantini, Lazarus gleich, aus dem Todesschlummer und sagte: ›Ich will meine Berge sehen.‹ Man rückte sein Bett mit Mühe ans kleine Fenster.«[1] Segantini war von Mailand nach Maloja im Schweizer Engadin gezogen und malte Berglandschaften mit und ohne arbeitende oder betende Menschen.

Auf der anderen Seite des nahegelegenen Silser Sees in Sils-Maria hielt sich Friedrich Nietzsche gelegentlich zwischen 1882 und seinem Tod 1900 auf. Beuys verwies ausdrücklich auf seine Lektüre Nietzsches und Goethes während der Kriegszeit.[2] 1968 hatte Beuys die beiden Orte besucht und schrieb auf Ansichtskarten aus Maloja und Sils-Barelgia »La rivoluzione siamo Noi« – »Also: Wir sind die Revolution, Segantini, Nietzsche und Beuys«, schließt Leppien.[3]

Diesen Slogan benutzte Beuys noch mehrfach. Er steht auf einem Poster von 1971, das einen auf den Betrachter zumarschierenden Beuys mit Stiefeln und Umhängetasche zeigt. »Der Waffenlose, der da auf uns zugeht, meint eine Revolution, die in den Köpfen beginnt,« endet fragenlos der Kommentar von Leppien zu dem Poster in der Hamburger Kunsthalle.[4]

Welche Revolution in den Köpfen Beuys mit Segantini und Nietzsche vornehmen wollte, werden wir im Laufe dieses Kapitels sehen.

Die Installation in Eindhoven bestand aus Möbelstücken, die zum Teil ehemaliges Mobiliar von Beuys waren, aus Holzkisten, einem runden Spiegel auf einem Hocker, einer bis fast auf den Boden hängenden, auf eine Filzplatte leuchtenden Lampe und einem an der Wand hängenden Gewehr, das auf ein Bild zielt. Die Gegenstände standen auf Kupferplatten, die untereinander mit Kupferstegen verbunden waren. Der ehemalige Funker Beuys betonte – wie auch allgemein bekannt –, daß Kupfer ein guter Leiter ist.

Auf die Gegenstände schrieb Beuys mit Kreide in lateinischer und der bis Mitte der Zwanziger in Deutschland gelehrten Sütterlin-Schrift deutsche, italienische und rätoromanische Wörter. Das Rätoromanische gilt seit 1938 als vierte Landessprache (nicht Amtssprache) der Schweiz. Es wird im Kanton Graubünden und in den nördlichsten Teilen Italiens (Süd-Tirol und Friaul) gesprochen. Die Zuordnung der Wörter und ihre Übersetzung verdanken wir Camiel van Winkel.[5] Sie sind wie folgt verteilt: Auf dem Gewehr steht »Denken«, auf dem Bett das rätoromanische »Valun« für enges und felsiges Tal, auf einer Transportkiste »felsa« für Felsen oder Felswand, auf einer flachen Kiste »Sciora«, ein Berg nahe der italienischen Grenze im südwestlichen Oberengadin in Graubünden, auf einem Kasten »Vadrec /t« für Gletscher. Auf der Spiegelrückseite stehen das italienische »cime« für Spitze/Gipfel und »Pennin«, ein von den Kelten verehrter Berggott. Die Legende läßt ihn auf dem Großen St. Bernhard wohnen, er

1 Calzini, S. 436. Auf der vorletzten Umschlagseite wirbt der Verlag für: Hans Kafka: Mussolini – Gedanken und Worte. Andere Schriften über Segantini sind Segantini, Schriften und Briefe, Leipzig 1909 und 1912 (dt. Übs. 1934, hg. v. Bianca Segantini). Weitere Bücher erschienen in Italien offensichtlich in großer Zahl nach dem Machtantritt Mussolinis 1922: 1924, 1926, 1927, 1930, 1934.
2 vgl. Verspohl
3 Leppien, S. 34
4 ebd.
5 van Winkel, S. 46f.

wurde dort lokal verehrt. In dem Zeichnungsblock »Secret Block for a Secret Person in Ireland« gibt es ebenfalls ein Blatt mit diesem Thema. Beuys beschreibt Pennin in einem US-Katalog als archetypischen Berggeist des sich durch Europa erstreckenden Gebirgskammes von den britischen Pennines bis zum italienischen Apennin. Camiel van Winkel beurteilt dies zutreffend als »onwetenschapelijke opvatting« – unwissenschaftliche Auffassung.

Dieser mit Möbeln aufgebaute Innenraum und »ich will meine Berge sehen« sind kein Widerspruch. Zusammen mit der Schrift, die Beuys noch in der Schule gelernt hatte, seinem ehemaligen Mobiliar und einem Beuys-Foto in dem Bett stehen sie für »zu Hause«, für Heimat – wie sie Segantini in den Bergen gefunden hatte und bildnerisch darstellte.

HEIMAT, NATUR, ARBEIT UND DER GUTE WILDE

Beuys besuchte in den siebziger Jahren wieder das Gargano-Gebirge bei Foggia, fand antike Scherben und zeichnete eine »...Ziege, eine Ziegenfigur, womit man vielleicht auf diese Kultur anspielt, so eine Hirten- oder Bauernkultur mit Vieh, mit Ziegen, mit Oliven, wie es also heute auch noch so ist, wo sich also in diesem Zusammenhang fast nichts geändert hat. Ich nehme an, daß die Menschen doch zu der frühen Zeit im wesentlichen, was die Agrartechnik anbelangt, nicht anders gearbeitet haben als heute.«[1]

Dieses Bild von Landarbeit erinnert nicht nur in groben Zügen an Calzinis Segantini-Biografie aus den dreißiger Jahren, die Beuys durchaus gelesen haben könnte: Die Bergwelt der Alpen wimmelt von Hirten, auch Segantini mit seinem Stroh- oder Filzhut wird als solcher beschrieben. Bei dem Erfolg auf der Pariser Weltausstellung 1888 ist Segantini nicht zugegen, aber sein Galerist Grubicy registriert die Reaktionen. Die Amüsier- und Glamourstadt Paris »vernahm die Donnerstimme der schlichten Wahrheit, die ein Hirt, unsichtbar in den Wolken der Berge, verkündete«.[2] Segantini führte zwar kein Askeseleben, aber seine Bilder seien ein Lob der einfachen, arbeitenden Menschen in den Bergen, gleichsam der Ur-Arbeiter mit ihren »ewigen Berufen«: Holzfäller, Jäger, Pflüger, Köhler und Hirte.

Diese Sicht stellt reine Bergwelt gegen verderbendes Stadtleben, Heimat gegen Industrie. Es liegt auf der Hand, daß Beuys dieses romantisierende Bild von Landarbeit übernommen hat.

1 Beuys in: Kunz
2 Calzini, S. 302f.

Hier liegen die Parallelen zur Coyote-Aktion in New York. Beuys traf nicht die wirklichen Indianer als US-Bürger zweiter Klasse, sondern stellvertretend einen Coyoten. Ferner gleicht diese Vorstellung dem Bild der nomadischen Krimtataren. Der gemeinsame Grundzug ist der seine Scholle beackernde oder bejagende Mensch, der gute Wilde.

Beuys hat den Alpen mit ihren Pässen und anderen Gebirgen große Bedeutung beigemessen. Die Bezeichnungen der Eindhovener Installationen verweisen auf die Bergwelt. Hier fließen, in Eindhoven mit dem Kupfer versinnbildlicht, die »untergründigen Ströme«, die Beuys schon 1943 in Italien festgestellt hatte. Hier verbindet Beuys nicht nur die alten Achsenmächte Deutschland und Italien, son-

dern mit der Pennin-Geschichte weitet er die untergründigen Kräfte sogar von der britischen Insel bis Italien aus. Der Verweis auf einen keltischen Berggott, der Bezug auf den pantheistischen Segantini und den Christenkritiker Nietzsche formen zusammen mit den in Italien festgestellten »untergründigen Kräftekonstellationen« und der Sicht Siziliens als Unterleib Irlands das Konzept eines geokulturellen Europa. In diesem sah Beuys natürliche Kräfte, die von Industrialisierung und Zivilisation noch nicht verschüttet sein sollen.

Auf diesem Bild beruht Beuys' Konzept zur Heilung der Menschheit. Beuys verkündet: »... ich will mich nicht mit meiner Person befassen, sondern diese benutzen, um Kräfte aufzuspüren, die nach meiner Meinung ins Bewußtsein gerückt gehören. Ohne diese Kräfte kann man auch keine zukünftige Kultur einleiten, weder eine im Kulturraum noch im Bereich der Demokratie oder des Wirtschaftslebens oder überhaupt im Bereich der Zukunftsfragen.«[1]

DIE KRÄFTE

Auf einem Handzettel, der zur Ausstellung in Eindhoven verteilt wurde, hieß es: »Der Titel gibt nicht direkt wieder, was wir sehen. Es stellt sich die Frage, was dort zu sehen ist.«[2] Wir wollen sehen:

Die rätoromanischen Vokabeln auf den Gegenständen werden bei Adriani u.a. nicht erwähnt oder erläutert. Sie betrachten nur das Wort »Denken« auf dem Gewehrkolben und deuten das Zielen mit dem Gewehr als Sinnbild für zielgerichtetes, analytisches, nicht-ganzheitliches Denken und führen es auf Beuys' Kritik am Wissenschaftsbegriff zurück. Das ist jedoch nur eine Hälfte dessen, was dort »nicht direkt« zu sehen ist. Diese »halbe« Betrachtungsweise ist inhaltlich zu erweitern, indem sie logischerweise auf den ganzen Kunstbegriff von Beuys bezogen wird. Zusammen mit den anderen Wörtern auf den Gegenständen der Installation und Beuys' politischen Vorstellungen konkretisieren sich die Kräfte, die Beuys ins Bewußtsein rücken möchte.

Die Benutzung der Sütterlin-Schrift und des Rätoromanischen sind Mosaiksteine, um diese Kräfte zu entschlüsseln. Die von Beuys benutzte Schrift und Sprache sind neben den Möbeln Chiffren für Heimat, für die in der Sprache ausgeformte Volksseele,[3] für das gegen Industrialisierung und »unnatürliche« Nationalitätsgrenzen bewahrte Keltisch-Rätoromanische dieser Region. Das einzige deutsche Wort (»Denken«) in der Installation verweist, abgeleitet aus dem oben dargestellten Zusammenhang, auf Nietzsches Schaffen, das einzige italienische (»cime«) auf Segantinis Schaffen. Deren Werk und Wichtigkeit für 1968 sieht Beuys offensichtlich begründet in ihrer Ferne zur Zivilisation, zur Stadt und ihrer Nähe zur nicht-verschütteten rätoromanischen Volksseele in der Landschaft. Der in der Landschaft lebende Geist der Kelten floß nach Beuys' Vorstellung wohl in Nietzsches Denken und Segantinis Bilder. Denn schon in Süditalien will Beuys einen Zusammenhang von Landschaft und Geist ehemaliger Bewohner festgestellt haben.[4]

1 Beuys in: Kunz
2 zit. n. Adriani u.a. 1994, S. 121
3 vgl. Beuys in: Bodenmann-Ritter und in: Reden über das eigene Land
4 vgl. Beuys in: Kunz

DIE REVOLUTION SIND WIR

Mit »Kräften« meint Beuys geistige oder Bewußtseinskräfte, die etwas in Bewegung setzen (sollen). Die Kräfte sind Glaube, Sprache, Landschaft und Heimat.

Sie manifestieren sich in der Installation:

– europäisch-vorchristlicher Glaube – als keltischer Berggott Pennin und Bezug auf Segantini als Pantheisten,

– Sprache – als grenzüberschreitend gesprochenes Rätoromanisch auf den Gegenständen und im Bezug auf Nietzsche,

– Landschaft – als Bedeutung der rätoromanischen Wörter (Felsen u.s.w.) und Bildthematik Segantinis,

– Heimat – als Beuys' Foto und sein Mobiliar.

Mit der Installation »Voglio vedere...« huldigt Beuys einer Landidylle und betreibt Zivilisationskritik. Diese Kritik bietet als Lösung eine geokulturelle Utopie mit vorchristlicher oder heidnischer Grundlage. Diese Utopie korrespondiert mit der AUD-Europa-Konzeption zur Neubildung der europäischen Mitte oder mit den ethnopluralistischen Vorstellungen der Neurechten, die von einem Europa der Völker mit eigener europäischer Religion träumen und Sprache zur Identitätsgrundlage machen. Beuys nannte sein verwandtes Konzept gegen die Ideologien des Westens und Ostens die zu entwickelnde »europäische Idee«. Die Revolution in den Köpfen möchte Beuys mit Begriffen wie Sprache, Landschaft und Volksseele beginnen. Das sind die untergründigen Kräfte, die Beuys in den Vordergrund rücken möchte. Seine zukünftig zu entwickelnde Kultur begründet sich auf Landschafts-»Identität«. Die Revolution von Beuys, Nietzsche und Segantini kann somit als völkische Revolution verstanden werden. Wenn daran nur die Drei beteiligt wären, könnten wir beruhigt sein.

AKTION COYOTE – »I LIKE AMERICA AND AMERICA LIKES ME«
GALERIE RENÉ BLOCK, NEW YORK 1974

EINE ANTI-AMERIKANISCHE AKTION

Nach der Landung in New York betritt Beuys das Flughafengebäude und hält sich die Augen zu. Das Leben in Amerika will er nicht sehen. Er wird von Kopf bis Fuß in weißes Tuch gewickelt und auf einer Bahre in einen Krankenwagen geschoben. Der bringt den Vermummten bei Tageslicht mit Sirenengeheul zur Galerie. Dort wird Beuys ausgepackt. Von nun an kann er etwas sehen und betritt den Raum, in dem schon ein Kojote mit Halsband wartet. In einer Ecke liegt Stroh, und vorne am Gitter steht ein Wassernapf. Beuys legt ein Bündel Filz mitten in den Raum und stopft eine leuchtende Taschenlampe hinein, deren Strahl herausscheint. Beuys füttert den Kojoten. Durch die Tür wird ein Stapel Wall Street Journal gereicht, den Beuys neben dem Napf ablegt. Ein Exemplar breitet er aufgeschlagen auf dem Boden aus. Der Kojote spielt mit dem Zeitungsstapel und zerrt am Tuchhaufen. Beuys geht mit einem Handstock am Arm durch den Raum und wirft einen Handschuh in die Luft. Der Kojote fängt ihn auf und läuft davon. Beuys wickelt sich in ein anderes Stück Filz und läßt oben nur den Stock herausgucken. Das soll einen Hirten darstellen. Der Kojote läuft zum Publikum am Gitter, trinkt und schiebt den Napf. Beuys steht still in seinem Gewand oder bückt sich für Momente hinunter, bis der Stock fast den Boden erreicht. Der Kojote zerrt am Umhang und beißt in den Stock. Während Beuys weiterhin steht, läuft der Kojote durch den Raum und pinkelt auf die Zeitungen. Beuys legt sich hin. Der Kojote reißt Stücke vom Umhang und zerfetzt Zeitungen. Plötzlich öffnet Beuys den Umhang und steht auf. Der Kojote springt zurück und trabt durch den Raum. Turbinenlärm ertönt vom Tonband. Der Kojote trabt weiter. Beuys schlägt auf einen Triangel. Der Kojote trinkt. Beuys klopft mit dem Handstock auf den Boden und bleibt in starrer Pose stehen. Der Kojote läuft herum und zerrt am Tuch. Beuys legt die Handschuhe nebeneinander auf den Boden. Der Kojote schnappt sich einen und büxt damit aus. Beuys legt sich ins Stroh, raucht und sieht aus dem Fenster. Der Kojote auch, schnüffelt an der Fensterbank und zerrt am Tuch. Beuys will den Kojoten auf den Arm nehmen. Der Kojote springt ab.[1]

So geht es drei Tage. Beuys macht dieses und jenes, der Kojote läuft herum oder zerrt am Tuch. Am Ende läßt Beuys sich wieder einpacken und mit dem Krankenwagen zum Flughafen bringen. »Amerika« hat ihn immerhin nicht gebissen.

[1] vgl. Film v. H. Wietz, Arte

Der Film über die Aktion ist kaum so beeindruckend wie eine Seehundfütterung im Osnabrücker Zoo, aber die Aktion ist viel bedeutender.

Der Kojote war nicht einfach ein Kojote, sondern für Beuys:
– Eurasischer Sprößling, der mit den Indianern über die Beringstraße nach Amerika kam,[1]
– Verkörperung der Kraft der Wandlung,[2]
– Herdentier, Steppentier,[3]
– Haßprojektion, Sündenbock, verfolgte Minderheit,[4]
– ein den Weißen verhaßtes Tier, das auch wie ein Engel angesehen werden könnte.[5]

Für seine Interpreten:
– Archetyp des Tricksters, des gejagten Antisozialen,[6]
– das präkolumbianische Amerika, das harmonische Zusammenleben von Mensch und Natur,[7]
– mächtige Gottheit der Indianer,[8]
– Spannungsfeld Individualität – Gesellschaft und amerikanischer Westmensch,[9]
– Personifikation des besseren Amerika,[10]
– Inkarnation, Transformation, Entstehen und Vergehen.[11]

In der Aktion traf sich ein Hirte ohne Hirtenhund oder Herdentier wie Schaf oder Rind mit einem Tier. Genaugenommen traf der Hirte sogar einen Feind der Herde, einen Kojoten. Dieser zollte hier dem Hirten keinerlei Respekt, kümmerte sich nicht um den Turbinenlärm und machte seinen Törn. Eine Herde wäre verloren.

Aber um solchen Kleinkram ging es Beuys nicht. Er wollte Kontakt mit den »terrestrischen und geografischen Strömungen« des amerikanischen Kontinents. Ihre Ost-West-Ost-Richtung sei im Eurasienstab-Handstock mit seiner oberen Krümmung dargestellt.[12]

Den Kojoten traf Beuys als Vertreter seiner Spezies, seiner Gruppenseele. Beuys hielt ihn für eines der Tiere, das mit den Indianern über die Beringstraße auf den amerikanischen Kontinent gewandert sei. Durch den Kojoten sei Beuys in Berührung mit dem »traumatischen Punkt« der amerikanischen Geschichte gekommen – »mit dem Indianer, dem Roten Mann«.[13] Kojote und Indianer seien Gejagte.

DIE GUTEN WILDEN IN DER STEPPE

Mit der Hirtenverkleidung, dem Verweis auf seine Erscheinung in der Prärie/Steppe und der Bezeichnung des Kojoten als Steppentier[14] produziert Beuys wie bei der »Tatarenlegende« einen guten, nomadischen Wilden.

Die Indianer lebten vor der Landung der spanischen Conquistadoren um 1500 in verschiedenen landschaftlichen Kulturräumen des nordamerikanischen Kontinentes. Die Prärie- und Plainsgürtel sind einer dieser insgesamt sieben

1 vgl. Beuys in: Tisdall, S. 11, 12
2 ebd.
3 ebd.
4 vgl. Beuys in: Stachelhaus, S. 208ff
5 ebd., S. 211
6 nach C. G. Jung, in: Tisdall, S. 11
7 vgl. Harlan u. a., 86f
8 vgl. Tisdall, S. 10
9 Adriani u.a. 1981, S. 330
10 vgl. Spiegel 5/86, S. 190
11 vgl. Scherrmann, S. 883
12 vgl. Tisdall, S. 10
13 ebd.
14 ebd., S. 14

Räume. Er reichte westlich vom Missouri/Mississippi bis zu den Rocky Mountains im Osten, im Süden bis Texas, im Norden bis Kanada. »Bevor den spanischen Eroberern Pferde entliefen und sich in den Plains zu großen Wildpferdherden vermehrten, die Indianer also nur Hunde als Transportmittel kannten, waren die endlosen, baumlosen Prärien nicht bewohnt.«[1] Die Indianer wurden erst von den Eroberern in die »... bisher menschenleere – weil menschenfeindliche – Präriesteppe...« gedrängt.[2] Vor der landwirtschaftlichen Erschließung dieser für unfruchtbar erachteten Landschaft wurde von den weißen Kolonisatoren ihre Nutzung als riesiges Indianerreservat erwogen.[3]

Innerhalb einer Argumentation mit terrestischen Strömungen ist die Verortung der Ur-Indianer in die Prärie historisch unangemessen. Die 400-jährige Siedlung an den Flüssen der Prärie durch einige Stämme ist an der mehrtausendjährigen indianischen Geschichte gemessen recht unbedeutend. Beuys' Indianerbild ist durch seinen eurasischen Steppenmythos bestimmt. Letzten Endes reproduziert Beuys mit seiner Steppen/Prärie-Vorstellung unter umgekehrten Vorzeichen sogar die US-Kolonistengedanken oder die NS-Rußlandpläne zur Besiedlung leerer Räume.

KOJOTE

Ihren verschiedenen Lebensräumen entsprachen die religiösen Tiervorstellungen der Indianer. In den Schöpfungsmythen aller Regionen gab es mit verschiedener Gewichtung: Biber, Otter, Bisamratten, Wapitis und Schildkröten. Bei

1 Stammel, S. 61
2 vgl. ebd., S. 77
3 ebd., S. 173

den zu den Flüssen der Prärie gedrängten Waldlandindianern etwa der Irokesen, Cherokee, Cheyenne und Sioux mit ihren diversen Abzweigungen gab es abgesehen von religiös besetzten Pflanzen: Büffel, Bären, Wölfe, Schwäne, Hirsche, Krähen, Muscheln, Schlangen, Pumas, Falken, Krebse, Fische, Spinnen, Schmetterlinge, Adler, Blutegel, Haubenspechte, Schwalben, Pelikane, Opossums, Kaninchen und Kormorane – nur keine Kojoten.[1]

Die angeblich von Weißen dem Kojoten zugeschriebene Bedeutung des Tricksters hatte bei den Indianern als eine Facette der »Alte Mann«: Er war zugleich Schöpfer der Welt und Spaßmacher, Trickster, Eulenspiegel.[2]

»ICH KENNE KEIN WEEKEND!« – ANTI-AMERIKA

In dieser Aktion ging es um anderes als die »Versöhnung von Mensch und Natur« oder den »selbstverständlichen Umgang mit Tieren«, wie es gern der Einfachheit und gesellschaftlichen Akzeptanz wegen gesagt wird.[3]

Beuys hatte »Vorbehalte gegenüber Amerika, die in seinem erweiterten Kunstbegriff mitschwangen«, heißt es schwammig bei Stachelhaus.[4]

In dem Lied »Sonne statt Reagan«, das Beuys im Rahmen der Friedensbewegung Anfang der achtziger Jahre zum Besten gab, sang er: »Aus dem Land, das sich selbst zerstört – und uns den way of life diktiert – da kommt Reagan mit Waffen und Tod... Doch wir woll'n Sonne statt Reagan.«

Kapitalistischen Egoismus, Amerikanisierung und Industrialisierung machte Beuys für die Zerstörung der »Idee vom Volk« in Europa verantwortlich.[5]

Daher wird Beuys nicht ohne Absicht ausgerechnet das Wall Street Journal, die führende amerikanische Wirtschaftszeitschrift, dem Kojoten neben den Wassernapf gelegt haben, um ihn daraufpinkeln zu lassen. Und es wird seinen Grund haben, warum im Vorspann der Film-Dokumentation der Titel in Fraktur-Schrift erschien:

Joseph Beuys: I like America and America likes Me

In dieser Aktion drückte Beuys nicht nur eine Abneigung etwa gegen »Hollywood« aus. Er teilte seinen Anti-Amerikanismus mit anderen. »Weder Moskau noch Wall Street« lautete eine Parole der National-Neutralisten von Otto Strasser bis zu August Haußleiters AUD, für die Beuys 1976 kandidierte. Auf ihrem Parteitag 1973 hatte der rechte Anthroposoph Haverbeck gegen den Import des American Way of Life gewettert.[6] Im politischen Verständnis der Nationalrevolutionäre galten die USA als Besatzer des kriegsunterlegenen Deutschland, als Verweigerer der deutschen Souveränität und kulturimperialistischer Zerstörer der deutschen Identität. Die im Grunde berechtigte Kritik an den Lebensbedingungen der Indianer dient in nationalrevolutionären Kreisen der europäischen

1 vgl. W. Müller
2 ebd., S. 93
3 A. Linsel in: Arte
4 vgl. Stachelhaus, S. 206
5 Beuys in: Stachelhaus, S. 205
6 vgl. Stöss 1980, S. 251

Indianerrezeption als Ideologie-Vehikel. Was mit der Vermarktung von Castaneda und Hopi begann, wird via keltischer und germanischer Kultur als »Rückbesinnung auf das Eigene« zum Ausgangspunkt spirituell-faschistischer Zivilisationskritik.[1]

Aus diesen Kreisen wird gern auf den US-Völkermord an den Indianern und die Atombomben auf Hiroshima und Nagasaki verwiesen, um in simpler Manier eine argumentative Gleichsetzung mit der Vernichtung der europäischen Juden durch Nazi-Deutschland herzustellen – die (Schein-) Debatte Auschwitz-Hiroshima.[2]

DAS AMERIKANISCHE GEGENSTÜCK

Die Indianer-Variante dieser Debatte schimmert in der Coyote-Aktion durch als »traumatischer Punkt« und »unbewältigte Vergangenheit« vom »amerikanischen Gegenstück«.

Beuys glaubte, er sei »mit dem traumatischen Punkt in der Zusammensetzung der Energien« in den USA in Kontakt getreten, »mit dem Indianer, mit dem Roten Mann«.

Caroline Tisdall schrieb zu der Aktion: Das Zusammentreffen von »Energie und Trauma in Europa und Eurasien« sei permanentes Thema von Beuys. Die Aktion Coyote sei eine Konzentration auf »ein amerikanisches Gegenstück«, das die Geschichte der USA beeinflußt habe. Für Beuys sei die Kojoten-Verfolgung ein Beispiel für die Verlagerung von Minderwertigkeit auf Haßobjekte oder Minderheiten. Dieses führe zur Ausmerzung der Sündenböcke und Getretenen in jeder Gesellschaft, »wie das Europa der Pogrome und Konzentrationslager« sie kenne oder zu vergessen suche. Die Indianer seien »ein besonderer Fall in der Geschichte der Verfolgungen, in der der Kojotenkomplex sich als eine ›unbewältigte Vergangenheit gegen die Indianer fortsetzt‹«.[3]

Wenn Tisdall Beuys richtig wiedergibt, hat Amerika einen Kojotenkomplex, der in Europa ein Gegenstück hat – einen Juden-Komplex. Wir wollen Beuys hier keinen Anti-Semitismus unterstellen, aber – wenn auch wohlmeinend – reproduziert er genau dessen Chiffren.

Beuys benutzt den schon bei den Nazis beliebten Tiervergleich – der Kojote steht für die verfolgten Indianer, Juden und andere Minderheiten. Diese Chiffren kommen ferner zum Ausdruck, indem die Aktion im von den Nazis als jüdische Welthauptstadt geschmähten New York mit ausdrücklichem Bezug auf die Wall Street stattfand. Hier saß für die Nazis das sogenannte raffende jüdische Kapital – ein von ihnen konstruierter Gegensatz zum schaffenden deutschen Kapital. Und ein Kojote als Aasfresser und Beutedieb paßt – wenn auch ungewollt – ausgezeichnet zu dieser Chiffre.

Wenn traumatische Punkte, unbewältigte Vergangenheit, Konzentrationslager und Pogrome den Hintergrund dieser Aktion gebildet haben sollen, warum fand all das seinen Ausdruck nicht in zahlreich geeigneten Orten Deutschlands,

1 vgl. Kratz 1994 und Gugenberger/Schweidlenka
2 vgl. Herzinger/Stein
3 Tisdall, S. 9f

etwa in Kleve? Uns ist außer der »Auschwitz-Vitrine – Konzentrationslager Essen« nichts bekannt, wo Beuys der unbewältigten deutschen Vergangenheit eine Aktion oder Rede widmete, obwohl er doch als wichtigster deutscher Nachkriegskünstler gilt. Sein Kommentar zu dieser Vitrine ist haarsträubend: »Ich finde beispielsweise, daß wir jetzt Auschwitz in seinem gegenwärtigen Charakter erleiden.«[1] Diese Äußerungen und die Verwendung der oben beschriebenen Chiffren sehen wir eher als Zeichen seiner eigenen unreflektierten Vergangenheit.

MYTHEN IN TÜTEN – NOCH EIN ANTI-AMERIKANISCHES WERK

In der Kunsthalle Hamburg hängt »Gegenüber dem Fixsternhimmel« von 1978. In einem etwa 80 mal 50 Zentimeter großen Hochkantrahmen sind auf einer Milchglasscheibe nebeneinander zwei graue, etwa 19 mal 13 Zentimeter große Tüten hochformatig angebracht. Die Tüten seien aus Irland, bemerkt der Kommentator Leppien, und erwähnt kunsthistorisch formal weitere Werke, die Beuys seit 1950 zum Thema Irland gemacht hat.[2] Doch es ging Beuys nicht um

1 Beuys in: Beuys-Block, Darmstadt
2 Leppien, S. 39

die irische Landschaft oder um Tüten, sondern um »Irische Energien«. Was ist das?

Inhaltlich gesehen hat Beuys hier nicht zwei Tüten verwendet, weil es hübsch aussieht, sondern um die Teilung Irlands darzustellen. Beuys hatte bekanntlich wie die Nationalrevolutionäre Sympathien für die IRA und wollte den Sitz der FIU nach Belfast verlegen. »Was dort das Problem ist, ist mir manchmal sehr viel mehr bekannt, als den Iren selbst.« So, so. »Das spielt sich aus der westlichen, ganz speziell aus der keltischen Spiritualität ab... dieses Keltische ist im Augenblick in einer Randsituation.«[1]

Auf diesem Wege erschließt sich der Titel: Der Fixsternhimmel ist das Sternenbanner, die US-Flagge. Gegenüber – auf der anderen Seite des Atlantik – liegt das geteilte Irland. Die zwei gleichgroßen und -grauen Tüten sind Gegenbild zu den bunten, verkommenen USA. Irisch-keltische Energien verbinden das »künstlich« geteilte Land gegen die Mächte des Geldes und des Teufels.[2]

[1] Beuys in: Harlan u. a., S. 41
[2] vgl. Beuys in: Aufruf zur Alternative und in: Brüll, S. 90

Joseph Beuys
Johannes Stüttgen
1977

Das Modell der FREE INTERNATIONAL UNIVERSITY ("Honeypump")

Die "Honigpumpe am Arbeitsplatz" soll darauf hinweisen, daß an alle Arbeitsplätze der Menschen etwas herangebracht werden muß, was ihnen gegenwärtig fehlt - also etwas Neues ist. Wer herausbekommen will, was denn dieses Neue sei, muß sich selbst fragen, was das ist, was ihm am Arbeitsplatz fehlt. Aber, weil er ja mit anderen Menschen, seinen Kollegen zusammenarbeitet, muß er sich nicht nur alleine fragen, was da fehlt, sondern er wird diese Frage mit ihnen gemeinsam untersuchen müssen als eine gemeinsame, gründliche Erforschung des Arbeitsplatzes, vor allem in Hinblick darauf, woran es mangelt. Hier wird also ein Erstes das <u>Prinzip der Kommunikation</u>, der freie Ideenaustausch aller Betroffenen angesprochen: die arbeitenden Menschen bringen ihre Ideen, Sorgen und Fragen an ihren Arbeitsplatz heran, um dort miteinander herauszufinden, was ihnen fehlt. So soll dieses Fehlende zunächst einmal als H o n i g , der ein wertvoller Nährstoff ist, in Erscheinung treten - und zwar in dem Sinne, daß er zirkuliert und alle Produktionsstätten mit wertvoller Nährsubstanz versorgt und sie alle, die sie aus der Sache heraus ohnehin aufeinander angewiesen sind, wie in einem Kreislaufsystem miteinander verbindet. Hier ist bereits die Beobachtung hochinteressant, wie durch die Initiierung der ersten Phase, die als "Kommunikationsprinzip" charakterisiert werden kann, bereits ein bisher Fehlendes, nämlich die gemeinsame Frage nach dem Fehlenden, durch wertvolle Nährsubstanz erfüllt wird. Denn es wird offenbar, wie sehr es den Menschen als geistige Wesen in ihrer gegenwärtigen Notlage eben gerade auch am gemeinsamen Ideenaustausch am Arbeitsplatz mangelt. Schon die bewußt in Gang gesetzte, gemeinsame Suche nach dem Fehlenden ist Nahrung für viele, aus der sie die Energie für den nächsten Schritt erhalten. Hier beginnt die Erzeugung eines lebensfähigen Organismus, der sich weiterentwickeln kann. Auch hier wird sichtbar für jeden, daß <u>das diese Evolution konstituierende Moment das Freiheitsprinzip ist.</u>
Tatsächlich ergibt die nüchterne Analyse der gegenwärtigen Produktionsstätten, wo die arbeitenden Menschen, also die eigentlichen Produzenten, täglich zusammenkommen, daß gerade dort keine Freiheit ist, also fehlt. Dadurch geht von vorneherein wichtige Produktivkraft verloren, d.h. es geht Kapital verloren, denn Kapital ist in Wirklichkeit nichts anderes als die Kreativität des Menschen. Kreativ, also schöpferisch ist der

WAS MACHT DIE HONIGPUMPE AM ARBEITSPLATZ?
DIE BIENE, DER HONIG, DER STAAT UND DIE WÄRME

Beuys macht die Biene bereits in den fünfziger Jahren zu seinem künstlerischen Thema. In Teilen seiner Bienen-Ideologie soll er sich auf 15 Vorträge von Rudolf Steiner, die dieser 1923 vor Arbeitern am Goetheanum in Dornach gehalten hatte, beziehen. Durch diese Vorträge »wurde Beuys schon früh auf den Charakter des plastischen Prozesses bei den Bienen und ihren Sekreten Honig und Wachs hingewiesen«.[1]

Bekannt sind die Arbeiten »Bienenkönigin I – III« von 1952, drei kleinformatige Objekte aus Wachs auf Massivholzbrettchen.

Im (Braun-)Kreuz-Komplex von Wouter Kotte und Ursula Mildner wird die Biene als bewegtes Kreuz interpretiert, und die Bienenflügel sollen ein Hinweis auf die Allgegenwärtigkeit des Geistigen sein.[2]

Die »Honigpumpe am Arbeitsplatz«, auf der documenta 6 1977 parallel zum FIU-Büro gezeigt und ausdrücklich hierzu in Beziehung gesetzt, muß als das bekannteste Werk im Bienen-Honig-Komplex von Beuys gelten. Stachelhaus sieht sie als »künstlerische Quintessenz« von Beuys' Bienenstudium.[3]

Die »Honigpumpe am Arbeitsplatz« bestand aus einem 173 Meter langen System von Plexiglasschläuchen, das vom Erdgeschoß bis zum Dach durch das Treppenhaus des Museums Fridericianum gelegt war. In einem halbkreisförmigen Raum im Erdgeschoß befand sich eine Elektropumpe, die drei Zentner »Honig der Marke Langnese«[4] durch die Schläuche pumpte. Paralell dazu waren zwei Elektromotoren zu sehen, die durch eine 2,60 Meter lange und 12 Zentimeter starke Kupferwelle miteinander verbunden waren. Die Kupferwelle rotierte in 100 Kilogramm Margarine »der Marke Romi, die in 1/2 Kilobechern angeliefert worden war«.[5] In einer Ecke des Raumes standen drei leere Bronzekrüge. »Statt des Honigs, der in den Kreislauf eingegangen ist, enthalten sie gleichsam spirituelle Substanzen, nämlich die kreativen Prinzipien der Verteilung, des Eingießens und des Entnehmens.«[6] Dieser Maschinenraum war für die Besucher nicht zugänglich, konnte aber von oben eingesehen werden. In unmittelbarer Nachbarschaft zur Honigpumpe befand sich der Tagungsraum der FIU. An der Fensterseite des Raumes, knapp unterhalb der Decke, waren einige Meter des Plastikschlauchsystems in mehrfachen Windungen über dünne Eisenstangen gerollt. Der FIU-Tagungsraum wurde so in den zirkulierenden Honigkreislauf intergriert und mit dem gesamten Museum in Beziehung gesetzt.

Adriani, Konnertz und Thomas meinen zur Honigpumpe: »Waren in den frühen Arbeiten der Honig das Symbol für das Wärmeelement und Wachs das Symbol des Kristallinen, des festen Bauens, aus welchen Polen Beuys seine plastische Theorie gestaltet hatte, wird die Honigbiene nun auch in ihrer staatenbildenden Fähigkeit Symbolträger und schafft so die Verbindung zur sozialen Plastik der Gesellschaft als Kunstwerk.«[7]

1 Adriani u. a. 1994, S. 158
2 Kotte/Mildner, S. 44
3 Stachelhaus, S. 73
4 Loers/Witzmann, S. 157
5 ebd., S. 160
6 ebd.
7 Adriani u. a. 1994, S. 158

Eine zentrale Bedeutung bekommen die »Honigpumpe am Arbeitsplatz« und die Bienen also in der Beuysschen Gesellschaftstheorie. Stachelhaus meint: »Es lohnt sich, Beuys' Gedanken nachzuspüren, denn praktisch entwickelt er am Beispiel der kleinen Bienen seinen ›Erweiterten Kunstbegriff‹ und seine ›Soziale Plastik‹.«[1]

Beuys überträgt das Modell des Bienenstaates einerseits auf den einzelnen menschlichen Organismus, andererseits auf das utopische Modell eines als organisch bezeichneten Sozialismus, also auf die Gesamtgesellschaft.

Im ersten Modell ist für ihn der Bienenstaat »kein Staat, der aus Individuen besteht, wie unser Staat aus lebenden Einzelindividuen«, sondern er weist der einzelnen Biene »Gliedmaßenfunktion« zu. »So gesehen ist mein Körper auch ein Staat, der perfekt funktioniert.«[2] Die Bienenkönigin nimmt dann für ihn eine Funktion zwischen Herz und Gehirn ein, und die Drohnen, die nach der Befruchtung überflüssig werden, sind Zellen, die ausgeschieden werden.[3]

Sein zweites auf einen utopischen Sozialismus bezogenes Modell stellt den »Wärmecharakter« des »Bienenorganismus« in den Mittelpunkt seiner Überlegungen. Beuys geht es um soziale Wärme, die er im Zusammenleben der Bienen symbolisiert und perfektioniert sieht. »Denn gegen die Perfektion ist ja nichts einzuwenden, wenn diese Perfektion human ist, also wirklich wärmehaft sozial ist. Dieser Begriff des Wärmehaften verbindet sich auch mit dem Begriff der Brüderlichkeit und des gegenseitigen Zusammenarbeitens, und deswegen haben Sozialisten die Biene genommen als Symbol, weil das im Bienenstock geschieht, die absolute Bereitschaft sich selbst zurückzustellen und für andere etwas zu tun. So geschieht es doch im Bienenstock, z.B. weitgehend auf geschlechtliche Dinge zu verzichten, im Sinne des Ganzen, wie bei den Arbeiterinnen, daß das symbolisiert wird nur an einer Figur, nämlich der Königin, wo sich solche Prozesse vollziehen. Die anderen setzen das zurück und arbeiten in ganz anderen arbeitsteiligen Zusammenhängen.«[4]

Aber was ist das für ein Sozialismus, den Beuys uns hier anbietet, wo wir auf »das Geschlechtliche« verzichten sollen, um für eine Königin zu arbeiten?

Die für jede soziale Revolution zentrale Machtfrage stellt Beuys nicht. In seinem Sozialismus wird nicht etwa durch Klassenkampf die Diktatur des Proletariats errungen und durch die Vergesellschaftung der Produktionsmittel der Gegensatz zwischen Kapital und Arbeit beseitigt, sondern Beuys meint einen organischen Sozialismus, dem als natürlich erachtete Grundlagen als Basis dienen sollen. Deshalb hat sein Sozialismus auch nichts mit der Geschichte sozialistischer Selbstverwaltungsmodelle zu tun. In seinen Überlegungen gibt es keine Pariser Commune, keine Räte in Deutschland 1918/19, keine Räte in Spanien 1936, keinen Widerstand im besetzten Polen, Jugoslawien oder auf der Krim, keine Partisanenrepubliken in Italien 1945, keine Räte des Mai 1968 in Frankreich und keinen Indianerwiderstand 1973 in der Ortschaft Wounded Knee. Seine Kritik des real existierenden Sozialismus kommt deshalb auch nicht von links etwa mit Bezügen auf Trotzki, Guevara, Mao, Bloch oder Sartre, sondern von rechts mit Bezügen zur konservativen Revolution der Weimarer Republik.

1 Stachelhaus, S. 76
2 Beuys in: Rheinische Bienenzeitung, H. 12, 1976
3 ebd.
4 ebd.

Die Symbolbedeutung der Biene gründet sich auf ihren Fleiß und die Organisation ihres Lebenszusammenhangs. In der christlichen Symbolik ist sie uraltes Sinnbild einer frommen und einigen Gemeinde. Ihre zielgerichtete Arbeit hat sie zum Symbol der theologischen Tugend der Hoffnung werden lassen.

Ob Beuys sich dieser Tradition bewußt war oder nicht, sei dahingstellt, seine Bundestagskandidatur für die AUD und seine Veröffentlichung in »wir selbst« passen aber ohne weiteres in diese Tradition. Die Wiederherstellung der natürlichen Ordnung besteht, bei Beuys wie bei den Ideologen der Konservativen Revolution, in der Befreiung des Menschen von den »universalistischen Ideologien« mit ihrer Wurzel, dem Materialismus.

Beuys hat erkannt, was alle schon wissen, daß Produzent ist, wer seine Arbeitskraft an den Arbeitsplatz bringt. Wenn die Arbeiter »zu den Arbeitsplätzen strömen, dann bringen sie doch nichts anderes mit als ihre Fähigkeiten«.[1] Er erklärt die mitgebrachte Arbeitskraft/Fähigkeit nun einfach zum Kapital und macht so den Produzenten auch zum Kapitaleigner. Die Summe der Einzelkapitale bildet dann das Kapital der Gesamtgesellschaft. Dieses Kapital will Beuys für die Umgestaltung des sozialen Organismus freisetzen. Die populären Begriffe hierzu sind das Bild der Gesellschaft als sozialer Plastik und die Floskeln »Jeder Mensch ist ein Künstler« und »Kunst=Kapital«. Mit »Kapital«, mit Fähigkeit meint Beuys, wie bereits dargestellt, aber nicht einfach »Können«, sondern Bewußtsein, spirituelle Erkenntnis, Genialität, Mentalität oder Identität eines Individuums oder eines Volkes. Diese entfaltet sich in der mythisch-biologisch und geografisch gebundenen Kultur, mit Sprache als gemeinschaftbildendem Element. Die Holländer haben eben andere Fähigkeiten als die Deutschen. Deshalb gibt es für Beuys auch keinen Gegensatz zwischen Kapital und Arbeit, ist die Unterscheidung von Arbeitgeber und Arbeitnehmer für ihn »ideologiebedingter Betrug«.[2] Denn es gehört zum »kulturellen Wesen« des Menschen, daß die Kreativität »ungleich« ist und bleibt. Dort habe das »Gleichheitsprinzip überhaupt nichts zu suchen«. Das werde »voll ausgefüllt durch das Freiheitsprinzip«.[3] So löst Beuys die reale Erfahrung entfremdeter Arbeit im Bewußtsein des Arbeitenden auf, denn der Mensch wird ein glücklicher, ein freier Mensch sein, »indem er sieht: Es kommt auf mich an. Ich bin ein Glied der Gesellschaft. An jeder Stelle, wo ich stehe..., bin ich ein notwendiges Glied in dieser Gesellschaft.«[4]

Entgegen seinem allgemeinen Gerede über Diskussion und Volksabstimmung reproduziert Beuys durch seinen »Erweiterten Kunstbegriff« als Grundla-

1 Beuys in: Pohlen, S. 15
2 Beuys in: Sonde, S. 64
3 Beuys in: Pohlen, S. 16
4 Beuys in: Bodenmann-Ritter, S. 78f

ge seines Sozialismusmodells im Konkreten den Gedanken der Volks- und Betriebsgemeinschaft. Beuys' »natürliche Ordnung« weist jedem seinen Platz in der Gesellschaft zu. Interessen oder gar Klassengegensätze gibt es dann nicht mehr, sondern nur noch höhere Aufgaben zum Wohle des »sozialen Organismus«, dem Volkskörper (Deutschland).

In einem Erlaß Hitlers heißt es bereits 1935: »Der Nationalsozialismus hat den Klassenkampf beseitigt. Die Kampforganisationen der Gewerkschaften und der Arbeitgeberverbände sind verschwunden. An die Stelle des Klassenkampfes ist die Volksgemeinschaft getreten. In der Deutschen Arbeiterfront findet diese Volksgemeinschaft ihren sichtbaren Ausdruck durch den Zusammenschluß aller schaffenden Menschen.«[1]

Und in einer Verordnung über die Deutsche Arbeitsfront heißt es dann: »Sie hat dafür zu sorgen, daß jeder einzelne seinen Platz im wirtschaftlichen Leben der Nation in der geistigen und körperlichen Verfassung einnehmen kann, die ihn zur körperlichen Leistung befähigt und damit den größten Nutzen für die Volksgemeinschaft gewährleistet.«[2]

Die »Honigpumpe am Arbeitsplatz« soll darauf hinweisen, »daß an alle Arbeitsplätze der Menschen etwas herangebracht werden muß, was ihnen gegenwärtig fehlt«.[3] Damit der Mensch nun herausfindet, was ihm fehlt, soll er gemeinsam mit anderen Menschen, seinen Kollegen, den Arbeitsplatz gründlich erforschen. »Hier wird also ein Erstes, das Prinzip der Kommunikation, der freie Ideenaustausch aller Betroffenen angesprochen: die arbeitenden Menschen bringen ihre Ideen, Sorgen und Fragen an ihren Arbeitsplatz heran, um dort miteinander herauszufinden, was ihnen fehlt.«[4] Was fehlt, weiß Beuys aber natürlich schon, es ist das schon bekannte »Freiheitsprinzip«, das die Grundlage für die »Erzeugung eines lebensfähigen Organismus« darstellt.[5] Und dann kommt die Honigpumpe ins Spiel: »So soll dieses Fehlende zunächst einmal als Honig, der ein wertvoller Nährstoff ist, in Erscheinung treten – und zwar in dem Sinne, daß er zirkuliert und alle Produktionsstätten mit wertvoller Nährsubstanz versorgt und sie alle, die sie aus der Sache heraus ohnehin aufeinander angewiesen sind, wie in einem Kreislaufsystem miteinander verbindet.«[6] Der Honig symbolisiert also das »Freiheitsprinzip« als die Erkenntnis des Menschen, wo sein natürlicher Platz in der Gesellschaft ist.

Die Biene und der Honig sind als Ideologieträger für Beuys' Sozialismusmodell gut gewählt. Über die ideologische Funktion der positiv besetzten Begriffe »Biene« und »Honig« ist sich Beuys auch durchaus im klaren: Zur Honigpumpe äußert er: »Es mußte nicht Honig sein. Es hätte ja beispielsweise sicher auch Blut sein können. Aber Blut hätte auf den Menschen sicher schlecht gewirkt. Honig ist etwas, was – sagen wir mal – auf das menschliche Empfinden viel sanfter wirkt und tatsächlich Empfindungen auslöst.«[7]

Und so fließt mit dem zirkulierenden Honig eben auch das Blut, das »blutsmäßige«, als Energie durch sein organisches Sozialismusmodell, durch seine »soziale Plastik«, durch sein »Lebewesen Deutschland«. Volkssozialismus wurde dieses Modell in den zwanziger und dreißiger Jahren genannt. Aktuell ist es

1 zit. n. Bergschicker, S. 200
2 ebd.
3 zit. n. Beuys / Stüttgen, Das Modell der Free International University (»Honeypump«), Flugblatt von 1977, im Besitz d. Autoren
4 ebd.
5 ebd.
6 ebd.
7 Beuys, zit. n. Loers / Witzmann, S. 161f

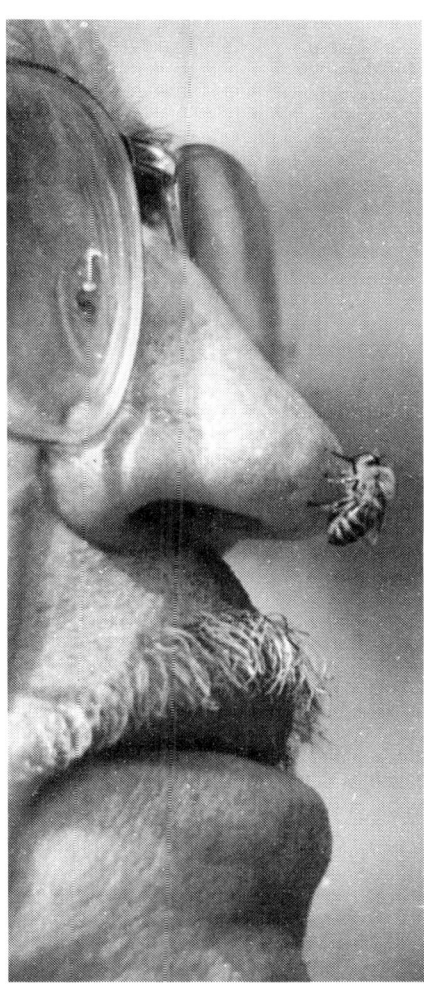

noch heute in den Diskursen der »Neuen Rechten«.

Beuys' Bienenmodell paßt deshalb auch durchaus in die biohumanistischen Konzepte neurechter Ideologie. Hier verwandelt sich dann der tierische Instinkt in einen angeblichen »Territorialinstinkt« einer Gruppe oder eines Volkes und der »Wärmecharakter« der Bienen im Falle artfremden aggressiven Verhaltens in eine auf »blutsmäßigen« Grundlagen basierende kollektive Wehrhaftgkeit.

Beuys meint es natürlich nicht so extrem, er meint es wie immer gut und erinnert sich vielleicht an eine bekannte Biene aus der Literaturgeschichte.

»In einem unbekannten Land war eine Biene sehr bekannt, und diese Biene, die ich meine, die heißt Maja«, beginnt der von Karel Gott gesungene Titelsong, der in den achtziger Jahren erfolgreich im deutschen Fernsehen ausgestrahlten Zeichentrickfilmserie über die kleine, schlaue Biene Maja, die ihre heile Welt gegen fiese zwielichtige Insekten allerlei Schattierungen mit Witz und Mut verteidigt. In dieser Verfilmung eines bekannten Kinderbuchs kämpft die gute Biene gegen böse Hornissen, Wespen und Spinnen. Mit realen Vorgängen in der Natur hat das natürlich nichts zu tun. Selbst dieses harmlose Kinderbuch wurde von den Nazis noch für ihre ideologischen Zwecke mißbraucht. Auch im Dritten Reich war die Biene Maja beliebt. Ihr aufopferungsvoller Kampf gegen artfremde Elemente in ihrem organischen Bienenstaat diente den NS-Ideologen als Transportmittel ihrer Rassentheorie.

Als Mittel zur sexuellen Aufklärung hat die Biene ausgedient, sie taugt auch nicht zur Erklärung gesellschaftlicher Prozesse.

7000 EICHEN, KASSEL 1982

Beuys' Konzept zur documenta 7 hieß populistisch ökologisch und anti-bürokratisch: »Stadtverwaldung statt Stadtverwaltung«. (Warum eigentlich nicht »Selbstverwaldung statt Selbstverwaltung«?) Nicht nur Eichen, sondern wo es biologisch erforderlich war, sollten auch andere Baumarten gepflanzt werden. Bäume – so Beuys – seien ein »Element der Regeneration« und »in sich selbst ein Konzept der Zeit«. Beuys hatte Eichen gewählt, denn »die Eiche ist besonders so, weil sie ein langsam wachsender Baum ist... Sie war immer eine Form von Skulptur, ein Symbol für diesen Planeten seit jeher, seit den Druiden, die nach der Eiche benannt sind. Druide bedeutet Eiche.«[1] Wir erinnern uns: Eichen galten bei den Germanen als Göttersitze, die gerne von christlichen Missionaren als Gegenbeweis zum Götterglauben umgehauen wurden. Beuys kritisierte bekanntlich das Christentum und strebte die Entstehung eines »wahren« Christentums an. Der Bezug auf germanische oder keltische Kultur als Gegenpol zum lateinischen Bewußtsein mit seinem urbanen Charakter war ein Moment seines Anliegens.[2] Darum konnte Beuys auch in der Kontroverse um die Symbolik der Eichen behaupten, die Verbindung mit Preußentum und Hitlerzeit sei absurd.[3] Denn seine Tradition war gleichzeitig älter und persönlicher.

»Ich wollte einen Baum nehmen, der diese ganzen Fragen provoziert.« Die Robinie z.B. sei ein Baum, der auch schon seit der Eiszeit hier wachse, aber niemals eine besondere Bedeutung gehabt habe. Vielleicht hätte Beuys der Robinie das ja mal gönnen können, aber nein: »Wir wollten also einen Baum haben, der die ganzen Fragen am besten transportiert.« Es ging ums »Leben der Menschheit«, um »positive Zukunft«.[4] Mehr nicht?

Den ersten Baum pflanzte Beuys am 16. März 1982.[5] Das war der Jahrestag seines Absturzes auf der Krim und des Todes des Kameraden – 16. März 1944 – »ein Konzept der Zeit«. Zwischen diesen beiden Ereignissen liegen 38 Jahre. Das sind – mit etwas Fett, Anti-Mathematik und viel Sub-Optik – 14 000 Tage. Oder 7000 Eichen und 7000 Basaltstelen. Diese Steine lagen vor dem Beginn der Pflanzungen vor dem Kasseler Fridericianum. Sie sollten jeweils neben einer neu gepflanzten Eiche stehen. Aus der Luft betrachtet lag der Haufen keilförmig, wobei die Spitze des Keils auf den ersten Baum zeigte. Keilformen finden sich in den Zeichen für die verschiedenen Gattungen der Fliegertruppe, und Flieger trugen Uhren mit Eichenlaubkranz im Zifferblatt.

Richtig: »Robinien würden keinerlei Assoziationen mit irgendwelchen religiösen, geistigen, historischen Fragen überhaupt aufwerfen«, so Beuys.[6]

Der Museumsmensch Armin Zweite verteidigte Beuys, der mit »7000 Eichen« auf ökologisches Desaster und Entropie habe hinweisen wollen.[7] Das mag stimmen, aber es ist kein Gegenargument zur Kritik an der Tradition der Eiche in der Gegenaufklärung. Im Gegenteil: Ökologische Politik hat einen völkischen Flügel, ob Zweite es will oder nicht. Für genau diesen Flügel kandidierte Beuys 1976 zum Bundestag.

1 vgl. Beuys, zit. n. Groener/Kandler, S. 16
2 vgl. Beuys/Blume, S. 13f. und Beuys/Rappmann, S. 42f.
3 vgl. ebd., S. 44
4 Groener/Kandler, S. 16
5 vgl. Postkarte
6 Groener/Kandler, S. 105
7 vgl. Katalog: Natur Materie Form, S. 34ff

Zur Finanzierung der »Verwaldung« schmolz Beuys eine Nachbildung der Krone Iwan des Schrecklichen (1530–1584) zu einem »Friedenshasen mit Zubehör« um und beschwor dabei die Namen diverser Alchimisten. Das wirkte anti-despotisch und republikanisch. Doch Herrscher mit Kronen gab es reichlich. Mußte es ausgerechnet die Krone des ersten russischen Zaren sein – eines großrussischen Beherrschers der Tataren?

SCHLUSSBEMERKUNGEN

Avantgardistische Kunst wird normalerweise nicht mit rechter Ästhetik in Verbindung gebracht, sondern als Ausdruck gesellschaftlicher Freiheit interpretiert und politisch eher linken Positionen zugeordnet. Rechte Ästhetik wird noch immer mit der »Zugspitze im Nebel« oder dem röhrenden Hirschen verbunden. Was sich der sogenannte Kleinbürger nicht ins Wohnzimmer hängen mag, scheint so automatisch vom Makel der Rechtslastigkeit befreit. Gerade im Fall Beuys scheint ein eklatanter Widerspruch zwischen antibürgerlichem Habitus und konservativem Denken zu bestehen. Beuys' ästhetische Praxis ist jedoch nicht von seiner konservativen theoretischen Position zu trennen. Mehr oder weniger verschlüsselt finden sich zahlreiche Paralellen zwischen Werk und Ideologie. Beuys' oftmals als visionäre Utopien ausgegebenen Gesellschaftsentwürfe sind Spiegelbild einer konservativen Tradition, die ihre politischen Wurzeln in den zwanziger und dreißiger Jahren findet. Ohne ihn einer Gruppe oder Partei zuzuordnen, finden sich in seinem Menschen- und Weltbild Parallelen zur Geopolitik und den Landschaftsseelen der Völkischen, zum Antirationalismus, zum Antiliberalismus, zur Sympathie für die russische Seele (»der Ostmensch«) und die russischen christlichen Mystiker, zu Volklsgemeinschaftsideologie und Volkssozialismus und zur Ersetzung des Rassischen durch das Kulturelle mit Sprache als entscheidendem Stifter und Merkmal von (deutscher) Identität.

So kommt es nicht von ungefähr, daß seine gesellschaftskritischen Äußerungen in der Wortwahl oftmals sehr direkt an die Propaganda der Rechten in den zwanziger und dreißiger Jahren erinnern. Bereits damals lautete die Kritik an der Weimarer Republik: Sie habe den Verstand überspitzt, die Seele unerfüllt gelassen und im Wesenhaften versagt. Statt Spaltung in Klassen brauche man ein neues gemeinsames Wertungsbewußtsein. Der Jungkonservative Edgar Jung 1932: »Konservative Revolution nennen wir die Wiederinachtsetzung aller jener Gesetze und Werte, ohne welche der Mensch den Zusammenhang mit der Natur und mit Gott verliert und keine wahre Ordnung aufbauen kann. An die Stelle der Gleichheit tritt die innere Wertigkeit, an Stelle der sozialen Gesinnung der gerechte Einbau in die gestufte Gesellschaft, an Stelle der mechanischen Wahl das organische Führerwachstum, an Stelle bürokratischen Zwangs die innere Verantwortung echter Selbstverwaltung, an Stelle des Massenglücks das Recht der Volksgemeinschaft.«[1]

Neben der ähnlichen Wortwahl finden sich bei Beuys auch ausgeprägte inhaltliche Kongruenzen – selbst das organische Führerwachstum läßt sich aus seinem Modell einer »alternativen Gesellschaft« ableiten. Beuys will organisch zu Zentralorganen kommen, keine Dezentralisierung und einen ersten Vorsitzenden.[2] Beuys bezieht sich nicht direkt auf die Ideologen der Konservativen Revolution, aber in dem politischen Spektrum, in dem er sich hauptsächlich bewegte und für das er politisch eintrat, gehörten sie zu den politischen Vorbildern. Günther Bartsch, mit dem Beuys in Achberg zusammenarbeitete, propagiert, ebenso wie Teile der AUD, das Sozialismusmodell Otto Strassers. Bei anderen

1 zit. n. Sontheimer, S. 120
2 vgl., Beuys in: Bodenmann-Ritter, S. 19f.

neurechten Ideologen finden sich beispielsweise ideologische Bezüge zu Arthur Moeller van den Bruck, Ernst Jünger oder Carl Schmitt. Hans van der Grintens Vergleich zwischen Beuys und Jünger ist unter diesem Gesichtspunkt durchaus interessant. Das ideologische Bindeglied zur rechten Theorie ist Beuys' mythisch-biologistisches Weltbild. Maria Wölflingseder definiert den Biologismus als eines der weitreichendsten gemeinsamen Merkmale zwischen New-Age-/Esoterik-Bewegung und rechten/rechtsextremen Strömungen. »Gemeinsam ist ihnen ein Welt- und Menschenbild, das aus Gesetzen aus der Natur, dem Kosmos oder von ›Gott‹ abgeleitet wird. Biologismus nennt man jene soziologische und geschichtsphilosophische Strömung, die Staat und Gesellschaft analog dem menschlichen Organismus betrachtet und behauptet, daß Staat und Gesellschaft in ihrer Entwicklung vornehmlich biologischen Gesetzen folgen.«[1]

Die »Neue Rechte« ist natürlich keine ideologisch homogene Gruppe. Auch dort werden zahlreiche unterschiedliche Positionen kontrovers diskutiert. Beuys wird deshalb, wie im linken Spektrum, durchaus unterschiedlich bewertet. Der rechte »Krimtatarenexperte« Wolfgang Strauss etwa hofft auf ein zukünftiges »Deutschland ohne Metastasen«. Neben dem Spiegel, der Zeit und dem Stern, neben Rosa von Praunheim, Kursbuch und Suhrkamp, neben den »Kreuzberger Verhältnissen« und dem »klerikalen Mief der antifaschistischen Kirche« sieht er auch den Georg-Büchner-Preis und die documenta – und damit auch Beuys – als »Metastasen« am Volkskörper Deutschland an, die entfernt werden müßten.[2] Für den Gründer des esoterisch-rassistischen »Thuleseminars« Pierre Krebs steht der Name Beuys für einen »peinlichen Kult des Häßlichen« und »für die neueste Angriffswelle, die in Düsseldorf wie in New York ihre Helfer findet und selbst München nicht ungeschoren ließ« und versucht, »den Kunstbegriff so auszuhöhlen, daß er belanglos wird«.[3]

Im Gegensatz dazu bezieht sich beispielsweise der Hochschulverband der Republikaner positiv auf Beuys.[4] Und in dem rechten Kulturblättchen »Junge Freiheit« grenzt sich Stephan Ulbrich von Positionen, wie sie Strauss oder Krebs vertreten, ab: »Für den reaktionären Geist bleibt Kultur das Konsumgut und Objekt passiven Genusses – edel, schön, wahr. Inspiriert u.a. von Antonio Gramsci und Joseph Beuys sollten wir heute einen erweiterten Kunst- und Kulturbegriff akzeptieren. Dieser erweiterte Kulturbegriff umfaßt sowohl die Produkte und Handlungen menschlichen Lebens, als auch seine grundsätzliche Haltung gegenüber Neuem und Fremdartigem, seien es Ideen oder Lebensformen. Neben den traditionellen Sparten Konzert, Theater, Literatur, Ausstellung berücksichtigt der erweiterte Kulturbegriff auch Innovationen wie den biologischen Landbau, die Gestaltung des Arbeitslebens, die Intensität des Umweltschutzes, die Ausgestaltung des Fremden- und Asylrechts, etc. Mit diesem Kulturbegriff gelingt es, die gesellschaftliche Passivität zu überwinden und sich aktiv in die Kulturprozesse einzubringen.«[5] In einer Diskussion behauptet der Kunstkritiker Werner Spies, daß ja keiner wisse, was der »Erweiterte Kunstbegriff« ist.[6] Aber die Entdeckung von Beuys durch Ulbrich kommt nicht von ungefähr, denn der »Erweiterte Kunstbegriff« läuft, bezogen auf die zahlreichen

1 Wölflingseder in: Fischer/Wölfling-seder, S. 23
2 zit., n. Hellfeld, S. 152
3 Krebs, S. 124
4 vgl. Hochschul- und Bildungspolitisches Programm des Republikanischen Hochschulverbandes, München 22. Okt. 1989
5 Ulbrich in: Junge Freiheit, Nr. 10/1992
6 vgl. Arte, 13. Sept. 1994

Äußerungen von Beuys über seine politischen Vorstellungen und konsequent zu Ende gedacht, parallel mit neurechter Ideologie auf ein mit natürlicher und ungleicher »Kreativität« begründetes gesellschaftliches Elitemodell hinaus, das doch sehr stark an volkssozialistische Vorstellungen erinnert.

Wir hoffen mit diesem Buch einen Beitrag zu leisten, um die Diskussion über Wort und Werk von Beuys in Zukunft kritischer zu führen, als es bisher geschieht.

Beuys war ein guter deutscher Künstler, und er war ein guter Deutscher. Es verwundert uns nicht, daß die deutsche Zentrale für Tourismus, außer mit Goethe und Dürer, nun auch mit Beuys im Ausland werben will.[1]

Joseph Beuys stirbt am 23. Januar 1986 in seinem Düsseldorfer Atelier. Seine Asche wird vor Helgoland in der Nordsee bestattet.

1 vgl. Deutsche Zentrale für Tourismus, Broschüre Willkommen in Deutschland, 1996

LITERATURVERZEICHNIS

Adler, Hermann, Die Laufbahn in der Luftwaffe, Berlin 1942
Adriani, Götz / Konnertz, Winfried / Thomas, Karin, Joseph Beuys – Leben und Werk, Köln 1981; Köln 1994
Alter, Junius (Pseudonym), Nationalisten. Deutschlands nationales Führertum der Nachkriegszeit, Leipzig 1930
Apitz, Bruno, Nackt unter Wölfen, Halle o. J.
Artzt, Heinz, Mörder in Uniform, München 1979
Assheuer, Thomas / Sarkowicz, Hans, Rechtsradikale in Deutschland, München 1992
Bader, Reiner, Nachsichtig in die Sackgasse geschickt. Energiekreisläufe – »Joseph Beuys: Werke 1954 – 1986« im Kunsthaus Zürich, taz, 8. 2. 1994, S. 12f.
Barckhausen, Joachim, Das gelbe Weltreich, Berlin 1935
Bartsch, Günter, Aufsätze: Der Untergang des Systemkommunismus und Ökologie, soziale Frage und Nationalismus, in: Junges Forum Nr. 3/1978
Bartsch, Günter, Vom Kronstadt- zum Achbergerlebnis. Die Assoziation des Einzelnen, Achberg 1977
Bartsch, Günter, Wende in Osteuropa? Revolution in Osteuropa seit 1948, Krefeld 1977
Basel-Tagung-Joseph-Beuys, 1. – 4. Mai 1991, hrsg. von Harlan, Volker / Korpplin, Dieter / Velhagen, Rudolf, Basel 1991
Becker, Michael / Heerich, Stefan, Vom Kampfflieger zum Intellektuellen, in: Michael Rutschky (Hrsg.), Errungenschaften. Eine Kasuistik, Frankfurt/M. 1982, Seite 154–182
Beckmann, Herbert (Hrsg.), Angegriffen und bedroht in Deutschland, Weinheim 1993
Beeh, Wolfgang (Hrsg.), Joseph Beuys im hessischen Landesmuseum Darmstadt, Darmstadt 1988
Bekker, Cajus, Angriffshöhe 4000. Ein Kriegstagebuch der deutschen Luftwaffe, Oldenburg 1964
Benger, Ruth, (über Kleve), in: Ludger Heid und Julius Schoeps (Hrsg.), Wegweiser durch das jüdische Rheinland, Berlin 1992
Benz, Ute und **Wolfgang (Hrsg.)**, Sozialisation und Traumatisierung. Kinder in der Zeit des Nationalsozialismus, Frankfurt/M. 1993
Benz, Wolfgang, Zwischen Hitler und Adenauer, Frankfurt/M. 1991
Bergschicker, Heinz, Deutsche Chronik 1933 – 1945, Berlin 1990
Beuys, Postkarte: Joseph Beuys, 7000 Eichen, Pflanzung des ersten Baums: 16. März 1982, Serie 41 documenta 7, I, Karte 2 von 10, Best.-Nr. 41/2, Gebr. König, Köln o. J.
Beuys-Block im hessischen Landesmuseum in Darmstadt. Blätter für Besucher, Nr. 11, hg. v. Hessischen Landesmuseum Darmstadt
Bongard, Willi, Eine neue Kunst, Die Zeit, 20. 12. 1968
Bongard, Willi, Was kann ich tun?, Deutsche Zeitung, Christ und Welt, Ausgabe 18, 5. 5. 1972
Boog, Horst, Die deutsche Luftwaffenführung 1935 – 1945, Stuttgart 1982
Brandenburg, Hans-Christian, Die Geschichte der HJ, Köln 1982
Breitlinger, H., Als Deutschenseelsorger in Posen und im Warthegau 1934 – 1945: Erinnerungen, Mainz 1984
Brenner, Hildegard, Die Kunstpolitik des Nationalsozialismus, Reinbek 1963
Brenner, Hildegard, Ende einer bürgerlichen Kunst-Institution. Die politische Formierung der Preußischen Akademie der Künste ab 1933. Vierteljahreshefte für Zeitgeschichte, Stuttgart 1972
Brieden, H. / Dettinger, H. / Hirschfeld, M. / Strege, D. / Weigand, S., Fliegerhorst Wunstorf 1933 – 1939, Hannover 1984
Broszat, Martin, Nationalsozialistische Polenpolitik, Frankfurt/M. 1965
Broszat, Martin, Zweihundert Jahre deutsche Polenpolitik, Frankfurt 1972
Broszat, Martin / Frei, Norbert (Hrsg.), Das Dritte Reich im Überblick, München 1995
Buchloh, Benjamin H. D., Joseph Beuys – Die Götzendämmerung, in: Katalog: Brennpunkt Düsseldorf 1962 – 1987, Kunstmuseum Düsseldorf, Düsseldorf 1987
Bullmann, Josef, Licht und Schatten, Chronik von St. Willibrord in Kellen 1934 – 1945, Kleve-Kellen o. J.
Burgbacher-Krupka, Ingrid, Prophete rechts Prophete links – Joseph Beuys, Nürnberg 1977
Busch, Erich, Die Fallschirmjägerchronik 1935 – 1945. Die Geschichte der deutschen Fallschirmtruppe, Friedberg 1983, S. 150 – 159
Buschkühle, Carl-Peter, Die Weisheit geht am Stock, in: Kunst + Unterricht, Nr. 166, Oktober 1992, S. 44 – 46
Calzini, Raffaele, Segantini – Ein Roman der Berge, Milano 1934, dt. Übersetzg: A. Gaspar, Leipzig/Wien o. J.
Der Prozeß gegen die Hauptkriegsverbrecher vor dem internationalen Militärgerichtshof in Nürnberg, Bände: VII, XXVII, XIX, XX, XXI, XXXIX, Nürnberg 1949
Deutsche Studentenpartei, Protokoll der Gründungsversammlung vom 22. Juni 1967, Archiv der sozialen Bewegungen, Hamburg
Deutsche Studentenpartei, Protokoll der Versammlung in Münster am 30. Januar 1968, Archiv der sozialen Bewegungen, Hamburg
Deutschland-Berichte der SPD (SOPADE) 1934 – 1940, Frankfurt/M. 1980
Di Nolfo, Ennio, Von Mussolini zu De Gaspari, Paderborn, München, Wien, Zürich 1993
Die Zerstörung von Recht und Menschlichkeit in den Konzentrations- und Strafgefangenenlagern des Emslands 1933 – 1945. Materialien für den Geschichtsunterricht, hg. v. Landkreis Emsland, bearbeitet von W. Czeranka, B. Kruse, H. Schmidt, H. Wellenbrock, Sögel 1986
Dierich, Fritz-Herbert, Der Flieger. Dienstunterricht in der Fliegertruppe. Handbücher der Luftwaffe, Berlin 1941
Dierich, Wolfgang (Hrsg.), Die Verbände der Luftwaffe 1933 – 1945, Stuttgart 1976

Ditfurth, Jutta, Feuer in die Herzen, Hamburg 1992
Dohse, Rainer, Der Dritte Weg. Neutralitätsbestrebungen in Westdeutschland 1945 – 55, Hamburg 1974
Dudek, Peter / Jaschke, Hans-Gerd, Entstehung und Entwicklung des Rechtsextremismus in der Bundesrepublik. Band 1 und 2, Opladen 1984
Eilers, Maria, Die Stadt als Schulzentrum, in: Beiträge zur Geschichte der Stadt Kleve im 20. Jahrhundert, hg. v. Hansjoachim Henning, Selbstverlag des Stadtarchivs Kleve, 1991, Klever Archiv, Band 12 der Schriftenreihe des Stadtarchivs Kleve, hg. v. Klaus Fink, Seite 317 – 388
Eilers, Rolf, Politische Geschichte Kleves im 20. Jahrhundert, in: ebd.
Engelhard, Ernst Günter, Die Szene der Rebellen. Engagierte oder revolutionäre Kunst, in: Christ und Welt, 5. 7. 1968
Engelhard, Ernst Günter, Ich, Professor Joseph Beuys, in: Christ und Welt, 6. 12. 1968
Engelhard, Ernst Günter, Joseph Beuys: Ein grausames Wintermärchen, in: Christ und Welt, 3. 1. 1969
Enzyklopädie des Holocaust. Die Verfolgung und Ermordung der europäischen Juden, hg. v. Israel Gutman, Eberhard Jaeckel, u. a., Berlin 1993
Feit, Margret, Die »Neue Rechte« in der Bundesrepublik. Organisation-Ideologie-Strategie, Frankfurt/M., New York 1987
Fischer, Gero / Wölflingseder, Maria (Hrsg.), Biologismus, Rassismus, Nationalismus, Wien 1995
Fischer, Thomas, Die »Neue Rechte« – Eine Herausforderung für die westdeutsche Linke, Darmstadt 1989
FIU-Verlag Wangen, Ergänzungsblatt 3, 1994
FIU-Verlag Wangen, Gesamtverzeichnis 1995/96
FIU-Verlag Wangen, Info, Herbst 1995
Flessau, Kurt-Ingo, Schule der Diktatur, Lehrpläne und Schulbücher des Nationalsozialismus, Frankfurt/M. 1979
Forum 6, Festausgabe zum 175jährigen Bestehen des Freiherr-vom-Stein-Gymnasiums Kleve, Kleve Emmerich 1993
Frankfurter Rundschau über die AUD und die DU vom: 13. 9. 1954, 18. 9. 1956, 7. 6. 1966, 16. 6. 1966, 6. 5. 1967, 11. 5. 1967, 15. 11. 1967, 11. 3. 1968, 18. 3. 1968, 4. 11. 1968, 13. 2. 1969, 22. 2. 1969, 22. 4. 1969, 1. 9. 1969, 3. 6. 1970, 9. 6. 1971, 14. 8. 1971, 6. 9. 1971, 9. 7. 1976, 9. 8. 1976, 17. 9. 1976, 24. 9. 1976, 31. 1. 1978, 12. 6. 1978, 10. 8. 1978, 19. 9. 1978, 12. 3. 1979, 31. 8. 1979, 9. 10. 1979, 17. 12. 1979, 5. 2. 1980, 24. 3. 1980, 28. 3. 1980, 5. 6. 1987, 12. 7. 1989
Frauenfeld, Alfred, E., Die Krim – ein Handbuch, Potsdam um 1942
Frauenfeld, Alfred, E., Und trage keine Reu'. Erinnerungen und Aufzeichnungen, Leoni 1978
Gamm, Hans-Jochen, Führung und Verführung, Pädagogik des Nationalsozialismus, München 1964
Glaser, Hermann, Kleine Kulturgeschichte der Bundesrepublik Deutschland, München, Wien, 1991
Glozer, Laszlo, Was Erdbeben mit Kunst zu tun hat, Süddeutsche Zeitung, 3. 9. 1981, S. 37

Glozer, Laszlo, Zum Tode von Joseph Beuys, in: Wolkenkratzer Nr. 11, 3. Jg., 1/1986, S. 30 – 33
Gnielka, Thomas, Falschspiel mit der Vergangenheit. Rechtsradikale Organisationen in unserer Zeit, hg. v. Verlag der Frankfurter Rundschau, Frankfurt/M. 1960
Goguel, Rudi, Über die Mitwirkung deutscher Wissenschaftler am Okkupationsregime in Polen im zweiten Weltkrieg, untersucht an drei Institutionen der deutschen Ostforschung. Diss. phil. (Berlin, Humboldt-Universität, 9. 12. 64), S. 90 – 131
Grasskamp, Walter, Die Geburt der Mythen aus dem Geist des Marktes, Ein Gespräch mit Walter Grasskamp über Protestbewegung, Kunst und Politik, in: Freitag, Nr. 43, 20. 10. 1995
Greiffenhagen, Martin, (Hrsg.), Der neue Konservatismus der siebziger Jahre, Reinbek 1974
Groener, Fernando / Kandler, Rose-Maria (Hrsg.), 7000 Eichen – Joseph Beuys, Köln 1987
Grossmann, Wassili / Ehrenburg, Ilja (Hrsg.), Das Schwarzbuch. Der Genozid an den sowjetischen Juden. Hrsg. der dt. Ausgabe Arno Lustiger, Reinbek 1994
Gugenberger, Eduard / Schweidlenka, Roman, Mutter Erde, Magie und Politik. Zwischen Faschismus und neuer Gesellschaft, o. O. o. J. (Schwarzdruck)
Gutsche, Willibald (Hrsg.), Geschichte der Stadt Erfurt, Weimar 1986
Hafeneger, Benno / Fritz, Michael, Sie starben für Führer, Volk und Vaterland, Frankfurt/M. 1990
Harlan, Volker / Rappmann, Rainer / Schata, Peter, Soziale Plastik. Materialien zu Joseph Beuys, Achberg 1984
Haupt, Werner, Deutsche Spezialdivisionen 1935 – 1945 – Gebirgsjäger, Fallschirmjäger und andere, Wölfersheim 1995
Haverbeck-Wetzel, Ursula, Bilanz der Grünen Bewegung, in: Junges Forum Nr. 3 – 4/1984
Heller, Friedrich Paul / Maegerle, Anton, Thule: Vom völkischen Okkultismus bis zur neuen Rechten, Stuttgart 1995
Herzinger, Richard / Stein, Hannes, Hiroschima gleich Auschwitz?, in: Spiegel Nr. 31/1995, S. 146 – 149
Hethey, Raimund / Kratz, Peter, In bester Gesellschaft. Antifa-Recherche zwischen Konservatismus und Neo-Faschismus, Göttingen 1991
Hilberg, Raul, Die Vernichtung der europäischen Juden. Die Gesamtgeschichte des Holocaust, Berlin 1982
Hirsch, Kurt, Rechts von der Union, München 1989
Hochschul- und Bildungspolitisches Programm des Republikanischen Hochschulverbandes, München 22. Okt. 1989, PAZ Berlin
Hofer, Walter (Hrsg.), Der Nationalsozialismus. Dokumente 1933 – 1945, Frankfurt/M. 1957
Hoffmann, Joachim, Die Ostlegionen 1941 – 1943. Turkotataren, Kaukasier und Wolgafinnen im deutschen Heer, Freiburg 1981
Hoffmann, Ludwig / Trepte, Curt / Peters, Jan, Exil in Skandinavien, in: Exil in der Tschechoslowakei, in Großbritannien, Skandinavien und in Palästina, Bd. 5 der Rei-

he: Kunst und Literatur im antifaschistischen Exil 1933 – 1945, Frankfurt/M. 1981, S. 309 – 556
Hofstaetter, Walther, Luftfahrt und Schule. Reihe I, Band 5, Luftfahrt im Deutsch- und Geschichtsunterricht, Berlin 1935
Hohenstein, A., Wartheländisches Tagebuch aus den Jahren 1941 – 1942, Stuttgart 1961
Hohmann, Walter / Schiefer, Wilhelm, Volk und Reich der Deutschen. Geschichtsbuch für Oberschulen und Gymnasien. Klasse 5 und folgende, Frankfurt/M. 1939, Auszüge in: Geert Platner und Schüler der Gerhart-Hauptmann-Schule in Kassel (Hrsg.), Schule im Dritten Reich. Erziehung zum Tode. Köln 1988, S. 260 – 262, 289 – 294
Horseling, Gerd, Die gerade Linie beibehalten. Lebenserinnerungen, Düsseldorf o. J.
Jahresberichte des Staatlichen Gymnasiums / Hindenburg-Gymnasiums Kleve 1932/1933 – 1939/1940, Stadtarchiv Kleve und Archiv des Berliner Instituts für Lehrerfort- und weiterbildung und Schulentwicklung
Joachimides, Christos M., Joseph Beuys – Richtkräfte, Berlin 1977
Jürgen-Fischer, Klaus, Die Liäsonen des Joseph Beuys, in: Das Kunstwerk, Heft XXII, Februar/März 1969, S. 5f.
Kalisch, J. / Voigt, G., Reichsuniversität Posen. Zur Rolle der faschistischen deutschen Ostforschung im zweiten Weltkrieg, in: Juni 1941. Beiträge zur Geschichte des hitlerfaschistischen Überfalls auf die Sowjetunion, Berlin 1961, S.188 – 206
Karge, Hermann, Mensch und Volk, Uelzen (Hann.) 1953
Katalog: Joseph Beuys – Natur Materie Form, hg. v. Armin Zweite, München, Paris, London 1991
Katalog: Joseph Beuys. Arbeiten aus Münchener Sammlungen, Städt. Galerie im Lenbach-Haus, München, München 1981
Katalog: Joseph Beuys. Braunkreuz, Westf. Landesmuseum Münster, o. O., o. J.
Katalog: Kreuz und Zeichen. Religiöse Grundlagen im Werk von Joseph Beuys. Suermondt-Ludwig-Museum und Museumsverein Aachen, 11. 8. – 29. 9. 1985, Aachen 1985
Katalog: Mataré und seine Schüler, Akademie der Künste Berlin, (Hrsg.), Berlin 1979
Kellershohn, Helmut (Hrsg.), Das Plagiat. Der völkische Nationalismus der Jungen Freiheit, Duisburg 1994
Kelly, Petra / Beuys, Joseph, Diese Nacht, in die die Menschen ..., Wangen 1994
Kloidt, Franz, Gestapo-Akten III/4-F 3/41g: Märtyrer-Akten Wilhelm Frede, Krefeld 1966
Klönne, Arno, Hitlerjugend. die Jugend und ihre Organisation im Dritten Reich, Hannover/Frankfurt 1955
Kogon, Eugen, Der SS-Staat, München, 1991
Kotte, Wouter / Mildner, Ursula, Das Kreuz als Universalzeichen bei Joseph Beuys, Stuttgart 1986
Kratz, Peter, Die Götter des New Age. Im Schnittpunkt von »Neuem Denken«, Faschismus und Romantik, Berlin 1994
Kratz, Peter, Gaddafi-Mechtersheimer-Schönhuber. Quellen und rotgrüne Querverbindungen neofaschistischer Deutschland-Vereiniger, hg. v. Bonner Initiative Gemeinsam gegen Neofaschismus, Bonn 1990
Krausnick, Helmut / Wilhelm, Hans-Heinrich, Die Truppe des Weltanschauungskrieges. Die Einsatzgruppen der Sicherheitspolizei und des SD 1938 – 1942, Stuttgart 1981
Krebs, Pierre, Das unvergängliche Erbe. Alternativen zum Prinzip der Gleichheit, Tübingen 1981
Krempel, Ulrich, Beuys' Endzeitvision, in: tendenzen Nr. 144, Oktober/Dezember 1983, S. 25
Krempel, Ulrich, »Der Mensch muß lernen, sich über seine Wirklichkeit zu erheben, in: tendenzen Nr. 130, April/Juni 1980, S. 27 – 36
Krenkers, Brigitte, Projekte Erweiterte Kunst – von Beuys aus –, hg. v. Omnibus für Direkte Demokratie in Deutschland, Wangen 1993
Kricke, Norbert, zum Akademiestreit, in: Die Zeit, 20. 12. 1968
Kriegstagebuch des Oberkommandos der Wehrmacht (OKW), hg. v. Percy E. Schramm, Frankfurt/Main 1961
Kugler, Walter, Wenn der Labortisch zum Altar wird – Die Erweiterung des Kunstbegriffs durch Rudolf Steiner, in: Katalog, Okkultismus und Avantgarde, Frankfurt 1995
Kühn, Dieter, Luftkrieg als Abenteuer, München, Wien 1975
Kühnl, Reinhard, Gefahr von rechts?, Heilbronn 1990
Lange, Astrid, Was die Rechten lesen, München 1993
Leggewie, Claus, Der Geist steht rechts. Ausflüge in die Denkfabriken der Wende, Berlin 1987
Leggewie, Claus, Druck von rechts, München 1993
Lenz, Siegfried, Ich zum Beispiel. Kennzeichen eines Jahrgangs, in: ders., Beziehungen. Ansichten und Bekenntnisse zur Literatur, Hamburg 1970, S. 15 – 27
Leppien, Helmut R., Joseph Beuys in der Hamburger Kunsthalle, hg. v. Uwe Schneede, Hamburg 1991
Leske, Monika, Philosophen im Dritten Reich, Berlin 1990
Lichtenstein, Heiner, Im Namen des Volkes? Eine persönliche Bilanz der NS-Prozesse, Köln 1984
Linke, Marlene, Kriegsschauplatz Kleve, hg. v. H. Umbach, Kalkar, o. J. (Vorwort 1984/85)
Loers, Veit / Witzmann, Pia (Hrsg.), Joseph Beuys. documenta-Arbeit, Stuttgart 1993
Lohschelder, Britta, Der Novemberpogrom. Die sogenannte Reichskristallnacht 1938 in Kleve, Münster 1989, (Unveröffentlichte Maschinenschrift, von der Verfasserin zur Verfügung gestellt)
Luther, Martin, Die Krim unter deutscher Besatzung im Zweiten Weltkrieg, in: Forschungen zur osteuropäischen Geschichte, Band 3, Berlin 1956
Mataré, Ewald, Tagebücher, hg. v. Hanna Mataré und Franz Müller, Köln 1973
Mennekes, Friedhelm, Beuys zu Christus, Stuttgart 1994
Mennekes, Friedhelm, Joseph Beuys – Manresa, Frankfurt/M., Leipzig 1992
Mitscherlich, Alexander und Margarete, Die Unfähigkeit zu Trauern, München 1990

Mohler, Armin, Die konservative Revolution in Deutschland 1918-1932, Stuttgart 1950
Montgomery, Bernard Law, Von El Alamein zum Sangro. Von der Normandie zur Ostsee, Hamburg 1949
Moreau, Patrick, Nationalsozialismus von links. Die »Kampfgemeinschaft Revolutionärer Nationalsozialisten« und die »Schwarze Front« Otto Strassers 1930 – 1935, Studien zur Zeitgeschichte Bd. 28, Stuttgart 1985
Müller, Jost, Mythen der Rechten, Berlin, Amsterdam 1995
Müller, Rolf-Dieter, Hitlers Ostkrieg und die deutsche Siedlungspolitik, Frankfurt/M. 1991
Müller, Werner, Die Religionen der Waldlandindianer Nordamerikas, Berlin 1956
Nolte, Jost, Kollaps der Moderne, München 1991
Nyssen, Elke, Schule im Nationalsozialismus, Heidelberg 1979
Oberhuber, Konrad, Rudolf Steiner – Das erste Goetheanum, in: Katalog, Okkultismus und Avantgarde, Frankfurt 1995
Oberkommando der Wehrmacht (Hrsg.), Der Sieg in Polen, Berlin 1940
Oellers, Adam C. / Spiegel, Sibille (Hrsg.), Wollt ihr das totale Leben? Fluxus und Agit-Pop der 60er Jahre in Aachen, Katalog, Neuer Aachener Kunstverein 14. 1. – 19. 2. 1995, Aachen 1995
Oman, Hiltrud, Die Kunst auf dem Weg zum Leben – Joseph Beuys, Weinheim, Berlin 1988
Opitz, Reinhard, Faschismus und Neofaschismus, Bd. 2: Neofaschismus in der Bundesrepublik, Köln 1988
Orzechowski, Peter, Schwarze Magie – Braune Macht, Ravensburg 1987
Peters, Jan (Hrsg.), Nationaler Sozialismus von rechts, Berlin 1980
Petersen, Jens, Sommer 1943, in: Hans Woller (Hrsg.), Italien und die Großmächte 1943 – 1949, München 1988, S. 23 – 48
Peukert, Detlev, Ruhrarbeiter gegen den Faschismus. Dokumentation über den Widerstand im Ruhrgebiet 1933 – 1945, Frankfurt/M. 1976
Pfahl-Traughber, Armin, Rechtsextremismus, Bonn 1993
Polen, Deutschland und die Oder-Neisse-Grenze, hg. v. Deutschen Institut für Zeitgeschichte in Verbindung mit der Deutsch-Polnischen Historiker-Kommission unter der verantwortlichen Redaktion von Rudi Goguel, Berlin (DDR) 1959
Poliakov, Leon, Über Fremdenfeindlichkeit und Rassenwahn, Hamburg 1992
Prange, Klaus, Erkenntnis als Offenbarung. Die »Geisteswissenschaft« der Anthroposophie, in: Soli, Zeitung der DGB-Jugend, H. 3/4, 1995, S. 16f.
Pröhuber, K. H., Die nationalrevolutionäre Bewegung in Westdeutschland, Hamburg 1980
Rappmann, Rainer (Hrsg.), Joseph Beuys / Frans Haks, Das Museum, ein Gespräch über seine Aufgaben, Möglichkeiten, Dimensionen, Wangen 1993

Riha, Karl, (Hrsg.), Dada Berlin. Texte, Manifeste, Aktionen, Stuttgart 1979
Robel, Gert, Sowjetunion, in: Wolfgang Benz, Dimension des Völkermords, München 1991
Romain, Lothar / Wedewer, Rolf, Über Beuys, Düsseldorf 1972
Rowold, Manfred, Im Schatten der Macht. Zur Oppositionsrolle der nicht-etablierten Parteien in der BRD, Düsseldorf 1974
Rüdiger, Jutta (Hrsg.), Die Hitlerjugend und ihr Selbstverständnis im Spiegel ihrer Aufgabengebiete, Lindhorst 1983
Sauder, Gerhard (Hrsg.), Die Bücherverbrennung: 10. Mai 1933, München, Wien 1983
Schade, Sigrid, 7000 Eichen, in: die tageszeitung, 4. 9. 1985
Scherrmann, Christine, Die Antizipation der Katastrophe – Joseph Beuys, in: Merkur, Stuttgart, 1986, Heft 9/10
Schlömer, Heinz, In den Kämpfen am Niederrhein. Die Einsätze der 7. Fallschirmjäger-Division im Februar 1945, in: Der Deutsche Fallschirmjäger, H. 3, 1960, S. 7f.
Schmidt, Heinrich und **Margarete**, Die vergessene Bildersprache christlicher Kunst, München 1982
Schminnes, Bernd (Hrsg.), Sie sagten: »Nein!«, Bürger aus Kleve und Umgebung widerstanden dem Nationalsozialismus. Eine Schülerdokumentation, Kleve 1984
Schnurre, Wolfgang, Gelernt ist gelernt, in: Marcel Reich-Ranicki (Hrsg.), Meine Schulzeit im Dritten Reich. Erinnerungen deutscher Schriftsteller, Köln Kiepenheuer und Witsch 1982, 1988
Schüddekopf, Otto-Ernst, Nationalbolschewismus in Deutschland von 1918 – 1933, Frankfurt/M., Berlin, Wien 1973
Sielmann, Heinz, in: Bild-Zeitung, 26. 1. 1986
Sielmann, Heinz, in: Kleve – Eine innere Mongolei. Film von Hannes Heer
Sik, Ota, Bürokratisierung oder Humanisierung? Achberg 1973
Smith, Peter, Stuka – Die Geschichte der JU 87, Stuttgart 1993
Söhn, Gerhart, Pappkamerad Lidl. Die Affäre Beuys und ihre Folgen an der Düsseldorfer Akademie, in: Christ und Welt, 10. 1. 1969
Sontheimer, Kurt, Antidemokratisches Denken in der Weimarer Republik, München 1968
Spranger, Eduard, Psychologie des Jugendalters, Leipzig 1929
Stachelhaus, Heiner, Joseph Beuys – Jeder Mensch ist ein Künstler, Düsseldorf 1987
Stadt Meerbusch, (Hrsg.), Kunst im öffentlichen Raum in Meerbusch, Meerbusch 1979
Stammel, H. J., Die Indianer. Die Geschichte eines untergegangenen Volkes, München 1979
Stapper, Josef, ... eingemörtelt in den Bau der Heimat, Kleve 1962
Stein, Harry und Sabine, Buchenwald. Ein Rundgang durch die Gedenkstätte, Weimar-Buchenwald 1993

Steiner, Rudolf, Anthroposophische Gemeinschaftbildung, 10 Vorträge, Dornach 1979
Steiner, Rudolf, Die Geheimwissenschaft im Umriss, Frankfurt 1985
Stölting, Erhard, Eine Weltmacht zerbricht: Nationalitäten und Religionen in der UdSSR, Frankfurt/M 1910
Stöss, Richard (Hrsg.), Parteien-Handbuch. Die Parteien der Bundesrepublik Deutschland 1945 – 1980, Opladen 1983/84
Stöss, Richard, Die extreme Rechte in der Bundesrepublik, Opladen 1989
Stöss, Richard, Vom Nationalismus zum Umweltschutz. Die Deutsche Gemeinschaft, Aktionsgemeinschaft Unabhängiger Deutscher im Parteiensystem der Bundesrepublik, (Schriften des Zentralinstituts für Sozialwissenschaftliche Forschung der FU Berlin), Opladen 1980
Strasser, Otto, Der Faschismus. Geschichte und Gefahr. Beiheft 3 der Zweimonatsschrift Politische Studien, München/Wien 1965
Stübler, Dietmar, Geschichte Italiens: 1789 bis zur Gegenwart, Berlin 1987
Stüttgen, Johannes, Freie Internationale Universität, Organ des erweiterten Kunstbegriffs für die Soziale Skulptur, Wangen, 1987
Tausend ganz normale Jahre. Ein Photoalbum des gewöhnlichen Faschismus. Fotos des Klever Fotografen Otto Weber, hg. v. H.-M. Enzensberger, Nördlingen 1987
Terkessidis, Mark, Kulturkampf – Volk, Nation, der Westen und die Neue Rechte, Köln 1995
Tessin, Georg, Verbände und Truppen der deutschen Wehrmacht und Waffen-SS im Zweiten Weltkrieg 1939 – 1945, Osnabrück 1980
Thomae, Otto, Die Propaganda-Maschine. Bildende Kunst und Öffentlichkeitsarbeit im Dritten Reich, Berlin 1978
Tieke, Wilhelm, Kampf um die Krim 1941 – 1944, Gummersbach 1975
Tisdall, Caroline, Joseph Beuys – Coyote, München 1980
Trier, Edmund, Die Akademie ist keine Kirche, in: Die Zeit, 20. 12. 1968
Trier, Eduard (Hrsg.), Zweihundert Jahre Kunstakademie Düsseldorf, Düsseldorf 1973
Union Deutsche Lebensmittel, Hamburg (Hrsg.), Broschüren zur Firmengeschichte,
van der Grinten, Franz Joseph, Eurasia – Eine Welt der Kräfte, in: Katalog, Eine innere Mongolei, Kestnergesellschaft Hannover, Hannover 1990
van der Grinten, Franz Joseph, Joseph Beuys und das Zeichen des Kreuzes, in: Katalog Kreuz und Zeichen. Religiöse Grundlagen im Werk von Joseph Beuys, Aachen 1985
van der Grinten, Hans, Beuys und Jünger, in: Harlan, Volker/Koepplin, Dieter/Velhagen, Rudolf, Joseph-Beuys-Tagung, Basel 1. – 4. Mai 1991, Basel 1991, S. 7 – 12
van der Grinten, Hans, Braunkreuz als Materie für viele Blickrichtungen, in: Katalog: Joseph Beuys, Braunkreuz, Westfälisches Landesmuseum für Kunst und Kulturgeschichte Münster, Münster 1985

van Winkel, Camiel, »Jetzt brechen wir hier den Scheiß ab« – Installations of Joseph Beuys, in: Dutch Museum Collections, in: Kunst und Museum Yournal, Amsterdam, vol. 5 no. 2, 1993, S. 34 – 48
Venzmer, Gerhard, Fünftausend Jahre Medizin, Bremen, 1968
Verspohl, Franz-Joachim, Joseph Beuys, in: Allgemeines Künstlerlexikon, Bd. 10, hg. v. Günter Meissner, München/Leipzig 1995
Völklein, Ulrich, Die roten Nazis, Stern Nr. 10/1982, S. 98ff
von Hellfeld, Matthias, Die Nation erwacht, Köln 1993
Weinmann, Martin (Hrsg.), Das nationalsozialistische Lagersystem (CCP, Catalogue of Camps and Prisons), Frankfurt/M. 1990
Wild, Andreas, Mit Fett und Filz zu weltweitem Ruhm. Zum Tode von Joseph Beuys, in: Die Welt, 25. 1. 1986
Wippermann, Wolfgang, Europäischer Faschismus im Vergleich 1922 – 1982, Frankfurt 1983
Woelk, Volkmar, Natur und Mythos. Ökologiekonzeptionen der »Neuen« Rechten im Spannungsfeld zwischen Blut und Boden und New Age, DISS-Texte Nr. 21 des Duisburger Instituts für Sprach- und Sozialforschung, Duisburg 1992
Wollkopf, Roswitha, Chronik des Nietzsche-Archivs, Weimar 1990
Wróblewska, Teresa, Die Rolle und Aufgaben einer nationalsozialistischen Universität in den sogenannten östlichen Reichsgebieten am Beispiel der Reichsuniversität Posen 1941 – 1945, in: Pädagogische Rundschau, März 1978, S. 173 – 189

Interviews, Gespräche, Reden von und mit Joseph Beuys:

ARTE 13. 9. 1994, Interview, in: Die allernotwendigste Kunst – Joseph Beuys und die Politik. Film von Gerrit Busmann.
Baum, Stella, Ein Gespräch mit Joseph Beuys, in: Plötzlich und unerwartet –Todesanzeigen, Düsseldorf 1980, S. 169ff.
Bayernkurier, 13. 7. 1968, Der große Sprung auf die neue Ebene, Theorien des Avantgardisten Joseph Beuys
Beuys, Joseph, Aktive Neutralität. Die Überwindung von Kapitalismus und Kommunismus, Wangen 1989
Beuys, Joseph, Aufruf zur Alternative, in: Frankfurter Rundschau, Nr. 288, 23. 12. 1978
Beuys, Joseph, Aufruf zur Alternative, in: wir selbst, Koblenz, Nr. 1/1982
Beuys, Joseph / Blume, Bernhard, Gespräch über Bäume, 24. 4. 1982, Galerie Magers, Bonn 1987
Beuys, Joseph / Blume, Bernhard / Prager, H. G., Gespräch über Bienen, in: Rheinische Bienenzeitung, Ausgabe Dezember 1975
Beuys, Joseph, Kunst und Staat. Vortrag bei den 3. Bitburger Gesprächen am 12. 1. 1978, in: Sonde. Neue Christlich-Demokratische Politik, St. Augustin, 12. Jg., Nr. 2/1979, S. 60 – 66

Beuys, Joseph / Rappmann, Rainer, Gespräch über 7000 Eichen, 26. 8. 1982, Altusried 1987
Beuys, Joseph, Reden über das eigene Land: Deutschland 3, in: Hans Mayer, Joseph Beuys, Margarete Mitscherlich-Nielsen, Albrecht Schönherr, Reden über das eigene Land: Deutschland, 3, Bertelsmann-Vlg. 1985, S. 37 – 53
Bodenmann-Ritter, Clara (Hrsg.), Joseph Beuys, Jeder Mensch ein Künstler. Gespräche auf der documenta 5/1972, Frankfurt/M. 1975
Bongard, Willi, Die Kunst ist nicht im Überbau. in: Die Welt, 6. 2. 1974
Broder, Henryk M., Die Revolution aus dem Filzhut. Wie der Professor Joseph Beuys von der Revolution träumt – und warum sein Traum ein Traum bleibt, in: Pardon, 11. Jg., 3. 3. 1972, S. 43 f.
Brügge, Peter, Die Mysterien finden im Hauptbahnhof statt, in: Spiegel Nr. 23/1984, S. 178 – 186
Brüll, Ramon, (Hrsg.), Abenteuer des Lebens und des Geistes. 13 Interviews aus dem Umkreis der Anthroposophie, Frankfurt/M. 1985, Seite 85 – 91
die tageszeitung, 20. 5. 1983, Gespräch mit: Joseph Beuys, **Frei / Otto / Wolf / Jobst / Siedler / Bazon / Brock / Harald / Szeemann,** Museum der Obsessionen. Der Hang zum Gesamtkunstwerk
Heinemann, Frank J., Wehe dem, der keine List hat, in: Hannoversche Allgemeine Zeitung, 16. 10. 1972, S. 20
Herzogenrath, Wulf, 14. 8. 1980, in: Katalog: Mein Kölner Dom. Zeitgenössische Künstler sehen den Kölner Dom, Kölnischer Kunstverein und Museum Ludwig Köln, 16. 10. – 23. 11. 1980, S. 34 – 37
Herzogenrath, Wulf (Hrsg.), Selbstdarstellung. Künstler über sich selbst, Düsseldorf 1973, S. 22-51
Hohmeyer, Jürgen, Ein bißchen Einsicht in die Seelenlage, in: Spiegel Nr. 45/1979, S. 268 – 270
Kluge, Erhard, Ich will gestalten, also verändern, in: Vorwärts, Nr. 5, 1. 2. 1986, S. 19
Krüger, Werner, Ich will die Politik zur Kunst machen, in: Kölner Stadtanzeiger, 7./8. 8. 1976
Kunstnachrichten 13/3 1977, Schlüsselerlebnisse, Joseph Beuys im Gespräch mit Georg Jappe
Kunst 4, 10/11 1964, Krawall in Aachen, Interview mit Joseph Beuys
Kunz, Martin, 10. 3. 1979, in: Katalog Joseph Beuys - Spuren in Italien, Kunstmuseum Luzern 1979
Lahann, Birgit, Ich bin ein ganz scharfer Hase, in: Stern Nr. 19/1981, S. 76 – 82, 250 – 252
Morgan, Stuart, in: Parkett Nr. 7, Zürich 1985, S. 64 – 68
Müller, Bertram, Andropow her, Reagan her, in: Rheinische Post Nr. 168, 23. 7. 1983
Platner, Geert und **Schüler der Gerhart-Hauptmann-Schule in Kassel (Hrsg.),** Schule im Dritten Reich. Erziehung zum Tode, Köln 1988, S. 127 – 135
Pohlen, Annelie, 23. 11. 977, in: Kunst Heute, Düsseldorf, Nr. 21, Feb./Apr. 1978, S. 15 – 18
Schellmann, Jörg / Klüser, Bernd, Dezember 1970, in: Joseph Beuys, Multiplizierte Kunst, hg. v. Jörg Schellmann / Bernd Klüser, München 1977
Schreiber, Hermann, 27. 1. 1980, im Gespräch mit Joseph Beuys, in: Hermann Schreiber, Lebensläufe, Frankfurt/M., Berlin, Wien 1982, S. 115 – 131
Wohlgemuth, Johann, in: Westfälische Rundschau, Dortmund, 12. 1. 1973

Zeitschriften

Antifaschistisches Infoblatt, Berlin
Der rechte Rand, Informationen für AntifaschistInnen, Hannover
wir selbst, Zeitung für nationale Identität, Koblenz

Sonstige Medien

ARTE Themenabend Joseph Beuys, moderiert v. Anne Linsel, , 13. 9. 1994, darin:
- Diskussion mit Anne Linsel, Werner Spieß, Harald Szeemann und Catherine Francblin
- Joseph Beuys, I like America and America likes me, Dokumentationsfilm von Helmut Wietz; produziert 1974 von Réne Block Galerie Ltd. New York
- Kleve – Eine innere Mongolei. Film von Hannes Heer. West 3, WDR 1991, hergestellt vom WDR
- Die allernotwendigste Kunst – Joseph Beuys und die Politik. Film von Gerrit Busmann

Archive

A.-Mickiewicza-Universität, Poznan, Polen
Antifa-Archiv, Osnabrück
Archiv der Friedrich-Ebert-Stiftung, Bonn
Archiv der Kunstakademie Düsseldorf
Archiv der sozialen Bewegungen, Hamburg
Bibliothek für Zeitgeschichte, Stuttgart
Bundesarchiv / Militärarchiv, Berlin-Zehlendorf
Bundesarchiv / Militärarchiv, Freiburg
Bundesarchiv / Militärarchiv, Koblenz
Bundesarchiv / Zentralnachweisstelle, Aachen
Deutsche Dienststelle (WASt), Berlin
Fritz-Bauer-Institut, Frankfurt
Gedenkstätte Yad Vashem, Jerusalem, Israel
Hauptstaatsarchiv Nordrhein-Westfalen, Düsseldorf
Imperial War Museum, London, GB
Institut für Publizistik, Pressearchiv, Münster
Institut für Zeitgeschichte, München
Militärgeschichtliches Forschungsamt Potsdam
Niedersächsische Landeszentrale für politische Bildung, Hannover
Public Record Office, Kew, Richmond, GB
Rijksinstituut voor Oorlogsdocumentatie (RIOD), Amsterdam, NL
Sectie Militaire Geschiedenis, Koninklijke Landmacht, Den Haag, NL
Stadtarchiv Kleve
Stiftung Brandenburgische Gedenkstätten, Oranienburg
Zentrales Parteiarchiv (PAZ), Berlin